観光文化と地元学

井口　貢編著

古今書院

はじめに

　2011年3月11日金曜日、わが国にとって未曾有というべき大震災が、三陸海岸とそれに連なる東日本一帯を中心とした地域を襲った。まずは冒頭で、このたび被災された地域の皆様に衷心からのお見舞いの意と、犠牲となられた方々には心よりの哀悼の意を表したいと思う。

　さてその大震災による甚大な被害と、焦眉の急となった復旧と復興の日々が続くなかで、本書の主題のひとつともいえる「観光」に関わる問題をどうとらえればいいのだろうか。
　周囲ではこのような状況下、「観光どころではない！」という声と「今だからこそ観光でまちに元気を！」という声とが相半ばしているように思われる。
　私は大学で「文化政策」を講じ、またその視点に立って「観光政策」を担当しているものである。しかし現実問題として、おそらく他の政策科学と違って「文化政策」も「観光政策」も10人の研究者がいれば10のそれが存在するといっても過言ではない。「文化」や「観光」そのものが多様であるがゆえに、その研究者の考え方も研究対象も成果もまた多様であるということである。
　本書では編者である私と共著者たちによる、「文化政策」の視点を重視した「観光政策」について一定の考察を試みている。そしてそのなかにおいては、誤解を恐れずにいえば、経済効果のみに偏重した観光振興の捉え方に一定の疑義を唱えつつ、「観光文化」の視座とそして何より「地元学」の発想を根底に据えたいと念じた。
　詳細は本文をお読みいただき、賢明な読者諸氏のご批判とご指摘を仰ぎたいと思うが、編者と共著者の共通の想いは、たとえば第10章の冒頭部分で私の古くからの盟友・本康宏史氏が阿吽の呼吸のなかで代弁してくれている。あえ

てここでも記しておこう。

「地元学は「観光」をめぐる文化資源の発掘、発信のいわば知的バックボーンともいえよう。また一方で、「観光」を主体とした地域振興や活性策に対する、一定の批判的視座を確保する理性の枠組みでもある。」

編者は常日頃、観光振興は観光客のためというよりも、まずはその地域に生き住まう人々のためになされるべきであると、そう考えている。そして、「観光学」という学問に手を染めて以来変わることなくそう主張してきた。薄っぺらな「観光業学」には与しないぞという自戒の念とともに。(「観光業学」そのものがすべて薄っぺらいといっているわけではない。たとえば、いかにしたら「観光客にお金を落とさせるか」といった品格に欠けるような発言や発想を平然と語る一部の「観光業学」的発想を、自己のなかで肝に銘じて廃しているだけであるので、誤解無きようにお願いしたい)屋上屋を重ねた換言となるが、真の文化産業としての自律を企図する観光であれば良いのだが、文化を忘却した通俗的な商業主義観光に堕してはならないということである。一部の人たちのみの利益を目的とした観光ではなく、広く地域の人たちの公益性を実現することができる、日常の社会的・経済的・文化的営為の結果としての観光をめざさなければならないのである。(わが国の観光のシーンにおいて必要なのは、観光の変革のための構造改革なのではないだろうか)

したがって「文化政策」「観光文化」「地元学」という枠組みは、古い諺をもじれば「観光振興は、観光客のためならず」ということに通じるといってもよいだろう。あるいは、まだ市民権を得た概念ではないかもしれないが、「観光倫理学」の試みと考えてもらってもよい。

そこで少し長くなるが、「文化政策」とは何なのだろうかということを確認しておきたいと思い、まず一定の整理としてたとえば、次のように記してみることにする。

地域の(所与の、常在の)文化資源の活用を通して、地域の福祉水準、創造的環境の向上を実現するための公共政策である。そしてそこにおいては、

地域の固有価値が尊重され、経済と文化の調和ある創造と発展が具現されなければならない。

　この視点に立って、「観光」を考えるときに編者が念頭に想起する言葉がある。中国3000年の歴史とはよくいったものであるが、中国の古典である四書五経のひとつ『易経』からの一説だ。すなわち「観国之光」（これは、日本語の「観光」の語源となったといわれている）と「努力発国光」がそれに当たる。さらに同じく中国の思想家・孔子の言葉「近説遠来」も併せ引いておきたい。

　中国古典からの3つの言葉は、まさに「文化政策」に立脚したまちづくりと観光政策にぴったりと合致したものであると思う。

　「観国之光」とは国の光を示しそしてそれを観て学ぶこと、すなわちうえに提示した文化政策でいう地域の文化資源の活用に他ならない。「努力発国光」とは、一生懸命努力して地域の有為な人材を発掘して育てようという意があり、まさに「まちづくりや観光地づくりは人づくり」なのだ。そして最後の孔子の言葉は、「近くの者説びて、遠くのもの来る」すなわち「暮らしたいまちこそが訪ねたいまち」というわけだ。

　まさにこれらの3つの言葉こそが、文化政策（とりわけ地域文化政策）の要諦に通じると考えるのは筆者だけであろうか。文化政策が求める観光の在り方とは、あくまでも「観光学」であって、先に記したような、経済効果のみを追求するような薄っぺらい「観光業学」ではないということなのだ。換言すれば、直接に観光に携わることが少ない市井に生きる普通の市民がいかにして自らが住まうまちの観光振興を通して幸福になるかできるかということを考え、それを目指すものが「観光学」であるということである。すなわち、「地元学」がその根幹とするところは、見事なまでに文化政策のそれと通底するのである。

　そこで、冒頭に戻りたい。苦難に直面した時も、その復興のために地域社会が立ち上がるための勇気の一助となるものとして、長年にわたって地域が紡ぎ継承してきた文化の力、想い出の豊かさが存在することを私たちは忘れてはならない。たとえ一度はインフラというハードが瓦解しようとも、ソフトとしての地域の文化力はなくなることはない（それはやがて、ハードにもなり得、そ

してそれを凌駕し得るに違いない）。

　少し以前に「持続可能な観光振興」という言葉が、巷間を流布したことがあるが、それを単なる流行り言葉で終わらせないためにも、今改めて私たちは観光が有する地域の力について再考する必要性があるであろう。

　本書第4章のエピローグにおける、畏友・井上弘司氏の指摘を肝に銘じておきたい。

「大震災の尊い犠牲から日本が新生するため、観光は感性創造の産業として構造改革を進め、日本固有の文化産業として生まれ変わらなければならない。」

　最後となったが、本書完成の最終校正の段階で編者は55年間という人生の"勤続疲労"のせいか、持病の高血圧症で変調をきたしてしまった。その間、執筆者の方々の原稿の"てにをは"に至るまでの微細なチェックを含めて、中島智君には多大な尽力をおかけしてしまった。彼も共著者のひとりであるが、編者である私にとっては"最初の弟子"（何と古ぼけた表現哉！）といっても過言ではなく、観光倫理という概念の構築に尽力する若き学徒のひとりでもある。ここに彼の労苦に対して心よりの謝意を表したい。

　もちろん執筆の労をおとりいただいたすべての方がたへの謝意もここに改めて強く申し述べておきたい。そしていわば、Special thanks として、ご多忙のなかレクチャーの章を頂戴した、（財）大原美術館の大原謙一郎理事長には衷心よりの謝辞を呈したい。

　本当の最後となったが、古今書院編集部の関田伸雄氏には構想より完成までの長期にわたって、何名かの遅筆堂主人に対しても辛抱強く励まし、お待ちいただいたことを心より感謝したいと思う。

　　2011年皐月
　　　初夏の風と今出川キャンパスにて　　　　　　　　井　口　　貢

目次

はじめに　　　　　　　　　　　　　　　　　　　　　　　　　　　i

Ⅰ部　観光文化と地元学の視座　　　　　　　　　　　　　　　　1

序章　地元学への射程────井口　貢　　　　　　　　　　　　1
1　「地元学」とは何か　　　　　　　　　　　　　　　　　　1
2　「観光」の本義につながる「地元学」と文化政策　　　　　3
3　「三方よし！」の田舎体験と「地元学」　　　　　　　　　5
4　「地元学」の多様な可能性と観光文化の創造　　　　　　　8

第1章　観光政策の現状と課題────中島　智　　　　　　　　12
1　観光文化をめぐる政策動向　　　　　　　　　　　　　　12
2　地域における観光政策─まちづくり観光の展開　　　　　16
3　観光立国の実現に向けて─これからの観光政策　　　　　20

第2章　観光文化に注ぐ地元学のまなざし────井口貢／中島智　24
1　「観光文化」再考　　　　　　　　　　　　　　　　　　24
2　観光文化の視座と地元学の展開　　　　　　　　　　　　28
3　地域観光のコア・カリキュラムとしての地元学へ　　　　35

II部　周縁を巡る観光の地元学　43

第3章　中心と周縁の観光論────安藤隆一　43
　　　　──長野県飯田市及び下伊那郡を事例に
　　1　中心と周縁の関係性　43
　　2　南信州地域における中心と周縁　46
　　3　南信州の風土から生まれる地域力　49
　　4　地域力から観光力へ　52

第4章　飯田型ツーリズムの基層────井上弘司　56
　　1　飯田型ツーリズムの回顧と展望　56
　　2　地域経営における学びの風土　61
　　3　新たな風土産業としてのツーリズム　63
　　4　旅の学び、受け地の学び　70

第5章　湖都の両義性と観光のゆくえ────中島　智　75
　　1　京都と対峙する湖都　75
　　2　ホスピタリティの時代のまちづくり　77
　　3　都市祭礼の現在─大津祭をめぐって　81
　　4　新たな都市観光の予感　86
　　5　周縁学としての地元学へ　89

第6章　ニュータウンの地元学────鳥羽都子／中島智　93
　　　　──文化施設からの試みを中心に
　　1　名古屋との対峙　93
　　2　集落からの周縁都市へ　95
　　3　地域の魅力を活かした文化観光への試み　98
　　4　ニュータウンの地元学は可能か　104

Ⅲ部　文化の多様性と地元学　　　　　　　　　　　109

第7章　遷都周年事業を巡る平城・平安比較論——片山明久　109
1　なぜ遷都周年事業は行われるのか　109
2　平城遷都1300年記念事業の概要　112
3　平安建都1200年記念事業の概要　117
4　地元学から見た平城事業と平安事業　119

第8章　おばんざいの京都観光論——冨本真理子　127
1　おばんざいから「地元学」へ　127
2　家庭料理で国際交流　129
3　「地元学」と市民の文化的営みのサイクル　136
4　「地元学」の視点にたった観光振興の必要性　139

第9章　歴史と暮らしの地元学——片山明久　142
　　　　—奈良町"生活観光"論—
1　「生活観光」という仮説　142
2　奈良町における「生活観光」形成の構図　147
3　奈良町における「生活観光」の魅力　151

第10章　「金沢学」と観光文化——本康宏史　160
1　金沢学研究会の軌跡　160
2　金沢学研究会と「観光文化」の視点　163
3　様々な「金沢学」　166
4　「観光文化」と地域学—金沢の現状—　168

第11章　小京都という視座——安藤隆一　170
　　　　—三重県伊賀市上野地区を事例に
1　小京都とは　170

2　小京都としての伊賀上野　　　　　　　　　　　　　　173
　　3　固有価値としての文化資源を活かした取組み　　　　175
　　4　小京都という視座をまちづくりにどう活かすか　　　177

第12章　音楽文化が育む地元学と観光────井口貢／中島智／大島康平　181
　　1　地元学のひとつのカリキュラム、ジャズ文化の可能性　　181
　　2　地元学としてのジャズフェス―高槻ジャズストリートを事例に　191
　　3　フォーク文化と京都青春紀行　　　　　　　　　　201

Ⅳ部　風土と産業のための地元学　　　　　　　　　　　215

第13章　産業観光とモノづくり地元学────井口　貢　　215
　　1　オールタナティブ・ツーリズムと産業観光　　　　215
　　2　産業観光と名古屋圏　　　　　　　　　　　　　　218
　　3　文化的景観と産業観光　　　　　　　　　　　　　222
　　4　地元学という枠組みからの産業観光の評価と課題　225

第14章　まちのホスピタリティーとその源泉────今井真貴子　228
　　1　イギリスの詩人を魅了したまち　　　　　　　　　228
　　2　「民」主導の風土　　　　　　　　　　　　　　　229
　　3　まち並み保存と先人のホスピタリティー　　　　　231
　　4　倉敷のホスピタリティーとその根源　　　　　　　233
　　5　「旅館」のホスピタリティー考　　　　　　　　　235
　　6　「音楽ライブ」とホスピタリティー　　　　　　　242

レクチャー　地域文化を紡ぐ人と風土と歴史────大原謙一郎　248
　　1　倉敷とここで生まれた事業の姿　　　　　　　　　248
　　2　今の倉敷を育て、未来につなぐ、地域のDNAを読み解く　252
　　3　地域文化と観光と「背筋の伸びたホスピタリティー」　256
資料　ブックガイド────中島智／元井雄大　　　　　259

井口 貢

序章　地元学への射程

I部　観光文化と地元学の視座

1　「地元学」とは何か

　「地元学」という言葉と概念、そしてそれが有する意義や果たすべき役割が人びとの間で認識され始めるようになったが、その過程において吉本哲郎や結城登美雄が果たした役割は大きい（そのことは、第2章でも触れることになるが）。

　もちろん、柳田國男から宮本常一に至る日本民俗学の系譜のなかに地元学への示唆、あるいはそれ以上のものがあったことは否定できない。また信州に生まれ、風土に根ざした産業と文化と暮らしを希求し、信州で旧制中学校の一教員としてその生涯を終えた三澤勝衛の残した仕事も、地元学の大きな成果のひとつである。

　当然これらの先駆的業績を吉本も結城も意識していたであろうことは想像に難くない。そしてそのうえで彼らは、地元学を常に行動と実践のための学問と位置付け、地域のなかで土の人として地に足付けて生きる人たちに、ともすれば失ってしまいそうな勇気と自信を取り戻してもらおうと試みてきた。

　吉本は、地元学を提唱し実践を始めた理由として、次のようにいう。

　　「地元学とは地元に学ぶことである。（中略）地元のことを地元に住む者がよく知らないのに、ものをつくったり地域をつくったりしようとしていることの矛盾に気がついたからである。地元学とは、地元のことを地元の人たちが、外の人たちとの目や手を借りながらも自らの足と目と耳で調べ、考え、そして日々、生活文化を創造していく。その連続行為を言う。」（吉本2001：191頁）

当時、水俣市役所職員であった吉本は、「水俣出身というだけで見合いの話がこわれ、就職がだめになり、農産物も売れないなど世間からいやな目にあって」きたわがまちの姿、自信を失くする人びとの姿を目の当たりにして、「世間は変えられないから、水俣が変わ」らねばと痛感し、「他人や世間を頼りすぎずに、自分たちのことは自分たちでやるためにも足元にあるものを調べて役立てる、地元に学ぶ地元学、自治する地元学」（吉本 2008：10頁）を希求したのであった。吉本をはじめとする水俣の人びとの努力は、ゆっくりと実を結び、2004（平成16）年と翌年に連続して「日本の環境首都コンテスト」において、総合1位を獲得することになる。（吉本がこうした取組みを「地元学」と正式に命名したのは、1995年のことであった）

　こうして「環境」による地域蘇生に長く取り組んできた水俣も、最近では地域蘇生と活性化のための方策のひとつとして、「観光」を活用していることは、新聞等もしばしば採りあげて報じるところとなっている。

　たとえば、2010（平成22）年3月3日付の朝日新聞では、「甘夏風味のビール・福田農場」の取組みを紹介している。観光農園である福田農場（福田興次社長）が、水俣の特産品である甘夏ミカンの花からとった蜂蜜を生かした地ビール「ケセラセラ」を製造販売していることを報じたものである。記事によると、福田興次が両親から受け継いだミカン山をもとに観光農園を始めたのは、1968（昭和43）年のことであり、水俣は公害病とその風評被害の苦悩のどん底にあった。この頃、吉本はまだ宮崎大学農学部の学生であり、水俣市役所には入庁していない。当時、福田が観光農園を拠点に、甘夏ミカンを生かしてワインやママレードの生産に取り組み始めた動機のひとつが、「水俣病の水俣、というイメージを変えるために様々な挑戦をしようと」思ったところにあるという。後の吉本たちの努力が実を結ぶ土壌は、すでにここにもあったのである。これが、地元学を生んだ水俣の強さのひとつなのかもしれない。

　また2010年10月22日付の朝日新聞記事は、熊本県と水俣市が共催したイヴェント「ミナマタ　エコツーリズム宣言」について報じている。それは、「「公害の街」再生へ」という大見出しと「水俣市、自然生かし観光に本腰」という中見出し及び「豊かな海、もどりつつある」という小見出しとともに、大きく取り上げられている。

このイヴェントは、10月4日に東京の新丸ビルで開催されたものであったが、旅行会社や行政、報道機関の関係者も多く招かれ盛況であったという。また会場では、水俣の特産品を活用した料理や飲料、地酒も披露された。さらに記事が記すところによると、水俣病被害者の支援者たちのみならず原因企業の現会長も姿をみせた。記事はさらに興味深い記述を展開しているが、水俣病の認定患者の祖父母や両親をもつ杉本肇の発言は、まさに吉本たちが地元学を通して目指した最も大切なことを代弁している。「過去のつらい経験を、明るい未来に結びつけなければならない」と。そして、東京からのＵターン者でもある杉本は、「育った環境が恵まれていることに気づいた」と述べる。この「気づき」もまた、地元学が目指すところなのである。

　少し長くなるが、さらにこの記事から注目されなければならない水俣関係者の発言を拾っておきたい。

　　「豊かな海がよみがえりつつある。環境にこだわったまちづくりを進めてきた水俣にぜひ訪れてほしい」（小里アリサ・水俣自然学校事務局長）
　　「水俣が自然に恵まれているとはあまり知られていない。九州新幹線の駅もあり、イベントを足がかりに市民一丸となって全国にアピールしたい」（田上和俊・水俣市産業建設部長）

　なお、東京でこのイヴェントが開催されたほぼ同時期に、この年で4回目となる「甘かもん天国水俣スウィーツスタンプラリー」が、市内約10店舗の菓子店の協賛で開催されている（実行委員会事務局は、市の商工観光振興室内に置かれている）。これは、毎年テーマを決めてそれをイメージした創作菓子を、水俣の素材を生かして各店舗が創り、来訪者に満喫してもらおうというものだ（2010年のテーマは、「初恋」であった。テーマを聞くだけでも楽しくなるのではないだろうか）。

2　「観光」の本義につながる「地元学」と文化政策

　筆者は今までの拙書等のなかで、「観光」のもつ本来の意味や意義についてしばしば述べてきた。しかしここでもあえて強調したいことであるが、観光の本義とは象徴的に譬えていえば、①「観国之光」②「努力発国光」（『易経』）

と③「近説遠来」(『論語』)につきる。そしてこれら3つの文言は、まさに「地元学」が目指すところと通底しているのである。

　自らが住まうまちの宝もの(地域資源、文化資源など)について、調べ・学び・知り・伝えることは地元学にとっての基本であるが、①が意味するところもまさにそれであり、そこにはさらに来訪者が訪問先の宝もの(国之光)を観て学ぶことが含意されている。風の人(来訪者)と土の人(地元民)との知的交流を通してまちをより良きものにしていこうという発想は、吉本の提唱する地元学のひとつの基本であることも付記しておきたい。

　　「土地に学び、人に学ぶ地元学が誕生した水俣で、地域の未来を担う若者
　　たちが育ち、またやってきています」(吉本2008：198頁)

と吉本は記す。このことは、まさに①の過程を経て②に至る道筋でもあるだろう。努力して国光(地域の有為な人財)をみつけそして育てることが必要なのである。また外から人が(風の人)「やってきて」くれるまちとは、土の人が生甲斐を感じて生き生きと暮らしているまちに他なるまい。③の言葉はいいえて妙だ。

　さらにいえば、とりわけ地域観光の生命線は既存の(所与の)地域資源・文化資源をまずいかに活用するかにあると筆者は考えている。これを「常在観光」と呼びたい。

　吉本は「地元学は、ないものねだりはしません。あるものを探し、それを磨いたりして価値のあるものにしていきます」(吉本2008：38頁)という。

　結城にも同様の指摘がある。

　　「いたずらに格差を嘆き、都市とくらべて「ないものねだり」の愚痴をこ
　　ぼすより、この土地を楽しく生きるための「あるもの探し」。それを私は
　　ひそかに「地元学」と呼んでいる」(結城2009：2頁)

「ないものねだり、あるもの探し」というと、ともすればネガティブに聞こえるかもしれない。しかしその言葉はポジティブにとらえられてこそ、地元学の意義も明らかになる。

　2003(平成15)年1月の、小泉純一郎首相(当時)によるいわゆる「観光立国宣言」以降、多くの自治体が観光振興に積極的に取り組む姿勢を示すなか、地方の小さなまちに赴いたときに、「うちのまちには何もないですからねえ」

という長嘆息を時として聞いた。

　しかし人びとが日々暮らし、長い風雪のなかで生活と文化の歴史を紡ぎ積みあげてきたまちに「何もない」はずはないのである。その地域にしかない風習や生活の様式といった日常の所作から祭りなどの非日常的営為に至るまで、優れた文化資源である。これらの価値や意義、そして来訪者からみれば全てが非日常的感動の対象になりうることを忘れて、木に竹を接ぐような（ないものねだり）観光政策を導入しても、地域は本当に幸福になることはできない。

　常在の資源を再認識し（あるもの探し）、そこに光を当ててこそ（常在観光）、地域もまちも、そしてそこに生きる人びとも光り輝くのではないだろうか。そしてこのことは、観光政策という概念を通してみた、文化政策の本質的な部分と通底している。すなわち、文化政策をひとつの大前提として、その目指すところを定義するならば、「地域の所与の文化資源の活用を通して、地域の福祉水準・幸福度を向上させること」である。こう考えたときに、知の方法論としての地元学と文化政策との接合には大きな意味と意義があると考えるのは筆者だけではないであろう。

　蛇足となるがさらにいえば、地域の現状を客観的にみつめることは必要不可欠なのだが、どこの地域にも存在するはずの悲観的要素に埋没してしまわないためにも、あるもの探しは意味があるのだ。うえに簡単に紹介した水俣の足跡、すなわち公害に苦悩するなかから、地元学の手法を援用しながら、観光で地域に光を当てようとする姿はその格好の事例ではないだろうか。

3　「三方よし！」の田舎体験と「地元学」

　地域に魅力が何もないはずはない。それをみつけだすのが「地元学」であるとしたら、それは観光で地域を活かすための必須科目である。かつて柳田國男が指摘した、都市と農村の本来の関係性が崩壊してから久しい。「地域・中山間地・農村の再生」あるいは「中央と地方の格差」などが喧伝される昨今、都市と農村の関係性の修復は喫緊の大きな課題である。

　そのためにこそ、「地元学」に根差した観光が果たす役割は決して小さくない。上述したように「うちのまちには何もない」と嘆く前に、「うちのまちには、

都会にはないこれがある！」と胸を張れるような「地元学」こそが、都市部からみた大きな魅力となりつつあるのではないだろうか。

　筆者は滋賀県に暮らしている。京都に隣接し、それに負けるとも劣らぬ歴史性を有しながらも「通過県」「何もない県」のイメージに滋賀県は病んできた。しかし、20年ほど前から黒壁スクエアで著名となった長浜市や極めて最近の「ゆるキャラ観光」をひこにゃんで牽引した彦根市、あるいは国の重要文化的景観の第一号に認定された近江八幡市などの存在で、観光の華やかな部分で少しずつ注目を集め始めているような観がある。だがこれらのまちも「2時間立ち寄り型観光」の実態から脱却はできていない。宿泊し滞在し、ゆっくりとまちを味わい体験するための何かが欠けているのである。

　こうしたなか、県外の人たちの目からみて一般的には上の3市よりおそらくはるかに知名度が低い、人口およそ2万3千人の小さなまち日野町（蒲生郡）が「地元学」の発想で、2009（平成21）年春より、滞在型の田舎体験観光に具体的に取り組み始め、大きな反響を生み始めている。

　「三方よし！　近江日野田舎体験」と銘打って展開されているこのプロジェクトは、「三方よし！　近江日野田舎体験推進協議会」（以下、「協議会」）を組織して（設立は2008年）、滋賀県・蒲生郡・日野町が協働する形で推進されているが、中心となってこれを動かしているのは事務局のある日野町商工観光課や商工会、これに協力して宿泊者を受け入れる日野町内の農家の人たち（インストラクター）である。

　日野町は、近江商人発祥の核となったまちのひとつである。（八幡商人、日野商人、湖東商人、高島商人を近江商人と定義するのが、経営史上の定説である）そして「三方よし」とは、いくつかの近江商人の家訓のなかに認めることができる重要な教えである。一般には「売り手よし、買い手よし、世間よし」を「三方よし」と称している。

　「協議会」では、先達たちが残した教訓を活かしながら、この観光の取組みのコンセプトについて、広報用のパンフレットのなかで次のように記している。（提供、日野町商工観光課）

　　「わたしたちが目指す近江田舎体験とは、日野町にある豊かな自然や、農林商工業、生活文化等の生業、さらには、人びとの本来の姿を伝えること

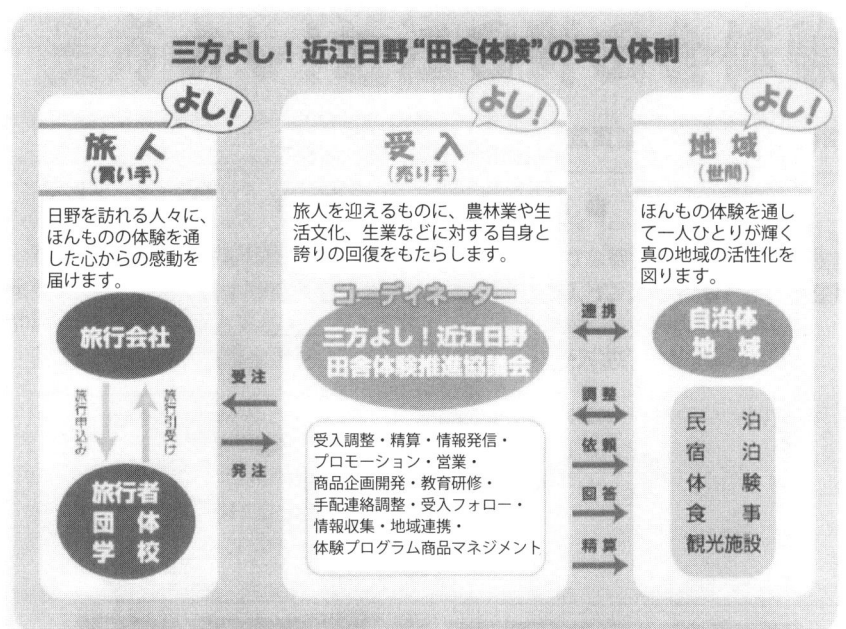

図序-1　概念図

であり、インストラクター自身の生き様や誇りを伝えていくことだと考えています。多くの地域の方が指導者・案内人となって子供たちの受入を行います。

「三方よし！」とは「売り手よし　買い手よし　世間よし」の近江商人の精神を手本にしています。

①「売り手＝受入側」には、地域資源に対する自信と誇りを持って欲しい。
②「買い手＝旅人」には、本物体験を通した心からの感動を与えたい。
③「世間＝地域」には、交流することで人が輝く地域になってほしい。
との願いをこめて活動しています。」

　この概念図が図序-1である。（出所：三方よし！　近江日野田舎体験推進協議会）「三方よし」という文言だけでは、ビジネスライクなものに聞こえるかも知れないが、そのフィロソフィーは「地元学」につながるものであることが理解できるであろう。

現状では教育旅行としての活用が大きく、2010（平成22）年は神奈川県や兵庫県の7つの中学校から、計およそ1000人が日野町の農家で民泊体験をした。また、この年には中国の精華大学からも「日本文化研修」ということで、学生たちが訪れている。
　このプロジェクトの推進に大きな力を注いだ藤澤直広町長は、「日頃、何もないという人たちが、日野は良いところだという自信と確信を取り戻してくれた。人びとが生きていくうえで必要な相互扶助、人の絆の大切さを再確認し、また人はお金だけで生きているわけではないということも感じ取ってくれたと思う。」と語ってくれた。
　事務局担当の加納治夫（商工観光課員）は、「基本は、生徒たちをお客さん扱いするのではなく、家族の一員として遇し、ともに汗を流す。素の日常を示せばいいのであって、喜ばせることを目標に無理をしない。そのことが、結果として生徒たちを喜ばせ、感動を生み、また彼らから地元の人たちが教えられる」と感慨深げに語る。
　都市部から来た風の人である若者たちが、農村部の土の人（その多くは、親や祖父母の世代の中高年）と寝食をともにし、語り学び合う姿勢は、本当の意味での観光がもつ強さや創造性、そして地域社会に及ぼす公益性の重さを如実に語っているような気がする。

4　「地元学」の多様な可能性と観光文化の創造

　もちろん「地元学」は農村や中山間地だけのものではない。東京でもあるいはたとえば、渋谷においてもそれは構築されるはずであるし、また伝統や歴史性を秘めた地方都市にも、あるいは本書第6章で示したようなニュータウンや衛星都市にも「地元学」は必要である。
　「地元学」の多様な可能性を認め、また地元に根差しつつ新たなそれを創出していくことで、「カリキュラム」の豊かさや厚みを増進し、豊かな観光文化を創造していくことが必要なのだ。そして、そうした方向性への関心の深さも昨今ますます増してきているようだ。
　たとえば、2010（平成22）年3月には、國學院大學「渋谷学」主催の「地

元を「科学する」ということ―地域学の比較から考える―」と銘打ったシンポジウムが開催されている。

このシンポジウムは、國學院大學といういわば「学」の立場からの発題・提案と問題提起であったが[1]、それが行政や民間企業、地域メディアそして地域住民などとどのような連携や協働関係を結ぶべきなのかということも議論の柱となった。

　ここで、発題者のひとりとなった本康宏史（石川県立歴史博物館学芸専門員）は、本書第10章の執筆担当者でもあるが、「様々な「金沢学」―地域社会と地域学」と題して興味深い研究発表を行っている。その部分も踏まえつつ「金沢学」の詳細については、第10章に譲りたいと思うが、上に記した「カリキュラム」の豊かさや厚み、豊かな観光文化の創造といった「地元学（地域学）」が有すべき特質や役割を典型的に果たしてきた事例のひとつがここにあるような気がしてならない。

　本康宏史は、3つの「金沢学」の存在を指摘している。それは、①金沢学研究会の「金沢学」②金沢大学の「金沢学」③金沢経済同友会の「金沢学」である。地域内の様々なセクターと多様な人たちが「金沢学」構築に多大な貢献をしてきた経緯がここから理解できる。そして、とりわけ①の金沢学研究会による「金沢学」が牽引してきた力を見逃してはならないであろう。

　この会は1983（昭和58）に設立されている。「地域学」や「地元学」などの視点から地名を冠した「○○学」の嚆矢のひとつであろう[2]。この研究会は、2004（平成16）年にその活動にピリオドを打つことになったものの、およそ20年間で160回を超える研究例会を行い、またその成果としての『叢書　金沢学』全10巻を世に問うた。

　設立の中心人物であった田中喜男（故人、当時金沢経済大学教授、なお金沢経済大学は現在の金沢星稜大学）は、その記念すべき叢書の創刊にあたって『金沢学①　フォーラム・金沢』（金沢学研究会、1987）のはしがきで「金沢の問題は日本の都市問題であるが、何れの都市においても歴史を背負わない都市は存在しない」として、地元学（地域学）の基層に歴史研究を据えた。そしてひとつの「地元学（地域学）」から日本社会を照射しようとする構想を読み取ることができるであろう。

この会は、学都金沢ならではの都市の歴史研究を基軸としながら、やがてそれは学際的研究へと発展し、「民」の世界にも会員の裾野を広げていくことになる。市民でもなければ、金沢というまちにゆかりがあるわけでもない筆者も、1990年代の半ばに会員の末席に加えてもらい、月一度の研究会に当時暮らしていた岡崎市（愛知県）から通っていた時期がある。その頃「民」の立場から熱心に参加されていた浅野川大橋近くの化粧品店主（故人）の姿が、何故か印象に残って離れない。
　「地元学」とは、吉本哲郎がいうように土の人と風の人との協働作業でもある。決して閉じられた空間で地元の限られた人だけで閉鎖的に行われる営為ではない。（「地域学」においてもそれは同様である。「地域学」は印象としては、「地元学」よりも外部に開かれたそれを有しているかもしれないが、ともに本質的には内外に開かれ学際的な研究でなければならないという点で共通しているという立場から、本文中でも何か所かで「地元学（地域学）」という表現をとってきた）
　また、土の人の間での垣根もあってはならない。有体の表現ではあるが、産官民そして市民の調和ある連携と協働、また官のなかの悪しき風習のひとつである「タテ割り行政」を超えたところで、本当の意味での「地元学」は実を結ぶのである。
　そして、内外に開かれ学際的かつ業際的でなければならない「観光」において、地元学（地域学）が果たすべき役割は、何もないと嘆く地域の人びとに勇気と自信を与え、それを梃にしながら観光文化の充実と新たな創造に臨むことができる環境を整備し、それを実現していくことに他ならない。もちろんそこにおいて、地域が有する歴史性に対しての十分な配慮無くしては、いかなる観光振興政策も砂上の楼閣と堕するが、その歯止めとなるのも「地元学（地域学）」であるということをも忘れてはならない。
　このことは、本康宏史が第10章の冒頭部分で的確に指摘しているが、他章においても時には行間から読み取ってもらいたいところである。

注
(1)「渋谷学」「横浜学」「金沢学」「伊勢学」「京都学」という5つの地元学（あるい

は地域学）の発題が行われたが、いずれも「学」の立場からのそれであった。
(2) 他に「水俣学」や「四日市学」も嚆矢に入るものと考えてよいであろう。「水俣学」は、吉本の地元学の試みとは別に、そして軌を一にするようにして熊本学園大学教授（当時）の原田正純の提唱によって始まったもので、水俣病患者の救済に永年携わってきた医師でもある原田が、医学だけでは捉えきれない水俣の問題に取り組むために、様々な学問の知で協働する学際的な研究を目指した結果でもあった。同大学では、2002（平成 14）年より「水俣学」が正規のカリキュラムに位置づけられている。「四日市学」も同様の地平に立っている。こちらは、三重大学が中心となって取り組んでいる。

参考文献
井口貢（2005）：『まちづくり・観光と地域文化の創造』学文社
井口貢編（2008）：『観光学への扉』学芸出版社
井口貢編（2011）：『地域の自律的蘇生と文化政策の役割』学文社
結城登美雄（2009）：『地元学からの出発　この土地を生きた人びとの声に耳を傾ける（シリーズ　地域の再生 1）』農山漁村文化協会
『地元学からの出発　シリーズ地域の再生①』農文協
吉本哲郎（2001）：「風に聞け、土に聞け　風と土の地元学」『現代農業　増刊』（2001 年 5 月）農山漁村文化協会
吉本哲郎（2008）：『地元学をはじめよう』（岩波ジュニア新書）岩波書店

中島　智

第1章　観光政策の現状と課題

1　観光文化をめぐる政策動向

1.1　21世紀、観光政策の転換点

　2002年、日韓共催で行われたサッカーのワールドカップはグローバル化の時代にあって、観光文化の振興をどのように進めるかという問題を、改めて考えてみるきっかけをつくったといってよい。当時の小泉純一郎総理大臣は同年2月の国会施政方針演説で、これを取り上げ、「我が国の文化伝統や豊かな観光資源を全世界に紹介し、海外からの旅行者の増大と、これを通じた地域の活性化」を図る方針を示している。実際、各国代表チームのキャンプ地となった各地の自治体ではイベント開催にともなう直接的な経済効果のみならず、関連産業への経済的波及効果、さらには国際交流をはじめ地域への文化的波及効果が期待された。

　このようなことから、観光が21世紀のリーディング産業としてマスコミを通じて一般に注目されるようになってきた。政策的には1995年の観光政策審議会答申「今後の観光政策の基本的な方向」が観光に関連する諸施策の統合化・総合化を示唆したように、1990年代後半から変化の兆しが見られるようになるが、観光政策の刷新が具体化し、活発化したのは、おおむね2000年代に入ってからだといえる。特に画期的だったのは、小泉首相が2003年1月の国会施政方針演説で、日本を訪れる外国人観光客を500万人から1000万人に2010年までに倍増させる目標を発表し、観光振興に政府を挙げて取り組んでいくことを言明したことであろう。わが国で内閣総理大臣として初の観光立国宣言であった。ここに、国策としての観光振興の位置づけが明確にされたのであり、

観光振興が重要な政策課題として認識されたことを知ることができる。

そして同年の1月に観光立国懇談会が発足し、4月に「観光立国懇談会報告書」をまとめ、これに基づいて7月、観光立国関係閣僚会議が「観光立国行動計画」を策定している。以来、関連施策が次々と打ち出されていった。官民一体となった国際観光プロモーションを図る「ビジット・ジャパン・キャンペーン」（VJC）や、地域をベースとした国内観光の振興を目指す「一地域一観光の推進」、各地域における観光振興を担う人材を育てるため、その先達となる人びとを選定する「観光カリスマ百選」、といった具合である。

1.2 観光立国推進基本法の成立と地域の現状

こうした流れのなかで、「観光基本法」（1963年施行）を全面的に改正し、2007年1月に「観光立国推進基本法」（以下、「新基本法」と略）が施行されるに至った。観光基本法は実質的に理念法にとどまっていたが、新基本法を受けて、政府は同年6月にマスタープランである「観光立国推進基本計画」を閣議決定した。そこでは、基本的な方針として次の4点を示している。

① 国民の国内旅行及び外国人の訪日旅行を拡大するとともに、国民の海外旅行を発展。
② 将来にわたる豊かな国民生活の実現のため、観光の持続的な発展を推進。
③ 地域住民が誇りと愛着を持つことのできる活力に満ちた地域社会を実現。
④ 国際社会における名誉ある地位の確立のため、平和国家日本のソフトパワーの強化に貢献。

このように、近年の観光政策ではインバウンド（外国人観光客の訪日）、地域の主体性・自主性、文化的魅力の向上とその海外への発信といった比重が高まっているのである。産業に偏った観光振興や集客施設・宿泊施設などのハコモノ作りが行き詰まりを見せるなか、新基本法では「地域における創意工夫を生かした主体的な取組を尊重すること」を前提としている。観光立国という目標設定によって「地域」がクローズアップされたのであり、私たちの暮らしや社会全般に関わる問題として観光文化の振興が提起されたといってよい。

しかし、そのこと自体はよしとしても新たな目標設定は同時に、むずかしい問題をもたらすことになる。各地域の、とりわけ地方自治体の取組みを見ると、

外国人観光客の受け入れ環境の整備や、地域に密着した新しい観光形態であるニューツーリズムなどに対する関心は高まっている。ただ、入込観光客数などの数値目標を定め、観光資源の掘り起こしを進めてはいるものの、目標を達成するための具体的な指針や道筋は、持ち合わせていない場合が少なくないようだ。各地で実践の緒につき始めた今こそ、観光立国の正念場といっても過言ではないだろう。

そこで地域の現場で奮闘しておられる人びとを前に、逡巡しないでもないが、確認しておきたいことがある。すなわち観光事業への取組みに即効的な経済効果、外国人観光客（とりわけ東アジア諸国からの訪日客）の財布に対する期待や、バスに乗り遅れまいとする意識（さらにいえば、国―地方関係の歪み）があるとしたら、まことに「不幸」だということだ。バブル期のリゾート開発の過ちを繰り返さないとは、言い切れないからである。

むしろ私たちが目指すべきは、地域の「幸福」とは何かを問いつつ、自らの暮らしや社会のあり方を主体的に考え行動していくことではないか。そのためには、政策動向に付和雷同するのでなく、地域のまちづくりに対するフィロソフィーを確立することが必要だ。現実に、国の観光政策とは別に、内発的なまちづくり運動の一環として観光交流を実践してきた地方自治体、さらに小さなコミュニティが存在する。そして、それらの事実が観光立国の構想に一定、反映されたのは周知の通りである（たとえば、上述のニューツーリズムや一地域一観光、観光カリスマなどはその典型といえる）。今後、地域での観光政策の展開にあたっては、国からの支援も看過できないが、地方自治体のみならず企業や学校、NPOなども含めた地域に住まう人びとの果たす役割が、ますます大きくなっていくに違いない。

1.3　オルタナティブ・ツーリズムの意義

地域主導の観光は、何も今になって始まったのではない。おそらくその原点は、高度経済成長にともなう乱開発を背景に1960年代後半から各地に広まったまち並み保全運動や地域固有の文化や自然を生かした村おこしの実践に遡ることができるだろう。

こうした地域の運動や活動は、妻籠宿（長野県）や三島町（福島県）、竹富島（沖

縄県）などにおいて、結果として都市と農村（農山漁村）の交流を生み出すことになった。たとえば妻籠宿では、宿場町の風情や島崎藤村の文学を観光資源としてとらえ、まち並みの保存による観光開発が進められてきたが、注目すべきは歴史的な古い建物や農耕地、山林などを「売らない、貸さない、こわさない」とする「妻籠を守る住民憲章」（1971年7月宣言）が定められたことである（妻籠宿観光協会HP）。外部資本による開発を規制しつつ、交流を通して地域の生活文化を育んでいこうとする地域の主体性をここに読み取ることができる。これは当時、地域政策の主流だった外発的開発とは一線を画した内発的な実践であり、その過程は試行錯誤の繰り返しであった。

　ところが、そのような取組みも近年では、重要な政策課題のひとつとして目されるようになってきた。その背景には観光の大衆化がもたらす観光公害などの弊害を抑えようとする持続可能な観光への世界的な関心の高まりがあるのだが、日本では過疎化・高齢化が深刻化する農山漁村において環境と観光の共生を図るエコツーリズムや、農業と農村の再生を目指すグリーン・ツーリズムが、また中心市街地の衰退が著しい地方都市において地域固有の文化資源を生かす都市観光が、地域活性化の切り札として期待されているのである。

　これら地域に密着した新しい観光は、しばしばオルタナティブ・ツーリズム（もうひとつの観光）と呼ばれるように、従来からのマス・ツーリズムとは異なることに注目しなくてはならない。その発信地はごく普通の地域であり、必ずしも有名な観光地ではない。また、担い手は地域に住まう普通の人びとであり、観光産業や行政に関わる人ばかりではない。要は、地域の暮らしに共感し学びあう知的交流を展開することで、個性的なまちづくり、暮らしづくりを進めているということである。

　常在の地域文化資源とそれを支える地域の人間関係に立脚したオルタナティブ・ツーリズムは、利潤追求型のマス・ツーリズムと並存しつつ、その原理を克服していく多様な主体のパートナーシップ事業としての可能性を秘めており、持続可能な地域コミュニティ形成の道具として鍛えていくことが必要なのであろう。

　事実、このような実践の現場に立つと、観光政策の新たな段階を迎えていることを確認できるとともに、地域に住まう人びとが観光とどのように向き合っ

ていくべきなのかが自ずと見えてくる。このことは、本書全体を通して明らか
にされていくが、まずこの章では以上のような観光のオルタナティブな視点を
踏まえ、地域における観光政策の意義や課題について概説していく。その際、
具体的に捉えやすいように、近江八幡市の事例を取り上げることにする。

2 地域における観光政策―まちづくり観光の展開

2.1 地方都市の観光文化―滋賀県近江八幡市

　滋賀県近江八幡市では、市民が主体となって1969年から八幡堀やまち並み
の保存修景に取り組んできた（土屋2008：279-285頁）。高度経済成長の時
代を象徴する琵琶湖総合開発計画と並行する形で、地域の歴史や文化を守り育
んでいこうという実践が地域で始まり、この地方小都市が一躍脚光を浴び、や
がて多くの人びとを惹きつけることになったのである。

　その直接の契機となったのは、八幡堀の再生運動である。八幡を開町した豊
臣秀次の穿った八幡堀は、防備装置というより琵琶湖と接した物資輸送路とし
ての性格が強く、江戸期には近江商人の経済活動を支える重要なインフラとし
て機能した。しかし時代を経て昭和戦後になると運輸手段は変化し、八幡堀も
その役割を終えたかのように思われた。市民の身近な生活の場であったはずの
八幡堀にはゴミが捨てられ、悪臭を放つありさまだった。

　こうした中で、八幡堀を埋め立てて公園を建設するという動きも起こったが、
近江八幡JC（社団法人・近江八幡青年会議所）は1972年に「堀を埋めた瞬
間から後悔が始まる」を合言葉に、その再生に向けた運動を始める。そのねら
いは「八幡川にふたたび豊かな水をたたえ、修景を施し、市民の心のやすらぎ
の場として蘇えらせ」ることだった（かわばた1991：15頁）。

　振り返るまでもなく、開発の時代であり、市や県、国といった行政との交渉
は難航をきわめたが、近江八幡JCのメンバーは研究者などのアドバイスを受
けつつ学習を積み重ね、さらに実際に堀に入って掃除（ドブさらい）を進めて
いった。このような彼らの活動は広い共感を呼び、これに多くの市民が参加す
るようになる。その結果、埋め立て計画は白紙に戻り、その全面浚渫と修景
が決定されたのであった。時あたかも1975年のことである。当時、近江八幡

JC は「死に甲斐のあるまち」というコンセプトを打ち出しているが、これは現在に至るまで、近江八幡のまちづくりのみならず観光を方向づけていくことになる。

それだけではない。八幡堀周辺の新町地区など近江商人の商家が並ぶまち並みの保全が進められ、1991 年に滋賀県下初の「重要伝統的建造物群保存地区」に選定された。また、琵琶湖最大の内湖・西の湖周辺に見られる水郷風景の保全も進められてきた。こうした多様な風景を訪ね、生活文化に触れようとする人びとも増えている。現在、近江八幡市では、観光を「近江八幡市の暮らしの文化を見ること」と定義し、それは、上述のような市民主体のまちづくりの結果として生まれるものと位置づけられている（社団法人・近江八幡観光物産協会 HP）。

そして 2006 年、「近江八幡の水郷」が「重要文化的景観」の第 1 号として選定された。「自然と人間の共同作品」として美しい風景を作っていく作業は、現在も進行中である。

2.2　まちづくりと観光の融合

近江八幡市における観光文化の創造は、まちづくりと観光の融合という点から見て、どのような意味があるのだろうか。

第 1 に、観光を地域の歴史や文化の再認識、自然環境の保全、さらには地域の人びとの暮らしが織り成す風景づくりの課題と位置づけているということである。それには大別すると 2 つの側面があり、①市民が自分たちの地域の環境を知り、その価値を学びながら、まちづくりを進めることが可能になる、②訪れてくる人に、知的交流の場を提供することで、そのようなまちづくりへの共感を広げ、さらに定住の促進につなげることが期待されている。観光振興の方法には、イベントの企画も考えられ、交通機関や施設の整備に努めることも課題となる。しかし近江八幡の場合は、市民主導のまちづくりの延長として観光を進めることが前提となっている。その結果、地域固有の文化資源の再評価、知的交流、風景づくりを有機的に結びつけて機能させようとしてきたところに特徴があるといえよう。

第 2 に、地域のアイデンティティの源泉である地域文化の継承とその新た

な創造を市民の感性や知性、技術に依拠して進めている。八幡堀の保存修景やまち並み保全では市民団体として「よみがえる近江八幡の会」（1975年〜）や「八幡堀を守る会」（1988年〜）などが誕生し活動してきた。また、日本の商業文化を築いたといっても過言ではない近江商人や近江八幡市名誉市民第1号であるW・M・ヴォーリズを再確認し顕彰する活動が活発に行われている[1]。いずれも、初めに経済効果を目論んで観光地をつくることを意図していたわけではなく、集客至上主義の発想は全く見られない。しかし地域の歴史や文化、先人の生き方と、それらを学習し自分たちの生きかたを見つめ直す現代の市民の活動は結果的に、地域に文化的波及効果をもたらし、人びとの知的交流としての観光を成立させることになった。そこでは、地域の文化資源（観光資源）を売り出すのではなく、埋もれた文化資源を発掘し再評価しているのであり、地域の固有価値を引き出すことにつながっている。

　第3に、国と地方、官と民といった立場の違いや利害をこえ、連携・協働を通してまちづくりを進めようとする市民の姿勢を見ることができる。ここで市民とは、個人としての市民のみならず企業や学校なども含めて社会的責任をもち、自律的に活動を行うあらゆる主体をいう。八幡堀の保存修景運動の途上においてJCメンバーの発案でその清掃が行われたが、その際、行政（職員）や企業（人）、研究者、そして多くの住民の参加を促すことで、地域の問題を共有し地域ぐるみの実践へと発展させていった。今日、地域の問題を他人任せにせず、多様な主体が対話し協力することで社会的責任を果たしていくという姿勢が求められている。その協働のプロセスをどのように理解し、行政は何をどのように支援すべきなのか。市民主導による地域課題の解決過程で地域に、豊かな人間関係と自治意識を構築することに留意する必要がある。こうした「社会関係資本」こそ、文化資源としての観光資源を支えるとともに、それ自体が地域の光となるのであり、観光文化は新しい公共の創造につながらなくてはならない（井口1998：93-104頁、井口・中島2008：71-95頁）。

2.3　文化政策としての観光政策—その必要性と課題

　このように地域における観光文化の創造は、まちづくりと観光が融合し、より大きな広がりを見せつつあるが、これを政策面から一般化すればどのような

ことがいえるのだろうか。結論からいえば、文化政策として観光政策が展開されなくてはならないということだ。

　文化政策の実行過程で求められることは、地域に住まう人びとが「生活の豊かさ」を実感でき、子孫に自信と誇りを持って手渡していける環境を創造していくことである。このことは、経済の成熟化を迎えたとされる日本社会では、ほぼ実現しているように見えなくもない。しかし「ファスト風土化」（三浦,2004）という言葉が象徴するように、グローバル化がもたらす文化や価値観の画一化、土地投機と結びついた開発政策が促した都市のスプロール化、そして生活空間の閉塞化など、「生活の豊かさ」を実現していくうえで見逃せない問題が残されている。また、こうしたなかで子どもの生育環境の劣化も地域問題と文化の創造を考えるとき、深刻な課題といわざるをえない。小説の中とはいえ、「この国には何でもある。…（中略）…だが、希望だけがない」（村上龍 2002『希望の国のエクソダス』文春文庫 424 頁）という中学生の言葉がリアルに響く社会や文化の状況が日本にあるとすれば、それは経済の豊かさが逆に、文化的貧困を招いているという現状にほかならないのではないか。

　一方、オルタナティブ・ツーリズムが目指す「知的交流」や「暮らしづくり」、「まちづくり」とは何かを問うたとき、「日常生活の観光対象化」という現象が浮かび上がってくる。そこでは、観光を商品として生産/消費の二項対立的に捉えるのではなく、住まう人と訪れる人がともにかけがえのない地域の固有価値を学習し、共有する道具として位置づけることが必要である。地域では固有価値としての生活環境の再認識や再創造、地域内外に向けた情報発信、観光事業をめぐるマネジメント能力の向上などを通じて暮らしと観光の共生を実現しなくてはならない。また、訪れる人はインターネットなどの情報環境を巧みに活用し、さらに口コミを通じて意見交換のネットワークを創ることで、イメージとしての地域の消費から訣別しつつあり、主体的・連帯的に旅や交流をデザインしつつ、地域やそこでのまちづくりに参加していく力量を発揮し始めている。そこでは、観光のもたらすリアルな他者との出会いがこれまでにも増して期待されるようになっているのである。

　このような状況を考えれば、一方で、地域に住まう人びとが育んでいく観光によって地域の固有価値の源泉である文化資源を保全していくことが求めら

れ、他方で、文化政策の視点を導入することによって観光文化を振興していくことが必要になっているといえる。

なお、この点を概念化したものに「観光まちづくり」があり、観光立国のいわばキーワードとして政策文書や学会などで使われて久しい。具体的には、観光政策審議会が1999年に「観光まちづくり部会」を設置し、さらに財団法人アジア太平洋観光交流センターが2000年に『観光まちづくりガイドブック』を公刊したことがその端緒のようである。ただ、繰り返しになるが、それがいわゆる観光地づくりと同義をなすものとして理解されるならば、大きな誤解といわざるをえないであろう。この点、地域に学ぶ立場からすると、その真意を正当に伝えるためには「まちづくり観光」（井口 2005：22頁）という表現が参考になりそうである。ともあれ、各地域における地に足のついたまちづくりの実践とともに、観光概念も深まっていくことが期待される。

3　観光立国の実現に向けて―これからの観光政策

最後に、これからの観光政策のあり方について考えてみたい。その際、観光政策一般というよりも、観光立国を実現するための重要な鍵となる地域における観光政策に焦点を当てることにする。

まず第1に、国の政策動向よりも、主に基礎自治体（市町村）による地域の実情にあわせた政策を展開していく必要がある。地域の暮らしや文化が観光対象になりうるのであって、豊かな観光文化を創造するためには福祉、教育、労働、環境、文化など他の公共政策領域との連携や統合を図りながら、地域独自の観光政策を進めていかなくてはならない。この点から見るならば、前節で「文化政策としての観光政策」について指摘したように、総合的なまちづくりを対象とする地域レベルの文化政策と問題意識を共有していると考えられる。国レベルの経済政策の目的に対する手段として観光政策を捉え、観光産業政策を推進するのではなく、地域の暮らしや文化創造のための公共政策、すなわち文化政策として観光政策を位置づける必要がある。いわゆる「補完性の原理」に基づき、都道府県や国との相互対応関係を形成しながらも、ぶれずに地域のフィロソフィーを貫く政策を展開していくことが課題である。

中央省庁再編を柱とする行政改革の流れのなかで 2008 年に発足した観光庁は、観光立国の実現に向けて関係省庁との連携・調整を強化し、国ぐるみで総合的かつ計画的に施策を進める体制を確立しつつあるが、そこでは「民間、地方自治体、他省庁などと交流し、新しい力を発揮」すること、「タテ割りに陥ることなく、無駄を省いてスピード感を持ち、迅速に成果を出」すことなどの行動憲章が定められている。こうした政策の総合化を推進するという国による観光政策の指針は当然のことながら、地域における観光政策の展開においても生かされなくてはならない。それは、観光を地域のグランドデザインのなかで位置づける作業といいかえられるが、重要なのは、地域の現場における人びとの判断や工夫がより良きまちづくりと観光振興のための「ポリシーミックス」を生み出していくことである。地域に住まう人びとのポジティブな意識に根ざしたボトムアップの政策形成こそ、地域分権時代における観光政策にふさわしいと思われるからである。

　第 2 に、観光政策は、固有価値としての地域文化の創造とその文化的波及効果を通じて、地域の社会福祉水準の向上に資する必要がある。その際、地域コミュニティの役割が改めて問われるだろう。具体的には、地域を構成する人間と人間、人間と自然の関係性を調整・再構築し、埋もれた文化資源を再発見・再構成していくための仕組みや制度の設計を行うべきである。また、地域コミュニティのあり方を人の一生という視点からさらに敷衍して考えるならば、死の問題があり、これはスピリチュアリティ（霊性、精神）に密接に関わるものである。スピリチュアリティは、公共の福祉を実現する上で不可避の要素であるとの指摘もあり（稲垣 2007：213-219 頁）、観光政策について、このような視点から再検討することも必要だろう。

　したがって、観光環境の整備として、ホスピタリティの向上を考えるときには、観光産業やその関連産業におけるサービス技術・技能にホスピタリティ概念を限定してしまうのは適切ではない。むしろ、地域に住まう人びとの外部からの来訪者に対する寛容さ、自然に対する感受性、さらにそれらが織り成す地域のエートスや品格（都市格、地域格）のように、広い意味で理解しなくてはならない。今後の方向性として、地域コミュニティの再創造を通じてホスピタリティを醸成していくことが求められている。屋上屋を架すようだが、グロー

バル化にともなう多文化的な社会状況にあって、単に共同体の同質性を形成する原理だけではなく、移動や流動といった視点をも考慮した重層的な地域コミュニティが志向されるべきなのである。

　第3に、観光政策において地域の主体性・自律性の発揮が期待されるなかで、基礎自治体である市町村はもちろん、学区や集落などの小さなコミュニティ、さらに個人といった個々のレベルで政策形成能力を高めていくという方向が、強く求められている。特に、地域の固有価値を有効価値にまで高めていくための享受能力を、私たち一人ひとりが涵養することこそ持続可能な観光を推進していく際のひとつの分岐点となるだろう。そのためには、既に指摘した点と重なるが、自治体職員の公務労働のあり方を連携・協働の視点から再検討するとともに、地域において市民による学びの営みが多様な形で展開されていかなくてはならない。それは、詰まるところ、それぞれの現場を起点とした人財育成の課題なのである。

　この点、重要なことは、地域の未来に対する想像力と創造力、いわばパトス（感性）とロゴス（理性）が一体のものとなった構想力を培うことである。それは、長い歴史のなかで地域に蓄積されてきた文化と暮らしの風景を見て学び、実感することから生まれるものであろう。そして、その実践を進める手がかりとなるのが、序章で井口が言及し考察を試みた地元学や地域学、すなわち地域の人びとの叡智が凝縮された知的営為ではないだろうか。

　今日、観光政策を考えるとき、産業振興や環境保全など様々な視点があるであろうが、本書では、文化政策の視点を導きの糸としながら、地域における観光文化の創造に迫る。その際、地域に住まうという日常性、あるいは常在性を尊重した旅や交流、そして観光にこだわり、具体的な生活の経験から立ち上がってきた問題意識を、政策形成に生かしていくための方途を探っていきたい。

注
(1)『滋賀観光の歩み』（(社)滋賀県観光連盟、1989年）によれば、1949（昭和24）年、滋賀県と琵琶湖観光協会主催で「琵琶湖八景」の選定が行われ、そのひとつに「春色安土・八幡の水郷」が数えられた。これは、一般投票（応募総数3万1674件）を学識経験者ら13人の選定委員が審査、現地視察を行ったうえで決定されたもので、その選定委員の一人が「実業家一柳米来留」、W・M・ヴォーリズその人だった。

参考文献
井口貢（1998）:『文化経済学の視座と地域再創造の諸相』学文社
井口貢（2005）:『まちづくり・観光と地域文化の創造』学文社
井口貢・中島智（2008）:「観光資源と地域の文化資源―観光対象の多様化―」井口貢編『観光学への扉』学芸出版社
稲垣久和（2007）:『国家・個人・宗教――近現代日本の精神』（講談社現代新書）講談社
かわばたごへえ（1991）:『まちづくりはノーサイド』ぎょうせい
観光庁編（2009）:『平成21年版　観光白書』
土屋敦夫（2008）:「市民運動と八幡堀」近江八幡市史編集委員会編:『近江八幡の歴史　第四巻　自治の伝統』
三浦展（2004）:『ファスト風土化する日本　郊外化とその原理』（洋泉社新書）洋泉社
村上龍（2002）:『希望の国のエクソダス』（文春文庫）文藝春秋

参考HP
観光庁HP　　http：//www.mlit.go.jp/kankocho/
妻籠宿観光協会HP　　http：//www.tumago.jp/
社団法人・近江八幡観光物産協会HP　　http：//www.omi8.com/index1.htm

井口貢／中島智

第2章 観光文化に注ぐ地元学のまなざし

1 「観光文化」再考

1.1 観光を語る語法

　地域における観光（開発・振興・交流）はまちづくりと表裏一体のものだろうか。まちづくりであれば、市民一人ひとりの自覚と努力が必要だ。それとも、観光はひとつの、しかも狭義のビジネスであり、それが成功するかどうかは基本的にマーケティングの問題で、集客を狙って旅行商品をつくり、来訪者にお金を"落として"もらうようなものなのだろうか。

　この問いの立て方自体が、はなはだ幼稚で不適切ではないかとの声も聞こえてきそうだが、それは措くとして、本書は、観光はまちづくり、とりわけ「まちつむぎ」（という表現を井口（2011）は最近採るようにしている）をベースにしたものであるという前者の立場を前提としている。つまり、「観光とは地域文化の創造である」（この地域観光に関わる大きな命題を私たちは足助町[現：豊田市]のまちづくり文化史から学んだ）ととらえ、地域の暮らしを見て学びあう知的交流を展開することで地域固有の文化資源を再発見・再創造しながら地に足のついたまちづくり進め、地域において創造的環境を創出することの重要性を強調しているのである。

　ただ、急いで付け加えておくと、そのことは、観光が広義においては地域産業としてのビジネスであるということを直ちに否定するものではない。むしろ、「愛と尊厳をになう人間性回復の経済学」（池上 1996：7-8頁）である文化経済学を志す（あるいは、関心をもつ）立場から、生きる場である地域のなかで経済と文化が有機的に調和、循環しうる地域風土に合致したビジネスモデルを

構築していく必要性を確認しておきたいのだ。観光にアプローチする際、ともすれば入込観光客数とか関連売上高のような即効的な経済効果を期待しがちであった。この観光を語る語法を根本的に考え直し、ビジネスの発想をもちながら利潤最大化に偏重しない、そして地域コミュニティの持続可能性を高めることに貢献しうる観光のオルタナティブな視点が必要なのである。そのことは、古くは三澤勝衛が「風土産業」として論じ、また本書において井上弘司がその実践に基づいて記した「第4章：飯田型ツーリズムの基層」の論旨とも通底している。

1.2 観光のまなざし、旅人のまなざし

　しかし同時に、筆者らは、地方都市のフィールドワークを続けるなかで、この「まちづくり観光」というプラグマティズムが決して容易ではないことも重々実感している。それも、これから観光を立ち上げようとする場合だけではない。すでにその実践が奏功し、一定の成果をもたらしたとされる地域においても、である。

　堀野正人は、小樽、長浜、湯布院といった地域を例示し、次のように述べている。

> 「まちづくり観光の成功例といわれる地域でも、多くの観光情報誌や旅行番組に取り上げられ、大手旅行会社の観光ルートへの取り込みが進んで、まさに観光のまなざしがより強く注がれるにつれ、従来からある観光地との差異が薄まり、いわゆる俗化が懸念されていくのが実態である」（堀野2004：118頁）

　砕いていえば、"品格"のある風景で"スローに寛ぐリピーター"が佇んでいた地域が、やがて"格安"のパッケージツアーが対象とする"2時間立ち寄り地"に変貌するということだ。そこには移り気な来訪者が激増し、彼ら――知名度の高まった地域の市場価値――を目当てに外部資本が多数進出することで文化資源（観光資源）が損なわれ、生活環境が悪化する。その背景には、マスメディアによる情報の大量生産・大量消費があり、イメージが過剰にまで増殖した上で産業化されていく状況がある。まちづくり観光のマス化、あるいはさらに換言すれば、オルタナティブ・ツーリズムのマス化現象とでもいえよう

か。

　この問題を考えるとき、想い起こすのはフランスのメディア政策に関わり、文化産業のあり方を批判的・実践的に展望する哲学者ベルナール・スティグレールが提起した「象徴の貧困」という概念だ。現代の高度に発達した文化産業や情報メディア産業は、そこに組み込まれた人びとの想像力を剥奪し、未来を創造していく時間を破壊する作用をもっているというのが、「象徴の貧困」である。

　ここでは、この概念一般について論じることが目的ではないので、上述したまちづくり観光のマス化・俗化問題を考える手がかりとして、次のスティグレールの言葉に着目したい。すなわち、かかる状況では、「感性の条件付けが本質的に感性的経験——それが芸術的なものであろうとなかろうと——の妨げとなっている。こうしてたとえば観光も商品化され、旅人のまなざしは色あせた時間の消費者となることで損なわれてしまう」(スティグレール 2006：189 頁)というのである。

　スティグレールの指摘を、私たちの関心に引き寄せて補足してみたい。「感性の条件付け」は、多品種少量生産という"時代の気分"をひとつの特徴とするポストフォーディズム型経済社会のなかで、文化産業が跳梁する現況下、ある意味で不可避の作法なのだろう。たしかに来訪者のほとんどは、テーマパークとは一線を画した、まちづくり観光を実践する地域においても、ダニエル・ブーアスティンのいう「擬似イベント」(ブーアスティン 1964) として、創られたイメージを追体験しているに過ぎないのかもしれない。したがって、観光の舞台となる地域に生々しい人びとの暮らしが息づいていても、市場原理が優先されてしまい、結果として地域の文化資源が消費され、生活環境も損なわれることになる。

　誤解を恐れずにいえば、観光客として遇される来訪者は、市場流通システムのなかに存在する以上、「色あせた時間の消費者」として、あくまでサービスの受け手にとどまらざるをえない。実はここに、文化産業とか創造産業、コンテンツ産業として観光を位置づけ、これまでの製造業に代わる日本のリーディング産業として戦略的に展開しようという、耳に心地よく響いて久しい観光産業論・観光ビジネス論のひとつの限界があるのではないだろうか。

　こういうことだ。グローバルな経済競争の時代にあって地域の文化資源を再

発見し、これを利活用して観光を推進し、地域振興に結び付けていこうとする政策判断自体は、決して間違っていない。ただ、そこでコンテンツと認識される地域には、喜怒哀楽とともに暮らす生身の人間が存在するという大前提を忘れてはならない。さらにいえば、いわゆるコンテンツは市場価値と市場価格で表現することができても、生活者が地域のなかで喜怒哀楽とともに紡いできた有形・無形の文化資源は決して市場価格では表せない、というのが本来なのだ。観光立国に向けて当然、卓越した観光経営マネジメントを行い、マーケティングを充実させることも必要だろう。また、そのような能力を身につけた"業界"の求める人材を育成することに、必ずしも異論はない。

だが同時に重要なのは、狭義の観光産業のみならず、第一次産業や第二次産業に従事する人はもちろん、子ども・老人を含む地域に生きるあらゆる生活者が、それぞれの個性を地域の光として輝かせていくこと、そのような自らと地域を成長させようという動機付けとなりうる政策を生み出すことである（私たち筆者もしばしば使う「観光＝第六次産業」論も同様の文脈でとらえたい）。別言すれば、文化資源を経済活性化のための手段と見なすのではなく、先人から受け継いだまさに「遺産」として、大切に守りながら、様々な人びとやセクターが協働することで地域経済を再構築し、地域文化を再創造していくこと。冒頭に挙げた観光の語法をめぐる問いかけで筆者らがいいたかったのは、このことだったのである。

地域の人びとに共感するまなざしも、先人の創りあげた文化に払う敬意の念も、市場経済の領域とかマスメディアを媒介した「観光のまなざし」だけでカバーすることはできない。なぜなら、スティグレールのいう「旅人のまなざし」とは、不在のプロセス、数値化できないもの、偶有的なものへの感受性と結びついているからだ。

そして、そうした感受性は、自らの人生を紡ぎだし、地域の未来を切り拓く構想力へと昇華する可能性を秘めており、私たちはそれを自らの地域で、他者とともに培っていかなくてはならないのである。このような営みを、井口は「協育」と呼んでおり、観光教育においても、これが基本になるとの見解、「協育としての観光」を示している（井口2007：35-41頁）。

この地域での協育をベースとした観光教育に関連して、中島は観光「者」と

いう概念を提出している。そこでは、観光「客」としての消費者マインドを一定克服して、生活者としての仲間意識を訪問地の人びとと共有し共感的な交流を行うために、地域の生活文化を評価しうる力量（固有価値の享受能力）を涵養していく必要性を訴えている（中島 2010：180-181 頁）。

こうした筆者らの立場と通底する考えとして、スティグレールの言葉を再び引きたい。持続可能な地域と観光のあり方を考える私たちにとっても、おおいに示唆に富むものだ。

「人類の産業や技術を追求するという運命を断罪することが問題なのではない。それどころか逆に、この運命にあらたな価値を見出すことが必要なのであり、そのためには、感性の条件付けをもたらした状況、それを乗り越えなければ消費活動そのものが破綻し、あらゆるものが嫌悪の対象となってしまいかねない今の状況を把握しなければならないのである」（スティグレール 2006：27 頁）

以上のような問題意識を発展させつつ、この章では、地域分権という時代の文脈のなかでますます重要となってきている 2 つの課題、観光文化の創造と地元学の個性的推進とをリンクさせて、次代の担い手を持続的に育成しうる文化政策としての観光政策をデザインするための原理と課題を明らかにしたいと思う。

2 観光文化の視座と地元学の展開

2.1 地元学のまなざし
2.1.1 地元学とは

地域の固有価値としての生活環境を再評価・再創造するためには市民一人ひとりが地域の暮らしを取り巻く環境を知り、その価値を学ぶことが大切だ。既に述べたが、「その価値」とは決して市場価格で表現できない。文化政策に不可欠なこの住民（市民）参加の作業を地域の現場から実践し、近年注目を集めている思想と技法がある。序章で紹介した「地元学」がそれである。重複と繰り返しになるが、本書全体の大きなテーマであるために、ここで今一度補足を含めつつ復習しておきたい。

地域に即し則ったこの新たな知の技法は、1990年代に入ると、熊本県水俣市の吉本哲郎と宮城県仙台市の結城登美雄が、それぞれ独自の文脈で始めたことが端緒となり、各地に広まっていった。

　水俣病という人類史的な悲劇で地域の絆が傷つけられた水俣市では、人と人の関係を、もう一度紡ぎ直す「もやい直し」を軸にして「環境都市づくり」が始まったが、当時、市職員の吉本は「自治の底上げ」を意識して地元学を始めたのであった（吉本 2007：2008）。

　吉本によれば、「地元学とは、地元の人が主体になって、地元を客観的に、よその人の視点や助言を得ながら、地元のことを知り、地域の個性を自覚することから始まり、外からのいや応のない変化を受け止め、または内発的に地域の個性に照らし合わせたり、自問自答しながら考え、地域独自の生活（文化）を日常的に創りあげていく知的創造行為」（吉本 1995：118頁）である。

　一方、都市化の進展する仙台市を目の当たりにし、「いたずらに格差を嘆き、都市とくらべて「ないものねだり」の愚痴をこぼすより、この土地を楽しく生きるための「あるもの探し」」を「地元学」と称し東北のまちやむらを歩いてきたのが民俗研究家の結城である（結城 1998、2009）。

　結城は、「人びとは政治や行政まかせにならず、地域を再生するひとりの当事者になれるだろうか」と問い、「これまでも「地域活性化」など、地域という概念は、エリア、マーケット、コミュニティなど恣意的概念でとらえられてきた」が、「ゆるがぬ「地域」」を「「家族が集まって暮らす具体の場」だととらえたい」とした上で、「よい地域」であるための条件を示している（結城 2009：18-19頁）。

　すなわち、①よい仕事の場をつくること、②よい居住環境を整えること、③よい文化をつくり共有すること、④よい学びの場をつくること、⑤よい仲間がいること、⑥よい自然と風土を大切にすること、⑦よい行政があること、である。ちなみに、吉本も、この結城の示す「よい地域」の条件を紹介している（吉本 2003：74頁）。

　以上の指摘からも分かるように、地元学とは文字通り「学」を付しているものの、単に地域の歴史や文化を発掘する学習活動にとどまらず、自らの住まう日常的な生活の場としての地域に目を向けさせ、持続的なまちづくり・地域づ

くりを促しつつ究極的には自己の生き方の問い直しを迫るものなのである。

　後に触れることになる民俗学者宮本常一は、かつて彼に師事する若者に、「学者に向かってものを書くな」といったという（須藤 2010）。地域に学ぶ学問を実践した宮本の言葉は、地元学が目指す学問のあり方をわかりやすく指し示しているように思う。すなわち、地域やそこに生きる人びとに学ぶのであれば、しばしば研究者や専門家が規矩とする"学界的権威"を無批判に受け入れてはならないし、学び問う"自分"を棚上げにしてはならない、ということだ。気まぐれな言説を垂れ流すのでなく、現場を歩き見て現実を知った者の応答（response）として、まさに責任（responsibility）を果たせるように、研究の成果を地域の人びとに還元していく姿勢が大切なのだ。そして、そのことは必然的に自分自身（の価値観や暮らしのスタイル）が内発的に変化していくことに他ならないのである。

2.1.2　方法としての旅

　前節で記したように、現代の高度情報社会・消費社会において「象徴の貧困」が生じているとすれば、吉本のいう「自分たちであるものを調べ、考え、あるものを新しく組み合わせる力を身につけて元気をつくること」がきわめて重要となる（吉本 2008：22 頁）。ここで、彼がいう「あるものを新しく組み合わせる力」とは、人類学者クロード・レヴィ＝ストロースが名著『野生の思考』のなかで示した「ブリコラージュ」（器用仕事）という概念に符合する（レヴィ＝ストロース 1976：26-41 頁）。地元学に期待されているものは、調べる・考える・つくる身体的実践を通して私たちの生活の知恵を育んでいく知のあり方を回復することでもある。それは、人の生きる場に生成される局所的な知を確認し、日頃見慣れた地域の風景をあえて違った視点から見つめ、あるもの（＝文化資源）を組み合わせることで新しい世界が浮かび上がってくるということだ。

　この生活の知恵を育んでいく懐かしくも新しい知を引き出すために、旅は、その具体的な方法として位置付けられている。吉本は、「ものづくりや地域づくりはイメージする力」であり、「イメージする力を身につけるために、人は旅をし、見聞をひろげているのではないか」と述べている（吉本 2008：

25-26頁)。関連して結城は、「旅とは他火。すなわち他人の火にあたりに行くことである。火は暮らしの中心。その火を見つめ、ゆらぐ己が生活を整え直す。それが本来の目的ではなかったか」と書いている（結城 2009：40頁)。

こうして見てくると、地域の未来に向けてあるものを組み合わせる、それをイメージする力を伸ばすためにはマス化された観光ではなく、人の生き方と出会う"他火"が重要な意味を帯びてくるが、こういった旅は、共感的な交流としてのオルタナティブな観光において求められる他者に対する歓待を私たちが身につける方法としても同時に理解することができる。

さらに敷衍していえば、こうした旅の方法的態度は、他者を単に消費の手段と見なしがちな現代の消費観・社会観に根本的な修正を迫り、互いの差異を包み込んだ共生社会とそこでの新たな観光交流を実現する可能性を拓いていくに違いない。方法としての旅が示唆するのは、本書で私たちが大きなテーマとしている、地域の人びとが主体となって紡ぎ出す観光文化の姿ではないか、と思われるのだ。

実際、こうした方法としての旅、また地元学の発想を持ちながら観光文化の創造を語ったり、試みたりした先人たちがいる。たとえば岩手県花巻で農村振興に尽力した宮沢賢治と、その賢治の「雨ニモマケズ…」という詩をモットーにして日本を歩き続けた民俗学者宮本常一。二人の理想が地域に夢を託して生きる多くの人びとによって今も受け継がれていることを、私たちは忘れてはならない。地域と観光のあり方、文化政策を考えるうえで、ぜひとも触れておきたい思想でもある。

2.2　観光文化と融合した地元学の思想
2.2.1　宮沢賢治のまなざし

1924年5月、花巻農学校の北海道への修学旅行で生徒を引率した宮沢賢治（1896-1933）が書いた「修学旅行復命書」(宮沢 1995：497-503頁）は観光文化と融合した地元学の思想を先取りした秀逸なレポートだ。旅行手段の発達等に顕著な寄与を示した文明のひとつの成果である近代観光が、同時にその対極にあるともいえる地域固有の文化的景観を創造していく契機になりうることを示唆した点で、現代のまちづくり観光にもつながる重要な問題を提起した

からである。この点について、表象文化論を専攻する岡村民夫の説明は興味深い。「ユニークなのは、農村改革が〈観光〉と幾重にも関連づけられながら説かれている点である」（岡村 2008：152 頁）と指摘し、「少なくともこの時期の賢治は、温泉の旅行産業や温泉地の農業の振興と町場の商工業の振興を連動させるという大きな構想を抱いていた」というのである（岡村 2008：157 頁）。

岡村によると、「修学旅行復命書」に示された提言の特徴は、次の4点にまとめることができる。第1は、北海道の農業や景観から岩手県民が学ぶべき諸側面（ジャガイモの多様な製品化、穀類のシリアル食品化、石灰岩抹肥料の生産と利用、温室促成栽培、「理想的農民居住」、美しい公園や植樹……）が、小樽から苫小牧までの紀行文のスタイルで記されていること。第2は、温泉観光が急速に発展しつつある花巻の動向と、農村改革をこの動きに連動させる構想が述べられていること。第3は、観光旅行には審美的認識を促進する効用があるという観光論が説かれていること。第4は、外部への観光のまなざしを郷土自体へ折り返す離れ業によって、郷土のうちに眠っていた潜在的可能性を再発見する、という方法論が説かれていること、である（岡村 2008：152-154 頁）。

よく知られているように、賢治は近代化に伴う労働と遊び（余暇）、人間と自然・動物、都市と農村の乖離に対して、民俗的なものの深層を保持しながら、しかしあくまでも近代的な流儀（科学技術）を駆使して暮らしのスタイルを創り出そうとした人である。

この暮らしの思想と流儀を、賢治は「心象スケッチ」という方法で表現した。それは、自分の目で見た風景から心のなかに起こる印象、自らの内面世界を記録することで万人に共通する心、さらには生きとし生けるものが潜在的に持つ想像力を喚起することであった。そして故郷岩手の風景のなかに、いのちと宇宙と詩を見て取った賢治は、そこを「イーハトヴ」と名付け、理想世界を現実化すべく多岐にわたる実践活動（仏教信仰、詩や童話の創作、自ら立ち上げた羅須地人協会での農業の実践と指導、教育……等々）——彼自身の言葉を使えば、「農民芸術」——を展開していくことになる。その意味では、「修学旅行復命書」に描かれた、観光を活用した農村振興や教育のビジョンも、賢治にとっては農民芸術の実践に他ならなかったのではないか、そう思えてならない[1]。

ちなみに、賢治の生前には発表されなかったのだが、農民芸術を論じた「農民芸術概論綱要」には珠玉の言葉が散りばめられている。そこに記された次の言葉は現在も、とりわけ持続可能な地域と観光を考えるとき、熟読しなくてはならないと思うので、紹介しておきたい。各々の立場から解読すべき重みがあり、予言に満ちた言葉ではないだろうか[2]。

「都人よ　来ってわれらに交れ　世界よ　他意なきわれらを容れよ」（宮沢1995：19頁）

2.2.2　宮本常一の「観光文化学」

山口県周防大島出身の宮本常一（1907-1981）は、日本列島をくまなく旅し民俗調査を行うとともに農業指導、離島振興や山村振興、文化振興に関わる官民数々のプロジェクトに協力した民俗学者だ。民俗学者といえば宮本の他に、柳田国男（1875-1962）や南方熊楠（1867-1941）、折口信夫（1887-1953）を連想される方が少なくないであろうが、これらの知の巨人たちは、いずれも高度経済成長を見届けることなく、鬼籍に入っている。

翻って宮本は以下に見るように、戦前・戦中・戦後とむらやまちを歩き、ついに近代化・都市化した豊かな日本を目の当たりにしつつ、そこに生きる人びとと対話して膨大な数の生活誌（ライフヒストリー）を編んだ、奇跡のような"時代の記録者"といえるかもしれない。

1961年、ちょうど向都離村の動きが顕在化した高度成長期の頃に著された『村の若者たち』という著作では、内発的な文化の創造が活力ある地域づくりにつながることを示唆しているが、その根拠のひとつに先述した宮沢賢治が「農村における芸術の回復は、労働におけるよろこびの回復でなければならぬ、と説いている」と紹介している（宮本2004：185頁）。けだし、宮本の学問と実践の根底にある論理であり、倫理といってもよい。

このような視座から地域のあるべき姿を考え続けた彼は、その過程において地域の個性が事業の核となる「観光」という文化現象に着目し、それを地域コミュニティの主体性の回復と結びつけてとらえるようになる。1966年に日本観光文化研究所（近畿日本ツーリスト資料室）初代所長に就任したのだが、宮本の観光への関わりについて研究生活をともにした田村善次郎は、当時を振り

返って次のように述べている。少し長くなるが、引用したい。

「昭和三〇年代までの宮本先生はいわゆる観光開発にはきわめて否定的であった。経済的に自立度の低い地方が観光資本や心ない観光客に荒らされるだけであると危惧しておられたのである。しかし、三〇年代の後半からの高度経済成長期を迎え、急増する観光開発や観光人口のありようを直視する中で先生の考えも変っていった。地方がこれに対抗するには、地方自体が生産基盤を拡充し、文化的・経済的に自立[3]できるように努力することが第一であるが、同時に、地方を訪れる人びとが、地方の生活を本当に理解し、仲間として良き相談相手となるような、良い旅人になるような、そういう啓蒙が必要だと考えるようになったのである。自らが旅のなかで学び、その得たものを伝書鳩のごとく旅を通じて広めることに努力して来た、すぐれた旅人としての実感から生まれた帰結だったかと思う」（田村2006：284頁）

このように、宮本は、郷土を起点とした知的交流として観光を社会構想のなかに位置付けようとしたのであった。とりわけ"周防大島の百姓"を自称しつつ戦後の混迷する農業政策に対峙していったことからも分かるように、彼の観光論は、農業をはじめ第一次産業への目配りが厚い。たとえば1970年初出の論考で当時、荒廃しつつあった棚田の利用法として「養魚池」や「果樹園芸」、「牧野」などの可能性を示したうえで、次のように述べている。

「それらが効果をあげるためには、それが適地であるか否か、それを成功させる技術も必要である。と同時に、そこにそのような経営の行なわれていることを世人に意識させるコミュニケーションが必要である。人はその行なっていることが価値ありと人びとに意識させられることによって仕事に喜びを持つ」（宮本2006：287-288頁）

これは、第一次産業と連携した観光の要諦を言い当てている。宮本にとって観光を推進していくことは、労働、あるいは遊びに見られる人間と自然、人間と人間とのコミュニケーションを促進していくことであり、本来、広く深い技術を誇った百姓の存在を再評価することで現代社会に蘇えらせることであったに違いない。それは、百姓であり民俗学者である宮本が、都市化・一極集中に対するオルタナティブなトポスとしての農村の存在意義やそこにある文化資源

（観光資源）の可能性を示唆し、観光文化を構想したということに他ならない。

その意味では、彼が最晩年に郷里・周防大島で創設した「郷土大学」は、宮本学の集大成であるといえよう。1980年に行われたその開校記念講演で宮本は、「大事なことは規格化されることではなくって、みんなが企画し、お互いがお互いに発見していくことである。その発見していく一番大事なもとになることは何であるかと、やはり自分が今住んでいる場を、その生活の場をもとにしてその中から新しい生き方を見つけてゆくことです」（佐野2003：196頁）と語ったという。大学とは銘打ってはいるものの、完全に自主的な運営であり、地域に住まう人びとが主体となった学びの場を創ろうとする宮本による地元学の提案であった。

さて、小見出しに掲げた「観光文化学」とは今のところ、いわゆるディシプリンとしてひとつの理論体系を確立するには至っていない学問領域ではあるが、以上に少し紹介した宮本常一の思想と実践のなかに、この学問のあるべき姿を見ることができ、そこから学ぶことができると筆者らは信じている。つまり、観光文化を考察するとき重要なのは、地域の人びと自身が地元を掘り下げることで展開される知的交流に学びながら、持続可能なコミュニティの構築を目指し、真の豊かさとは何かを追求するという視点である。この学問を志す者は、宮本常一のいう「私は私の眼で世間や文化を批判するまえに、私自身が実験台になって批判の対象になるべきだと思っている」（宮本1993：4頁）という言葉を改めて胸に刻むべきであろう、自戒の念とともにそう思うのである。

3 地域観光のコア・カリキュラムとしての地元学へ

3.1 普通の人びとに寄り添う学び

この章ではまず、観光文化を振り返り、次いで地元学の視点について整理した。自らの住まう地域の固有価値に、どのようにして"気づく"ことができるだろうか。また、多様な地域の文化や産業の創造を基礎にしつつ次代の担い手を持続的に育成していくことは、どうすれば可能なのだろうか。観光政策の文脈で地元学を議論する最大の目的は、詰まるところ、地域観光のコア・カリキュラムとしての地元学の存在意義と課題を明らかにするところにある。地域にお

いて観光政策を実践するとき、地元学から何を学ぶべきか。ここまでの検討も踏まえて、観光文化の視座から課題を整理し、今後の実践の方向性について提起してみたい。

　近年、地元学が脚光を浴びていることは既に述べたが、それがいわゆるお国自慢と同義をなすものとして理解されているとしたら、失笑を買うばかりだろう。歴史上に名を残す人物を顕彰するだけの偉人伝に終わることなく、むしろ地域に生きる普通の人びと、いわゆる常民（ordinary people）[4]に寄り添い、開放的で多角的な"学び"が求められるべきである。その実現には、地域内における多様な「協育」が必要なことはいうまでもないが、地域外の人びと、特に「観光者」の果たす役割も大きく、その具体的な機会として観光交流の意義が認められる。すなわち、しばしば地域内外の人びとの出会いが固有価値を認識する契機となり、観光者の地域への共感こそ、まちづくりやそれに基づく観光を深い次元で支えている、ということである。事実、地域における地元学的な実践が結果的に、グリーンツーリズムやエコツーリズムの展開につながっていったと考えられるケースは少なくない（佐藤2002、海津2007）。

3.2　都市型地元学と都市観光へ

　これまで、地元学は、もっぱら農村、中山間地域などを中心に実施されてきたが、これを都市にどう応用していくか今一度、考えなくてはならない。シャッター通りを擁する地方都市や郊外のニュータウンなどのまちづくりを促し、さらに都市観光の創造につなげていく実践のあり方を明らかにしていくことが今後の大きな課題である。この点、観光の実務に携わっている人びとにとっては、地元学を推進することで、いかに地域に密着した観光システムを創出するかが中心的な関心事になってくるだろう。しかし、観光が地域に波及効果をもたらしたり新たな文化創造の起爆剤となるためには、地域の文化資源を掘り起こすだけではなく、その資源のとらえ方が重要だ。要は、「成長の限界」が認識される時代のなかで、単に規模の経済を追求するのではなく、むしろ有限の資源をいかに利活用するのか、という視点がますます重要となってきているのである。これについて第1章で地域の文化資源を社会関係資本と関連付けてとらえる必要があることを主張したが、ここでは、結城登美雄の見解を紹介してお

きたい（なお、結城は「地域資源」と表記している。これは、筆者らの用いる「（地域の）文化資源」と――学術的な概念規定はともかく、本質的には――ほぼ同義であると考えている）。

　結城は、性急な商品化への意識が「未利用資源」の蔵に閉じ込めるとして、地域資源、とりわけ食資源は、そこに暮らす家族とともにあり、その土地に産出されるのであって、そこを離れては地域資源も加工も存在しないという。つまり、経済至上主義と産業論的価値観を批判しつつ、資源の多様な価値と活用の可能性を模索しているのだ（結城 2009：108-113 頁）。

　結城の指摘は、地域資源が本来的に、基礎集団である家族と、土地（風土）と密接に結びついた存在（概念）であることを教えてくる。また、ここで立ち入った議論はできないが、吉本哲郎も「あるもの」という表現を用いて地域資源について言及していることは、既に見た通りである。そして、結城も吉本も地域資源を考えるとき、暮らしづくりや仕事おこし、子ども・若者の未来を念頭に置いている、ということを確認しておきたい。

　もちろん、アトム化した個人からなる「無縁社会」（NHK「無縁社会プロジェクト」取材班編著 2010）という現実も見落としてはならない。たとえば、家族の多様化に対応した血縁に拘らない家族共同体のあり方や、地縁や社縁・学縁にとどまらないテーマコミュニティの形成を研究するとともに、そこにおける IT の役割やその活用方法論を把握することは、地域の課題解決や新たな価値を創造する上で意義あることと思われる。情報学を専攻する西垣通の言葉を借りれば、「人間を機械部品化する IT でなく、人間の身体や心をやさしくつつんでくれるような IT が必要なのだ」（西垣 2009：161 頁）ということになる。今後は IT を巧く使いこなし、ネットワークを賢明に活用することで地域の社会関係資本を豊かに蓄積しながら、無縁社会を克服していく必要があるだろう。

　さらに、こうした論点に加えて、都市型地元学とそれに基づく都市観光を構想する場合、一定の資本力や組織力をもつ都市の文化装置（たとえば劇場、ホール、動物園、ミュージアムなどの文化施設や、路面電車などの交通インフラ）を活用すること、特にそれを学区や商店街といった都市のなかの小さなコミュニティでの取組みやインナーシティの問題などに接合していくことが課題となるだろう。いわゆるミュージアムマネジメントやアーツマネジメント、アウ

リーチについては個々においてもしっかり検討すべき課題だ。しかし、地元学と観光交流といった視点から都市の文化装置の役割と意義を確認することは、都市の持続可能性、あるいは都市文化の魅力を高めるためにも必要不可欠なのである。

　以上に述べたことは、大きくまとめると、生活者としての地域住民を担い手とする下からの政策構想であり、新たな公共の創出のひとつと表現できるだろう。それは、民俗学者で東北学を推進する赤坂憲雄が指摘するように、「開かれたアイデンティティ」を志向すること、つまり、「複数の中心なり定点なりをもつこと、ひとつの中心の特権性を無化すること、そして、ひとつの円環を破って越境を企てること、多方向に開かれてゆくこと」（赤坂 2010：265 頁）に他ならないのである。現在、自治体や大学など、様々な組織で地元学が導入されるようになってきたが、地元学が住民自治という政策目的に対する政策手段として利用されるようなことがあってはならない。地域のなかで地域を多角的に学ぶ場を創出するとともに、そこで「開かれたアイデンティティ」を涵養していくことを忘れてはならないだろう。

　最後に、その開かれたアイデンティティを志向する実践事例として、2005年10月に開館した兵庫県立文化芸術センター（以下、HPACと略）を紹介したい。HPACに準備段階から関わった芸術監督で指揮者の佐渡は、「「演奏会にきてみいひんか？」という想いを、劇場の地元である西宮の商店街の方々に直接語りかけ、自分で実行することから始め」た。そして、「子供達と縦笛を吹き、ママさんコーラスを指揮し、吹奏楽を指揮して、この想いは具体的に西宮を中心に広がってい」ったという（佐渡 2010：252-253 頁）。実際、周辺地域全体の振興・発展と活性化を目的として HPAC の他、アクタ西宮振興会（西宮北口駅北東の商業ビル）、にしきた商店街が中心となり 2006 年に「西北活性化連絡協議会」が設立されている。

　「西北活性化連絡協議会」は、市内の大学生、周辺自治会などの参加も得て公演関連イベントをはじめ趣向を凝らした数々のイベントを実施し、地域の賑わいと一体感の形成に寄与している。この他にも、地域に様々な経済効果をもたらしており、HPAC 最寄りの駅であり、まちの玄関口のひとつである阪急西宮北口駅の乗降客は月3万人以上の飛躍的増加を見せている（兵庫県立芸術

文化センターHP「開館記念期間3年間の総括」)。

　HPACとともに創設された兵庫芸術文化センター管弦楽団(以下PACオケと略)は、フレッシュ(平均年齢27歳)でインターナショナル(コアメンバー48名中、半数が外国人)な楽団として始まった。県内の小中学生を対象とした「わくわくオーケストラ教室」の他、「街で身近に音楽の喜びを与え、人びとの心の交流と賑わいの源となるように」、アウトリーチ活動も展開している。それは、佐渡自身の言葉でいえば、「プロフェッショナルの演奏家として、皆様からお預かりしたお金を社会に届けるため、何を行うべきかを常に考え」ているからである。そして何よりもユニークなのは、PACオケのメンバーが3年しか在籍できない、という点である。そのため、佐渡は、「世界中の様々なオーケストラのオーディション情報が集まるよう…(略)…兵庫県にいながらにして、日本のみならずドイツ、フランス、アメリカなどはもちろん、アジア全体を含む世界中のオーケストラ情報が集められるような」ネットワークを作ることを目指している。また、「入団した時から私がそれぞれのメンバーの夢を聞き、3年の間に、できる限りその夢に向けて前向きに、現実的に挑戦できるよう、全スタッフとともに応援したいと思ってい」るという(兵庫県立芸術文化センターHP)。

　HPACの事業展開において、必ずしも実践方法論として地元学が意識されていたわけではないだろう。しかし、自主事業の企画はもちろん、PACオケでの人材育成においても、「協育」というコンセプトを明確に見ることができる。開館以来、佐渡が芸術監督を務めるHPACの事業・運営は、都市文化の創造を視野に入れた地元学、また都市観光のひとつのモデルとして高く評価できるものである。そこでは、単に商品としての芸術を生産するのではなく、私たちが生きるうえで必要な価値を育みつつ、人びとの交流を促しているといえる。あるいは、震災を経て開館した経緯に着目すれば、震災犠牲者の鎮魂を祈る場ととらえることもできよう。だから、"震災後"を生きる多くの人びととの共感と支持を集め、まちのシンボルとして認識されるようになったのは、当然のことといえるのかもしれない。

　さて、佐渡自身は京都生まれで、大学卒業の頃までを京都で過ごしている。"指揮者としての正式な教育"を受けていなかったが、指揮者になりたいという一

心で音楽を続け、やがて巨匠バーンスタイン（1918-1990）に見出されたことはよく知られている。現在、ヨーロッパ諸国でも意欲的に活動を展開する彼は、しかし「兵庫は、僕の"home"です。今後も、阪神間の多様な文化を結実させた作品をつくりたい」と語っている。実は、それは HPAC 開館 5 周年記念ガラ・コンサート（2010 年 10 月 3 日）での発言である。PAC オケ卒業生たちも各国から"帰郷"し演奏に参加していた、このコンサートのアンコール最終曲が『ラデツキー行進曲』で、『六甲おろし』を挿入した粋な編曲であったこともまた、印象的であった。

ともあれ、佐渡の音楽に対する情熱（パッション）が震災からの文化復興・心豊かなまちづくりというミッションと出会ったのである。そして、それに感動・共感し、触発された人びとが動き出し、そうした響きあいが地域全体に広がっていったのではないだろうか。

地元学が本当に私たちの生きる動機付けとなりうるものなら、それは教条的な文化政策や功利的な観光教育を超えて「地域観光のコア・カリキュラム」となる可能性をもつだろう。いかにして個性的で、しかも開かれたアイデンティティを養っていくか。そうした問いを抱えた実践の積み重ねこそが、地元学を深化させつつ次代の観光文化を創造していくと信じている。そして、そのことが観光哲学や観光倫理学といった、真の観光立国実現のために不可欠な知的バックボーンを形成していくに違いない。

注
(1) 本文で触れた修学旅行の前月、1924 年 4 月に生前唯一の刊行詩集となる『心象スケッチ　春と修羅』を発表、また同年 12 月に生前唯一の刊行童話集となる『イーハトヴ童話　注文の多い料理店』を出版している。
(2) 　赤坂憲雄は、近著『婆のいざない　地域学へ』のなかで、この言葉を紹介し独自の解釈を提示した上で、「この言葉をムラに生きる人びとが内発的に語ることができる時代がやって来たとき、東北は変わり、そこから人と自然とをつなぐあらたな思想が生まれてくるのかもしれない、そう考えています」（赤坂 ,2010、96 ページ）と結んでいる。至言であろう。
　筆者らは、日本の近代知を象徴する碩学、柳田国男が『遠野物語』の序文で言い放った「願わくはこれを語りて平地人を戦慄せしめよ」と同様の気迫を感じさせる言葉でもあると思う。つまり、賢治のいう「都人」とは、単に都市生活者を意味しているわけではないだろう。むしろ柳田のいう「平地人」のニュアンス、

精神的次元において近代化された人びとを指していると考える。一方、「われら」とは、上記の赤坂のいう「ムラに生きる人びと」であり、民俗的なものの深層に根ざす人びとのことを指すのではないか。思えば、数々の童話のなかで人間と動物の交感的世界を賢治は描いた。そのことについては現代のエコロジー思想において様々な形で言及されている。重要なことは、動物を殺さなければ人間は生きて生けない（逆に人間が動物・自然によって殺される可能性すらある…）という次元から、思想と実践を立ち上げていたことだ。しかも同時に彼が、当時の最先端の科学に大きな関心を寄せていたことも見落とすことはできない。そして近代化された人びとを原理主義的・高踏的な態度で排斥しようとはしなかった。「世界がぜんたい幸福にならないうちは個人の幸福はあり得ない」という認識から近代化という時代のなかでオルタナティブな視点を確保したのだ。その意味で、フォークロアとテクノロジーとを統合しようとした思考の軌跡を賢治の言葉に見出すことができるかもしれない。

(3) 蛇足ながら、筆者らとしては正確を期すならば、「自立」ではなく、「自律」と表記すべきと考える。現在、新自由主義的なイデオロギーと相俟って地域の「自立」という表現に出会うことが多いが、それは「孤立」と紙一重の危うい概念でもある。地域の自己決定を支えうるのは、人びとのつながりだ。自らの住む地域の内外に多様で豊かな関係性を紡ぐ重要性を提起するとき、「自律」の方が適切ではなかろうか。

(4) 一般的には、「常民」は "common people" と英訳されるが、現代社会の文脈のなかで、まちづくりや観光振興の主体となるべき存在としての「常民」は "ordinary people" と訳出する方がより適しているのではないかと筆者らは考える。今日そのような、主体となる存在について、「新たなる公」という表現がしばしば採られるが、「公（public）」に関わる認識のひとつに、欧米では "ordinary people" が含意されている。

参考文献

赤坂憲雄（2010）：『婆のいざない　地域学へ』柏書房
井口貢（2007）：「地域への想いとまちづくりへの共感」井口貢編『まちづくりと共感、協育としての観光』水曜社
井口貢編（2011）：『地域の自律的蘇生と文化政策の役割―教育から協育、「まちづくり」から「まちつむぎ」へ』学文社
池上惇（1996）：『情報社会の文化経済学』（丸善ライブラリー）丸善
NHK「無縁社会プロジェクト」取材班編著（2010）：『無縁社会〝無縁死〟三万二千人の衝撃』文藝春秋
岡村民夫（2008）：『イーハトーブ温泉学』みすず書房
海津ゆりえ（2007）：『日本エコツアー・ガイドブック』岩波書店
佐藤誠（2002）：『グリーンホリデーの時代』岩波書店

佐渡裕（2010）：『僕はいかにして指揮者になったのか』（新潮文庫）新潮社
佐野眞一（2003）：「宮本常一／郷土大学開校記念講演」『宮本常一のまなざし』みずのわ出版
スティグレール , ベルナール（2006）：『象徴の貧困──1. ハイパーインダストリアル時代』（ガブリエル・メランベルジェ、メランベルジェ眞紀訳）新評論
須藤功（2010）：「宮本常一と『あるく　みる　きく』「あるく　みる　きく双書　宮本常一とあるいた昭和の日本」全 25 巻、発刊によせて」『出版ダイジェスト』（2010 年 10 月 1 日第 2205 号）（社）出版梓会
田村善次郎（2006）：「解説」宮本常一『日本の宿』八坂書房
中島智（2010）：「持続可能な共生社会を目指す観光ビジネス──地域の人びとが創り、育むツーリズムの諸相──」谷口知司編『観光ビジネス論』ミネルヴァ書房
西垣通（2009）：『ネットとリアルのあいだ　生きるための情報学』（ちくまプリマー新書）筑摩書房
堀野正人（2004）：「地域と観光のまなざし──「まちづくり観光」論に欠ける視点」遠藤英樹、堀野正人編『「観光のまなざし」の転回──越境する観光学』春風社
ブーアスティン・ダニエル（1964）：『幻影の時代』（星野郁美、後藤和彦訳）東京創元社
宮沢賢治（1995）：『宮沢賢治全集 10』（ちくま文庫）筑摩書房
宮本常一（1993）：『民俗学の旅』（講談社学術文庫）講談社
宮本常一（2004）：『復刻　村の若者たち』家の光協会
宮本常一（2006）：「階段耕作の過去と現在」『宮本常一著作集 47』未來社
結城登美雄（1998）：『山に暮らす海に生きる─東北むら紀行』無明舎出版
結城登美雄（2009）：『地元学からの出発　この土地を生きた人びとの声に耳を傾ける（シリーズ　地域の再生 1）』農山漁村文化協会
吉本哲郎（1995）：『わたしの地元学　水俣からの発信』NEC クリエイティブ
吉本哲郎（2003）：「ものづくり、地域づくり、生活づくり──地元に学ぶ地元学から」三橋規宏編『ひとりから始まる。I 思いをカタチに変える先達の知恵』海象社
吉本哲郎（2007）：「広がり進化する地元学」『農村文化運動　No.185』農山漁村文化協会
吉本哲郎（2008）：『地元学をはじめよう』（岩波ジュニア新書）岩波書店
レヴィ = ストロース・クロード（1976）：『野生の思考』（大橋保夫訳）みすず書房

参考 HP
兵庫県立芸術文化センター HP（年不詳）「開館記念期間 3 年間の総括」　http：//www1.gcenter-hyogo.jp/sysfile/center/top.html
兵庫県立芸術文化センター HP　http：//www.gcenter-hyogo.jp/

安藤隆一

第3章 中心と周縁の観光論

——長野県飯田市及び下伊那郡を事例に

Ⅱ部 周縁を巡る観光の地元学

1 中心と周縁の関係性

1.1 中心、周縁とは

　長野県は、東日本と西日本を分けるフォッサマグナが通っているという点で、地理的には日本のほぼ中心にあるといえる。日本標準時を決めている子午線東経135度が通っている兵庫県の明石市や京都府の福知山市も日本の中心であるといえる。しかし、多くの日本人は「現在、政治や経済や文化の中心は東京である」と考えている。あくまでも現在である。奈良時代は奈良であり、平安時代は京都が中心であった。さらに江戸時代のように、政治は江戸（東京）、経済は大阪と楕円形のように、中心が2つある時代もあった。

　このように「中心と周縁」という位置関係は、地理的な意味における固定化された場合もあれば、歴史的に流動的な場合もある。

　さらにこの関係は、相対的なものともいえる。「私自身の直感的理解によれば、『中心』を『周縁』と対比して論じることには、どうしても無理がつきまとうように思われる。『中心』は、じつは『周縁』であり、『周縁』は、じつは『中心』であるというのが、この世のからくりの根本にひそんでいるダイナミズムの実相であるような気がしてならない。」（大岡1981：56頁）とは、詩人で評論家の大岡信の言葉である。

　大岡は「創造」という行為を問題としている。「『創造』とよばれる行為は、つまるところ『中心』を不断に『周縁』へ経歴させ、『周縁』を不断に『中心』へ経歴させる行為にほかならないからである。」（大岡1981：66頁）としている。ここには一方的に「中心」が優れていて、「周縁」が一段劣っている考えはない。

むしろ中心と周縁の転換にこそ想像力が生まれてくると考えている。

もう一歩進んで、「周縁」にこそ「創造の源」である「想像力」が潜んでいると考えているのは映画監督の吉田喜重である。

「そのためにはたえず周縁がはらむ想像力に身をゆだね、中心に向かって仕掛けてゆく必要があるだろう。あの辺境のインディオ、コーラ族が伝統的な仮面と、それとは対照的な現代の猿の仮面とを、同じ水平の平等のレベルでとらえたような、強靭な想像力こそもとめられるであろう。」（吉田 1981：249頁）

1.2 「中心と周縁」の転換

文化人類学者の山口昌男は、「次元の異なる現実のなかでは象徴としての中心が、周縁と等価物で入れ換えが可能であったり、または周縁が中心的位置を占めるという転換が起こりうる」（山口 1975：228頁）としている。つまりある条件の下では、その関係は容易に変化が可能だということである。

これを地域活性化の事例でみると、愛知県常滑市があげられる。常滑市は知多半島の中央部にあるまちである。近年、そのお隣に中部国際空港ができた。空港ができるまでは「知る人ぞ知る」隠れ家的なまちづくりを戦略にしてきた焼物のまちである。単に陶磁器を売るだけでなく、街のなかに、古い土管工場を活用したカフェ、ギャラリーを作ったり、陶器でできた土管や焼酎の甕を使用した道路や壁などを作るなど、視覚的に「焼物の街」と認識させてくれて、なんとなく風情、雰囲気があっていいということで、隠れた人気があった。それは正に中部圏における中心（名古屋）からみると周縁という存在を生かしたものであった。

しかし、隣に中部国際空港ができたことで、これを機会に中国や韓国から多くの観光客を呼ぼうとする動きが出てきている。これに対し、古くから造り酒屋を営み、「常滑屋」というアンテナショップ兼常滑焼ギャラリーを共同経営する澤田研一は「これでは、街の雰囲気が壊れてしまうのではないか」「有名店がほどよく流行っていたのに、何かに紹介されて人がドッと来たら良い客が消え、悪い客ばかり来て、その悪い客も消えてつぶれていく…。」などと心配している。

このことは、中心・名古屋に対し周縁・常滑という関係が果たしていたクリエイティブな役割を、空港ができたことで、常滑がその周縁地域に対する中心になってしまい、その役割を失ってしまう可能性がある。そのことによって、中心と周縁の巧みな構造が崩壊してしまうのではないだろうか。こうした構造的変化に対して、常滑のこれまでと違った新たなまちづくり戦略が必要となってくるのである。

1.3 中心と周縁の関係性

「創造」という言葉を「まちづくり」や「地域活性化」という言葉に置き換えてみよう。つまり「まちづくり」や「地域活性化」という世界では、「中心」が優れていて、「周縁」はそれより劣るということは必ずしもそうではない。むしろ、「周縁」の方が優れている例が多い。第二次世界大戦後の日本においては、「中心」である太平洋ベルト地帯の開発が進み、いわゆる地方と呼ばれる「周縁」における遅れているという危機感がそれをばねにして創造力を生み出し、「優れたまちづくり」創りだしているといえる。

事例をあげると、（当時の市町村名でいうと）北海道の池田町、長野県の小布施町、滋賀県の長浜市、大分県の湯布院町などがそれである。これらの地域は、現在の日本の「中心」である首都・東京からみても「周縁」に位置しているし、それぞれの県の県庁所在地からみてもさらに「周縁」に存在している。これらの事例は、地域の創造力の賜である特産物という「もの」を巧みに「中心」へ送り、その対価をお金として受け取って経済的に潤うと同時に、本来ある地域の誇りを取り戻しているのである。あるいは観光という視点で見れば、人を「中心」から呼び込み、特産品と同様に成果を上げているのである。

もう一歩進んでいえば、「中心」だから、「周縁」だからどうということより、むしろその関係性に注目する必要がある。たとえば、江戸時代の城下町を見てみよう。城下町（中心）は、城を中心に武家屋敷や町人の町屋などで成り立っている。しかしそこには、人間の生存のために必要な食料の生産はない。城下町を取り巻く農村地帯（周縁）があってはじめて、食料が供給できるのである。周縁である農村地帯で作物を作り、中心である城下町・地方都市でそれを売る。農家はその販売代金で、地方都市の商店から生活用品を買うことで、経済の循

環が生まれ、「中心」と「周縁」のいい関係ができあがっていたのである。

しかし、現代における問題点はこの関係が崩れてしまったことにある。地方都市の中心部は郊外に立地する大型店に客を奪われ、店はシャッターが閉まり人出もまばらとなり、また周縁である農業地帯は、中心に多様な農産物を供給することなく、衰退の一途をたどっている。こうしたなかで、長野県飯田市及び下伊那郡地域（以下、「南信州地域」という。）では、都市政策としての中心市街地活性化政策、農業政策としてのグリーン・ツーリズム、文化政策としての「いいだ人形劇フェスタ」などの展開により優れたまちづくりが行われている。中心と周縁の関係性の視座から、これらのまちづくりを見てみたい。

2　南信州地域における中心と周縁

2.1　伊那谷の特殊地形

長野県の場合、県域が広く、北信、中信、東信、南信とそれぞれに地理的、文化的、精神的に独立した存在である。特に、中心としての県都長野市と南信地域とは距離も遠く離れており、関係性が非常に希薄である。（南信地域は、「三遠南信」連携として、三河（愛知県）、遠江（静岡県）と隣県との結びつきを深めている。）さらに南信地域を形成する伊那谷の特殊地形もあいまって、この地域は独特の発展を遂げたといえる。

日本全体を見渡しても、この地域は非常に特殊な地形をしている。同じ谷であるにしても、隣の木曽谷は大変狭くて農地も非常に少なく、林業や漆器、木製品などの伝統産業しかない。しかし伊那谷は耕地面積も広く、両側のアルプスも非常に高いし、中心を流れる天竜川も水量が豊かである。その天竜川は下流域が山脈で深い渓谷をなし、水運でなければ容易に行き来ができない状況にある。盆地ではないけれど上流に開けた長細い大盆地的な地形である。

そうした大盆地の周縁には小盆地があり、また、天竜川に流れ込む中小河川流域にも独自の文化圏が成立されている。こうした地形の「中心」は飯田市である。その「周縁」に下伊那郡13町村があるという構造である。さらに飯田市においてもその中心市街地のいわゆる「丘の上地区」とそれを取り巻く農山村地区という関係、また下伊那郡の各町村の役場所在地域と周縁地区と、そう

いう「中心」と「周縁」という多重構造になっているのが非常に特異である。良し悪しは別として、そういう構造が多様性の根源であり、この多様性を活かすには、「中心」と「周縁」の関係をどう生かしていくかが重要である。

　こうした特殊地形が交通の面でのどのように影響しているかというと、非常に独特の発展をしている。律令時代の東山道の時代は交通の要衝であった。江戸時代に整備された中山道は隣の木曽谷を通っているが、物流としては、三河からは、三州街道を通るこの地域独特の「中馬」という交易があり、また、遠州灘に注ぐ天竜川を活用した内陸交通が盛んであった。しかし、海外貿易を中心とした海運の時代には内陸地域としてのハンディーを負っていた。

　地域の発展を、地形やその位置からどんなことが生まれてくるかを見ると、たとえば滋賀県などは都へ向かう通路としての性格上、歴史的に様々な勢力が起こったり沈んだりしてきた。また、京都は盆地ではあるが、政治の中心であるために何度も支配者が変わった。だから非常に他との接点やつながりを多く持ち、文化と文化のぶつかり合いが展開してきた。伊那谷は地形的に閉鎖されているために文化的発展が純粋培養され、古くからの祭りや伝統芸能が数多く残り、現在でも盛んである。こうしたことで文化のポテンシャルの高い世界を作り上げている。

2.2　内発的発展論のモデル

　飯田市（旧南信濃村）出身で、柳田学研究の泰斗にして地域からの自律的な人材育成を目指した常民大学の主宰者でもあった後藤総一郎（1933-2003）は『柳田國男をよむ』の「はじめに」でこう指摘している。

　　「その豊かさをもたらしたものこそ、近代化―西欧化―機械化という資本
　　主義的様式の一般化の達成によってであった。村のすみずみまで都市化が
　　いきわたることによって、今日の豊かさが保証されていったのである。そ
　　れはまた、東京一極集中を象徴とする、都市の過密化と村の過疎化を一挙
　　に推し進めることになったのでもあった。」（後藤 1995：8頁）

　その近代化を反省してひとつの論を立てたのが、社会学者の鶴見和子（1918-2006）であり、その論こそ近代化や経済成長至上主義によらない「内発的発展論」である。鶴見は後藤に招かれて飯田市で「柳田國男の普遍性―内

発的発展論の拠り所としての柳田学―」と題する講演をした際、「内発型をすくい上げようとしたのが柳田國男の民俗学。」（鶴見 1998：279 頁）と述べている。鶴見はさらに、「内発的発展論は、自然との共生、自然との調和が重要であるということを考える。」（鶴見 1998：283 頁）と指摘している。

　南信州地域は「未来に生き延びる、持続可能な」地域を目指している。国際文化経済学会の元会長だったデイヴィッド・スロスビーは「持続可能」という概念に対して、「この用語は環境問題の文脈で最も頻繁に耳にするものであり、（中略）持続可能性の重要な要素とは、世代間的な継承とそれに関する意思決定の問題だといえる。」（スロスビー 2002：91 頁）といっている。つまり重要なのは、「生命や生物が世代を超えてずっとつながっていること」としている。

　モノの豊かさばかりを追求するのではなく、ある一定規模の経済の大きさを維持していきながら、文化的精神的な生活の質を実現していくことが重要である。20 世紀までは経済は右肩上がりで来たけれども、21 世紀になってそれは困難になることが予想される。必ずしも、経済の右肩上がりでなくても、生活の豊かさを実現してきたこの地域の発展の方法にこれからの日本社会のあり方のヒントがあるのではないだろうか。

2.3　多様性をうまく生かす

　鶴見のいう内発的発展論の開発モデルは、米国の農業や自動車産業のように規模拡大し、経済が豊かになって人が幸せになるという西欧モデル、商品中心の単一的な開発モデルとは違う。そのモデルとしては、中国の江蘇州南部の小城鎮（農村周辺の小都市）の工業化、タイの農村の自助運動、日本では水俣病患者の自助努力による地域再生、大分県の一村一品運動が上げられている。

　南信州地域が持つ多様性をうまく活用したこの地域の農業生産の方法はこうした内発的発展論のモデルとして考えられる。たとえば、新潟県の米作りは大規模で単一的だから、稲作がだめになったら大変である。ところが南信州地域の農業生産は少量多品種である。その多品種を上手に組み合わせている。かつて養蚕が盛んであったが、それも化学繊維の開発とともに衰えてしまう。しかし、それで農業がまったく衰えてしまったかといえばそうでない。養蚕のための桑畑だった所へ半分は果樹、後の半分は放牧の畜産を行う。果樹は現金収入

を得るのには数年かかるが、畜産であれば資金の回転は速い。畜産で食べている間に、果樹が育つ。果樹にしても、夏前の桃から始まり、秋の梨、りんご、初冬の柿と通年の収穫が可能な多品種栽培を行っており、労力の分散化を図っている。

　また、畜産についても、たとえば馬の一生を上手く活用している。この地域には郷土料理の「おたぐり」という馬のホルモン料理が昔から伝わっている。これは馬の地域内循環というべきものである。農家は馬が小さいころは持ち主から預託を受け、育てて持ち主から預託料をもらう。大きくなると農耕馬、あるいは前述の「中馬」という輸送馬に使いう。役に立たなくなると殺して馬刺しだけでなく「おたぐり」という馬の内臓を使ったホルモン料理として食べるということをやってきたのである。

　こうした生産活動を支えているのは、地域の普通の人びとの知恵である。こうした知恵は、南信州地域の中心である飯田市だけではなく、周縁の町村にも存在する。そのことは、たとえば江戸時代には、城下町の飯田市だけでなく、周縁の谷あいの集落にも多くの寺子屋が存在していたことからも分かる。また、後藤の出身の旧南信濃村でも優秀な東京の学者を集めて村史を作っている例から分かるように、「中心」だけでなく「周縁」の町村においても、学問のポテンシャルは非常に高く、これが自然条件の悪さを克服してきた地域力というべきものであろう。

3　南信州の風土から生まれる地域力

3.1　民の知恵の源泉

　こうした地域の民の知恵は、長野県全体でいえることであるが、この地域の教育に対する熱心さからきている。

　その理由について、長野県全体ではあるが、評論家の大宅壮一（1900-1970）はこう指摘している。

> 「こんなに教育に熱心な地方はない。その理由として、大陸や半島の文化が比較的早く移入されたこと、善光寺や戸隠への参詣者が全国からやってきて、新しいニュースや文化をもたらしたこと、（中略）幕府のきびしい

監視下におかれたことが、一種のレジスタンスとして、学問への意欲をかきたてたこと、そのために江戸時代に寺子屋形式の普通教育がどこよりも普及し、明治から大正にかけて、多くの優秀な教員を他府県から迎え、県内からも生み出したこと、長い冬の間をコタツにあたりながらすごすということが、読書の習慣を身につけさせたこと、養蚕、製糸の普及とともに農家に現金収入が入り、その大部分が教育投資にむけられたこと、などをあげることができる。」（大宅 1958：152 頁）

　長野県のなかでも、周縁に位置し、地理的経済的に条件の悪い南信州地域では教育の熱心さは特に顕著である。いわゆる知識人といわれる人びとだけでなく、普通の人びとも議論好き、勉強好きである。（飯田市の農業者宮内博司は、若いころ、稲の品種改善のため、自転車で山を越えて、隣県である愛知県の農業試験場の試験地まで勉強に行ったという。）

　勉強熱心に加え、その教育は自由を尊ぶものである。たとえば、美術教育の分野では、大正時代、山本鼎（かなえ）によって提唱された「自由画教育運動」がある。それは「これまでのお手本の模写という画一的な内容の絵画教育を改め、子どもたちの個性を尊重した教育運動に取り組みました。そこで学んだ子どもたちがその後、自由主義的な気風を受け継ぎ、多様な人材として育っていきました。」（木下 2010：39 頁）特に飯田市の竜丘地区では、当時の竜丘小学校の校長下平芳太郎と美術教師の木下紫水によって実践された。

　さらに、下伊那郡の泰阜村には、全国でも珍しい小学校のなかに村立学校美術館がある。1929 年の世界大恐慌のとき、村の議会に小学校教師の賃金カットが提案された。当時の吉川宗一校長は「どんなに物がなくても、こころだけは清らかで温かく、豊かでありたい」と、「自分たちの給料の 1 部を美術品購入に」と提案した。村民はこの考え方に賛同し、教師の給与の 1 部だけでなく、進んで貧しい収入の中から寄付をし、美術品が購入された。戦後になって、蒐集した美術品を展示しようとこれも住民の寄付（お金だけではなく、材木、労力提供なども含め）によって、木造の美術館ができたのである。（この建物も現在は古くなり、現在は鉄筋コンクリートの泰阜小学校のなかに美術館はある。）このように「貧すれど、貪せず」という、南信州人の教育への熱い思いを感じることができるのである。

3.2 「公」と「民」の力の結集としての公民館運動

　第二次世界大戦後、国の制度として全国に公民館が設置される。その目的は「民主主義の学校」であり「郷土の復興の拠点作り」であった。長野県、特に南信州地域では、前述の熱心な教育の伝統、あるいは地域の自治を重んじる風土から公民館運動が盛んである。

　飯田市は過去50年に間に、15の町村と合併を繰り返してきた。合併後は旧市町村ごとに市役所の支所と公民館がセットで設置された。公民館は単なる趣味や習い事の教養のための施設といった全国に見られる状況ではなく、市役所の支所が行政の統治機構であることに対応して、地域住民の自治の拠点となっていった。つまり公民館は、町村は合併しても、その地域のアイデンティティーを持ち続けるための拠点そのものであったといえる。

　公民館では、館長は地域住民から選ばれる。さらに住民から選ばれた体育・文化・広報の委員によって企画運営が行われ、行政職員である公民館主事と協力しながら、地域の様々な問題を住民の手によって解決してきた。

　たとえば、中心市街地の再開発問題でも公民館は大きな役割を果たすのである。飯田市では、中心市街地の都市計画に際し、県外大手の民間ディベロッパー中心の再開発を行わなかった。あくまで、住民の意見、住民とのコンセンサスを重視したのである。公民館主事経験者の担当者は公民館の活動手法である「市民セミナー」「まちづくり研究会」「まちづくりサロン」を立ち上げ、その計画に住民の意見を十分に取り入れた。そして、コミュニティー再生を基本理念とする中心市街地活性化計画ができ上がるのである。このように古くから守られ、培われてきたこの地域の住民自治の伝統はこの公民館という新たなシステムによって花開いたのである。

　さらにこの地域の公民館の特徴は「学び」の拠点としての存在である。江戸時代多数存在した「寺子屋」は、明治になって学校教育として小学校になっていくのであるが、その伝統は戦後のこの公民館へと受け継がれていったといえる。国家の統制を受けやすい学校教育の外に、住民自治の上に立った社会教育の場としての公民館である。具体的には、様々な自主的な学習活動や文化活動の支援、公民館主催の講座の実施などである。「学び」の伝統は学校教育を終

えてからの社会教育の場としての公民館は重要な役割を果たしてきたといえる。

「自らが当事者として取り組むことの達成感、大勢の知恵や力を集めることで豊富なアイデアが生まれることなど、地域住民も公民館主事である職員も、公民館活動を通して地域活動に取り組むきっかけに出会い、組織化や協働の意義を実感し、活動を通して育っています。」（木下2010：40頁）と飯田市職員で元公民館主事の木下巨一が述べているように、公民館は学びの場であると同時に、まさに「公」と「民」の協働の「館」なのであり、地域力の源なのである。

4　地域力から観光力へ

4.1　地域力の結集としての「いいだ人形劇フェスタ」

南信州地域は江戸時代から農村歌舞伎や人形浄瑠璃が盛んであった。特に人形浄瑠璃は伊那谷全体では20以上の座が存在していたが、現在は、今田、黒田、早稲田、古田の四座が民俗芸能として継承されている。

こうしたなかで、1977年に世界人形劇連盟日本センターの総会が飯田市で開催され、これを契機に全国で3,000以上あるといわれる人形劇団が一堂に会して公演するという「人形劇カーニバル飯田」が1979年にスタートし、（1998年に「いいだ人形劇フェスタ」（以下、「フェスタ」という。）と名称は変わるが）2010年で32回目をむかえるのである。現在、第32回フェスタの参加実績でみると、上演参加劇団241、観劇参加劇団109と合わせて参加劇団350、参加劇人数1828人、観劇者数は延べで43838人にのぼる日本最大の人形劇の祭典である（フェスタのデータは、いいだ人形劇フェスタ実行委員会ホームページ・アーカイブによる。以下も同様）。

1977年は、国において「第三次全国総合開発計画」が策定され、「文化的な人間居住の総合的環境づくり」を中心とする「定住圏構想」が打ち出された時期であった。これに基づいて、この地域でも「飯伊地域モデル定住圏計画」が策定され、当時の松澤太郎飯田市長が「人形劇を媒体として、市民こぞって参加し、ともに楽しみながら互いの連帯を強め、共通の目標に向かって行動を

図3-1 今田人形（井上弘司撮影）

起こし得る何かが生まれないだろうか」と考え、この運動はいわば行政主導で始まったといえる。

　しかし、1998年に20回目を迎えた「人形劇カーニバル飯田」は市民、人形劇関係者、行政の対等な関係を重視し、行政の主催を止め、市民の代表を長とする実行委員会が主催となり、文字通り「市民主導」へと転換するのである。

　ここで見られるのは、前述の鶴見和子の提唱する「内発的発展論」のポイントのひとつである「伝統の再創造」（農村に継承されていた人形浄瑠璃がフェスタという形で）が見事になされていることである。さらに、政策的キーパーソンである松澤が提唱し、実践的キーパーソンである普通の市民がボランティアとして2086人（2010年の第32回フェスタの実績）も参加している。まさに、自分たちの手で、地域を良くしていこうという内発的発展の事例と考えられる。

　そして、付け加えるとすれば、こうしたイベントでは珍しく公民館が実践的キーパーソンの結集の場としての役割を果たしていることである。具体的にはフェスタ全体を統括する全体実行委員会と地域ごとの公民館を中心とする地区実行委員会の二重構造の存在があげられる。そして、これも第32回フェスタの実績で公演会場数でみると、本部公演49に対して、地区公演76と地区公演はイベント全体のなかで、大きな比重を占めているのである。

「地区のほうでは、主事さんと館長さんが相談して決めるというより、文化委員とか健全育成委員とかPTAの方とか各地区で実行委員会を組織して、まずその方たちが話し合いをして（中略）フェスタの地区公演は、地区の他にある文化祭とか運動会とか、地区の中の行事のひとつとして位置づいているんです。」（いいだ人形劇フェスタ実行委員会 2009：207 頁）と元公民館主事の氏原理恵子が述べているように、公民館を核とした市民の草の根的運動に支えられ、観客数 7 万人を超える全市的なイベントとして定着していったのである。これこそ「周縁」の持つクリエイティブさを証明するものである。

4.2　中心と周縁の関係を上手くとらえ—「つながる」を活用して

　フェスタのコンセプトのひとつが「つながる」である。行政と市民がつながり、公民館を通しての市民同士がつながり、公民館同士がつながり、小学生からお年寄りまでの世代間がつながる、などこのイベントはまさに様々な「つながり」によって形成されている。さらに、本部公演と地区公演というシステムは、中心と周縁という構造が上手く成り立っている。

　フェスタに参加する劇団数は 300 を超えるが、大半は県外のものである。観客も相当数県外からやってくる。当然、フェスタの期間中、宿泊施設は不足する。これを補うのが、公民館での宿泊である。公民館が地区公演というイベントの拠点であると同時に、宿泊施設まで引き受けているのである。

　この発想は、農業生産の拠点である農村が地域外の人びとに「農業の体験をさせ、その宿泊も引き受ける」という飯田の「グリーンツーリズム」に通じるものである。日本の周縁に残る「賢いこの地域の農業」を中心である首都圏の人たちに体験させる、つまり南信州地域の地域力の巧みな活用による新しい観光の姿と考えていいだろう。（詳細な考察については、元飯田市職員で観光カリスマ井上弘司の記述の次章参照。）

　飯田市では、2008 年から牧野光朗市長の発案で「フィールドスタディー」という事業を実施している。飯田市・南信州一帯を大学のキャンパスと見立てて、全国の大学生を呼び込むものである。グリーンツーリズムと同様にこの地域にはこれまで見てきたように、周縁であったからこそ様々な歴史的、文化的

地域資源が存在しており、それを上手く活用して行われてきた「まちづくり」も盛んである。こうした材料を研究テーマとして周縁である南信州地域に全国から大学生を集めようという、まさに「中心と周縁」の転換を目指したものである。

> 「人形劇とまちづくり、地域自治と公民館活動、(中略)などを学んでいますが、飯田は学びの宝庫というのがふさわしく、まちづくり入門にはうってつけの土地です。」(小畑 2010：118 頁)

と和歌山大学副学長の小畑力人(観光学)が指摘するように、文字通り中心と周縁の関係を上手く生かした「地域力」そのものが、「観光力」へとつながっているのである。

参考文献
姉崎洋一・鈴木敏正(2002)『叢書地域をつくる学びⅩⅠ　公民館実践と「地域をつくる学び」』北樹出版
いいだ人形劇フェスタ実行委員会(2009)『つながってく。～人形たちと歩んだ30年』同実行委員会
大岡信(1981)「創造的環境とはなにか」大江健三郎・中村雄二郎・山口昌男編『叢書文化の現在4 中心と周縁』岩波書店
大宅壮一(1958)「ガイガー管片手に地方の人物鉱脈を探る(7)—長野県・あまりにドイツ的な」文藝春秋、第36巻第7号　文藝春秋
小畑力人(2010)「学びの宝庫　飯田」しんきん南信州地域研究所『いいだ・南信州大好き』文理閣
木下巨一(2010)「学び」しんきん南信州地域研究所『いいだ・南信州大好き』文理閣
後藤総一郎(1995)『柳田國男をよむ』アテネ書房
鶴見和子(1998)『鶴見和子曼荼羅Ⅳ土の巻—柳田國男論』藤原書店
デイビット・スロスビー(2002)『文化経済学入門』日本経済新聞社
山口昌男(1975)『文化と両義性』岩波書店
吉田喜重(1981)「周縁がはらむ想像力」大江健三郎・中村雄二郎・山口昌男編『叢書文化の現在4 中心と周縁』岩波書店
米山俊直(1989)『小盆地宇宙と日本文化』岩波書店

井上弘司

第4章 飯田型ツーリズムの基層
―宮本常一の旅学の今日的意義

1 飯田型ツーリズムの回顧と展望

1.1 飯田型ツーリズムの原点

　農家民泊という新たな宿泊形態を創出した飯田型ツーリズムには、1964年より夏休みに大学生や予備校生をホームステイさせた『千代高原学生村』というモデルが存在する。

> 「学生たちの間には夏期爽快な地方に民泊して勉強する風潮の流行を見ている。それは地元の人にも歓迎され、また観光のために地元が荒らされることも少ない」(宮本 1975：80頁)

　当時、全国の山村で活発に取り組まれた高原学生村は、宮本常一も着目しており、農村ビジネスとしてブームとなっていた。

　千代地区は飯田市に合併して間もない時期に学生村に参入した。それは依存を是としない逆バネが働いたと想像できるが、一番の要因は村の過疎高齢化と経済の中心であった養蚕や炭焼き・林業の衰退による危機感であった。

　1963年千代の住民有志が、下伊那郡阿南町新野で始めた高原学生村が成果を出している様子を聞き、新野の取組みを指導した新野出身の小学校校長に話をして欲しいと持ち掛けたのが事の発端であった。校長先生の「都市の学生は劣悪な環境で学んでいる。夏休みくらい涼しく自然環境が豊かな地で勉強をさせたい。待機している学生はたくさんいる」との熱い語りに、うちでもやろうじゃないかということになった。

　次の記録が「千代風土記」にあり、当時の様子が垣間見える。

　・受入事務局：飯田市役所千代支所

・受入家庭：米川集落 32 戸、法全寺集落 12 戸
　受入希望家庭が「旅館業法」の「簡易宿所」の免許を取得
・学生の滞在期間：一週間から二ヶ月
・受入人数：一軒 2,3 人から 6 人
・食事形態：数軒の家を食堂に改造し保健所の許可を受ける

　そして、これら条件整備を行い、直ちに関東関西の大学へ自ら PR に出かけた。初年度の 1964 年は学生 98 名という応募があり順調な滑り出しで、翌年の 1965 年は受入軒数が足らなくなるほどの人気で、断りを入れることやキャンセル待ちが出るほどになった。南信州エリアでは新野から千代、そして喬木村、豊丘村と受入地区が拡大していくが、学生たちの指向は数年で勉強のための合宿という形態からスポーツ合宿の形態が中心となり、次第に来る者も減りいつしか終息していくことになる。

　1964 年に長野県上伊那地方事務所商工課で上伊那地方の伊那市、中川村、長谷村の受入連絡協議会の担当をしていた「しんきん南信州地域研究所」の吉川芳夫主席研究員は、担当時期に学生村に訪れる学生数が減少し始めていたと語る。ところがこの交流が、その後の山村が生きる道標となったのである。

1.2　学生村が残したもの

　千代高原学生村が数年とはいえ成功した要素は、来飯した学生が礼儀正しく素直でトラブルの発生がなかったことであるが、特記すべきは学生・受入側の双方の琴線に触れた交流があり、なおかつ住民自らの活動を行政がバックアップしていたことが挙げられる。学生からの手紙には、深い交流であったことがうかがえる。

>「忘れ得ぬ近隣のおじさんおばさん方はどうなっているのだろうか。時の流れは容赦なく黒髪に白い霜をおいてしまったであろう。自分たちでさえ既に子どもの親になったのだから。こんにゃく料理、あのころはあまりありがたいと思わなかったが、今はいろいろと判って来た気がする。勉強部屋を取り巻く緑の山々、澄み切った青空、美しい川等に思いを馳せるとき、親切にしてくれた人たちの顔が脳裏を掠め、懐かしさが泉のように湧いてくる」

「散歩をしていると畑のリンゴや梨、キビを取ってくれて"おあがりなんし"と配ってくれ田舎の温かい心を深く味わった」

当時の学生村を振り返り「年を重ねるに連れて段々馴染みが深くなり、家の息子や娘・孫達を持つ気持ちで待っていました。心と心の触れ合いというものは年齢の差を遙かに超越し不思議なもの」と千代風土記に市瀬長年さんの記述があり、一夏の経験が心に刻まれた便りが届くと、受け入れた家庭も子どもや孫のように接した温かな思い出がよみがえり、地区住民の心の深淵に残った。

さらに当時、子どもであった現在の地区の担い手たちが毎夏、やってくる兄のような学生たちとの交流を、楽しかったと述懐しており、先人の取組みが体の奥深くに灯火として点り続けた結果、世代を超えて平成に飯田型ツーリズムとしてよみがえったのである。

1.3　日本型グリーン・ツーリズムの源流

学生村は宮本が見聞したように全国で盛んに行われていた。しかし南信州や愛知県設楽郡などの学生村が、山村の自立ツールとして模索した一方で、自治体の多くは観光ツールと捉えていた。

長野県北部の飯山・戸狩・白馬・大町・青木・乗鞍では1950年代頃にスキー場を開設しスキー観光を推進していたが、冬期のみの民宿では経営が不安定なため、スキー民宿のオフ期活用の収入源として、この夏期学生村に参入していた。吉川芳夫は当時、長野県内で受入が盛んであった青木村の学生村を視察し、南信で行っていた形態とあまりにも差異があることに愕然としたという。

1991年、スキーブーム終息により長野県下のスキー場は危機的な状況を迎えた。学生村から発展していったスキー民宿も、宿泊客減少により経営に陰りが出てきた。この危機を脱するため、グリーン期に農村へ癒しの旅を提供するという、飯山を発祥とする日本型グリーン・ツーリズムが産声を上げた。

その頃飯田市は、北信中信と比較し大型スキー場や観光施設、スキー民宿がない中、普通の農家で宿泊し暮らしそのものを体験してもらう形態のツーリズムを確立していった。

長野県北部のスキー民宿を核とする観光ビジネス型グリーン・ツーリズム、南信州の農家民泊をメインに過疎山村の自立型ツーリズムという異なる取組み

の発生は、高原学生村がターニングポイントであったことを示している。
　現在2つの大きな潮流となった新たなツーリズムは、このように成り立ちが違うものの、地方で発想し地域の生きる術として湧き上がったものなのである。

1.4　宮本常一の旅学と飯田型ツーリズム

　宮本の師でありパトロンであった元日本銀行頭取の渋沢敬三は「もし宮本君の足跡を日本の白地図に赤インクで印したら全体真っ赤になる程であろう」と語っているが、宮本は地球約4周分という、とてつもない距離をフィールドワークで歩いた。

　かの松尾芭蕉は総歩行距離1,619.7km、伊能忠敬が測量を行うために全日本を歩いた総距離が43,682kmであることから、それを遙かに凌駕する16万km余を歩いたことで、宮本が「旅する巨人」と称される所以となった。

　宮本は1961年に近畿日本ツーリストの馬場副社長に請われ、同社が設立した「日本観光文化研究所」を主宰し、若手の育成をしつつ月刊誌「あるくみるきく」という旅行雑誌を創刊、1988年まで発刊を続けた。この雑誌で宮本は旅とは何であるか。地方の観光や産業はどうあるべきかを世に問うた。

　「ここにこんなものがあるから見に行けということは観光の本質ではない。
　　本来旅というものは、自分の目で物を確かめてみること。そうでなければ旅をする必要はない」（宮本1987：78頁）

　誰も到達できないフィールドワークによって得た実感から宮本は断じている。1996年からスタートした体験教育旅行を始め、飯田市が一貫して進めてきた「その時、その場所、その人に学ぶ」というツーリズムの理念は、宮本が主張し実践してきたことそのものである。

　飯田型ツーリズムの根幹である「学びの旅」は、歴史のなかで連綿と培ってきた学びの風土を有する飯田市ならではのオリジナルの発想であったのであるが、図らずも宮本の言と共通するものを見てとることができる。

1.5　飯田型ツーリズムが拓いた世界

　1992年、農林水産省はグリーン・ツーリズムを「緑豊かな農山漁村地域に

おいて、その自然、文化、人びととの交流を楽しむ滞在型の余暇活動」と定義した。それは田舎に都市住民を誘導し、消費行動を取らせる農村観光の政策である。

長野県飯山市をモデルにした日本型グリーン・ツーリズムは、客足が遠のき経営に行き詰まったスキー民宿を支援するもので、グリーン期の民宿活用を促す施設型観光を目的としていた。

飯田市にはスキー場が無く、スキー民宿も存在していなかったため、本来の農業振興や中山間地振興の立ち位置から、真っ白な紙の上に体験型観光という新たな交流事業を描くことができたわけで、施設ありきでなく旧来から暮らしのなかにある自然や歴史文化、農林業を最大限活かし住民の知恵や技、学びを武器に地域全体を活性化させる戦略が描けた。国の施策は飯田市が推進したツーリズムと似て非なるものであり、ここに昭和の時代と同様に2つの潮流ができたのである。

飯田型ツーリズムは現在、グリーン・ツーリズムの代表格のように取り扱われ、国が推進する政策の優良事例とされている感もあるが、その道のりは険しく様々な方面より圧力もあった。しかし既存国内観光の鈍化と相反して、伸長する体験教育旅行とワーキングホリデーの二枚看板の実績から、国県等の行政、観光関連団体が、次第に変化せざるを得なくなっていった。

2002年、都市と農山漁村の共生・対流をテーマとした国民運動の準備会を経て2003年、小泉内閣は、内閣官房副長官を座長とする各省庁副大臣を集めた都市と農山漁村の共生・対流に関するプロジェクトチームを発足。官邸において飯田市の取組みをプレゼンしたことで、観光の1ツールから地域振興のツールに流れが変化することとなる。

そして2003年に「第1回オーライ！ ニッポン大賞グランプリ内閣総理大臣賞」の受賞で、ようやく飯田型ツーリズムの理念が国内に認知されることとなった。

1.6 飯田型ツーリズムの理念と実践

飯田型ツーリズムとは何か。改めて整理をしたい。
① 地域の自然・歴史文化・暮らしを保全し向上させる。

② 外貨を稼ぎ雇用を創出することで地域の自立を促す。
③ 地域自体のブランド化を図る感動産業の推進により農産物・地場産品の販売増加と人材の誘致を促す。

これが飯田のツーリズムの基本戦略であり、戦術は「ほんもの体験」をキーワードに人と人の交流を図りながら学びあうこととした。

飯田型ツーリズムは、それぞれのニーズに合わせて老若男女が参加できるプログラムとなっており、さらに特徴的なことは受入側がどのように変容するかの戦略プランを要していることである。ツーリズムが地域に果たす役割は、地域の暮らしや産業・環境・食育、そして人材の確保とあらゆる面において波及効果を促すもので、地域が自立するための突破口となるものである。農業という生産基盤が無いところでグリーン・ツーリズムはするべきでない。

さらに暮らしがないところで行うツーリズムは「ほんもの」でなく地域の自立には貢献しない。全国の多数の「体験・癒し」といったキャッチフレーズの施設は、赤字垂れ流し施設となり閉鎖に追い込まれるものも顕在してきた。南信州で展開する交流事業で大きな効果は"農家の元気を生産している"ことである。ツーリズムによる所得増で家計が豊かになったから元気になったのではなく、自身の誇りを取り戻し地域の豊かさを実感したからである。

2 地域経営における学びの風土

2.1 持続する地域は生涯の学びから

飯田型ツーリズムの基層を詳らかにするには、本地域が戦後、どのような地域経営をしてきたかを明らかにしなければならない。

飯田市における地域経営の根幹は、学び続ける住民力である。

近代、飯田市政の根幹となる公民館型行政（ボトムアップ型）を形にしたのが、「太郎さ」と市民に慕われた松澤太郎（1912-2007）である。戦前は経団連会長や土光臨調で有名な土光敏夫の直属の部下でエンジニアとし働いていたが終戦後、「心境の変化にて」と土光が呆れた辞職願を出し退職。1956年に飯田市教育長と市立図書館長に就任、1972年には市長として地域経営に辣腕を振るった。

コミュニティを単位として、市政を考え実行していけば、地域住民に密着した市政に一歩近づくのではないだろうか。古い意味の旧村意識ではなくて、新しい立場から村を考え直してみる必要がある。こうした理念を持ち続けた松澤の業績は、前章で安藤隆一が取り上げた「人形劇のまちづくり」がそのひとつであるが、なかでも1973年に松澤市長が打ち出した画期的な施策が「市民セミナー構想」で、その後の飯田の地域自治の基盤となった。

"地方自治の要となる公民館活動を強化せよ"とトップダウンであるが、具体的指示を与えずに公民館主事たちに下駄を預けた。主事会と地区住民での熱い論議から「飯田を考える」という共通テーマのもと、生活の場を拠点に市民セミナーを開講することになった。

ちょうどこのころ中央自動車道の開通やゴルフ場建設計画、水資源の保護など市内各地区には喫緊の課題があり、これらを地区のテーマに据えることで、住民自身が足下の課題を掘り起こし、考え行動することになったのである。

①「自分たちの地域は自分たちの手で」まちづくりのための市民の権利意識の醸成
②市民の自発的発想を活かしたまちづくりにつながること
③地域問題を積極的に学習し、住民一人ひとりが飯田を考える

これが「飯田市民セミナー」を開講する際のねらいであった。

とかく公民館が主体となる学びは、気をつけないと安易なカルチャースクールに陥る。だが飯田の市民セミナーは、市民一人ひとりが自立し、地域が自立することを探求したのである。

2.2 自ら考え地域を経営する

それぞれが暮らす地区には教育・福祉・産業ほか生活の関する様々な課題があり、議員や地区有力者が、要望を聞き行政に働きかけるシステムは、現在でも全国に残っているだろう。

ところが市民セミナーから生まれ出たものは、市民自らの自治意識であり、行政の縦割り業務や議員を立てないと要望が通らないという考えではなく、自ら考え行動することにより暮らしも変わるという意識変革であった。これが行政施策や職員意識にも深く影響を与え、成果を発展させ「ムトス飯田構想」に

よる地域づくり事業となり、その考え方が後に「農業地域マネジメント事業」に受け継がれていくことになる。共通する理念は、地区に暮らすすべての人が参加し「自らの地区の課題を自ら探し考え解決のための実践活動を行う」である。地域づくり・人づくりに特化した事業は、地域に学びの風土を根付かせ、住民主体の実践活動から多くの地域リーダーが輩出され、飯田市の地域づくりを核とした行政が育まれていった。このあたりの解説や事例紹介は、紙面の都合で割愛するが、飯田型ツーリズムの基層において、地域に暮らす人に着目し、人づくりをしたことが、将来のまちづくりの大きな要素となっていることはいうまでもない。

　多消費型社会が持続不可能であることが明確になった。バラバラになった個人の社会が不安で生命力を失ったとし、これからの歴史改革の方向性は「大きな転換」から「小さな積み重ね」へと変わってきている（内山 2010：164 頁）

　このように哲学者の内山節が「共同体の基礎理論」で述べているように、今は派手な改革より、地元の小さな取組みの積み重ねが重要になっている。

　つまり現在の飯田市のいくつかのシステムを真似することは容易であるが、連綿と培ってきた学びと他者を温かく受け入れる風土だけは、この地域の歴史の積み重ねだけに他地域へ波及は困難であるということである。

　しかし今からでも学びの実践は遅くはなく、むしろ急務であることに異論はない。地域で自ら学び実践する風土（学びあう土壌）を創らなければ、明日の地域はないのである。

3　新たな風土産業としてのツーリズム

3.1　ゲゲゲ・ブームからみる新たな観光

　鳥取県境港市の水木しげるロード（図 4-1）は、2009 年度に行政主体の取組から、商店街の自主的な地域活動が活発化したことが評価され、国土交通省の「手づくりふるさと賞大賞」を受賞した。

　水木しげるの故郷を由縁に漫画「ゲゲゲの鬼太郎」のキャラクターをブロンズ像として商店街の歩道へ設置しはじめて約 10 年、妖怪ブームという時流に乗った仕掛けは観光客ゼロから現在 200 万人が訪れる場所となった。

図 4-1　境港市水木しげるロード（井上撮影）

図 4-2　調布市天神商店街（井上撮影）

　NHK テレビ小説「ゲゲゲの女房」が放送されたことで、ロードは休日ともなると老若男女で溢れ駅まで続く様相で、ロード沿線の古き良き商店は軒並み「土産品店」に衣替えし、以前は空き店舗であったであろう場所には外部資本と思われる店も参入し活況を呈している。がしかし、通りを外れるとシャッター街で閑散としており、かつて市民生活の基盤であった商店街の一部のみ一大テーマパークとなり、暮らしを支える商店街の機能は消失している。
　水木が暮らす「ゲゲゲの女房」の舞台となった調布市では、深大寺前の「鬼太郎茶屋」など市内に点在する観光施設に留まり、キャラクターモニュメントを設置している天神通り商店街（図 4-2）は極めて冷静で、旧態のままの市民生活の場として商店街は生きている。ただし商店街全体はブームにあやかろうとペナントを掲げ、調布市観光協会が設置した「ぬくもりステーション」では水木しげる関連の資料を公開し、グッズなどの販売を行っている。
　都市と地方の商店街の違いとか、購買人口の違いだけで片付ける問題ではなく、商店街からテーマパークに変じたところと片や変わらないところの違いと見るべきで、観光地として生きる道を選んだ境港市だが、地元市民が買い物に足を運ばなくなった商店街は、ブームが去ったときどうなるのだろう。
　境港は元々ある漁業資源や歴史文化資源、そして何よりも住民の生活文化資源の活用が薄いことに加え、宿泊者に対応できていないことやシャッター通りの再生が、今後の課題であろう。

3.2　限界集落の取組み「みやまの里木の根坂」

　日本の里100選に選定されている山形県最上郡鮭川村曲川木の根坂集落は、11戸48人の限界集落である。道路幅員3mで曲がりくねった山道を車で走ること30分、突然目の前がポッカリと開くところが木の根坂集落である。

　2007年に廃校となった曲川小学校木の根坂分校は、集落の中心にあったが、1955年の児童数38人をピークに減少していき、廃校に至ったが、「ここで頑張らなきゃ、集落が消える」と9割が井上姓の集落自治会が村から校舎を譲り受け、廃校となった年の夏に、ソバ屋兼宿泊所「みやまの里木の根坂」（図4-3）として蘇った。

　昨今の生活の近代化や個人主義の台頭から、地域コミュニティや隣近所結びつきが希薄となっているが、古来日本には、田植え稲刈りや集落に必要な作業を助け合う「結い」という習わしがあった。この言葉で表現されるように、地域はそこに住み暮らす住民を中心に多様な主体が、相互扶助の精神で互いを尊重しつつ思いやって生活をしているのである。この「結い」の結束が固く残っているのが木の根坂集落であった。体験型宿泊施設「みやまの里木の根坂」の名称のとおり、県内外からの滞在客は教室を改造した客室に寝泊まりし、料理のもてなしは女性陣、里山の案内人は男性陣と、住民が何れかの形で施設に関わっている。

　「集落の助け合いを維持していれば、年をとった時や病気で寝込んだときに近所が助けてくれる。これはここに暮らし続けるための集落の挑戦」と施設代表の井上クニ子は言い切る。

　集落の相互扶助と知恵や労力の出し合いという一人一役の行動の成果は、オープンしてから3年の2009年はマスコミの取材等もあり、年間400人が遠方からやって来るまでになった。

　松澤太郎は『ひさかた風土舎通信75号』に「大都市から遠く離れた農山村では、過疎化や高齢化はどうにも

図4-3　鮭川村みやまの里木の根坂
（井上撮影）

ならない宿命と考えられてきたが、都会生活を捨てて移り住んだある人が『過疎こそ価値だ』と注目すべき発言をしている。これからは過疎地こそが心ある人のあこがれの地となるだろう」という文を寄せている。

3.3　風土ツーリズムで地域の素顔をみせる

飯田市民が長年培ってきた「自らの地域は自らの手で創る」というムトスの精神は、地方が地方らしく生きる大切な要素である。

地域は、そこに住み暮らす住民を中心に、公的・私的に地域へ関わるもので構成されており、多様な主体が互いを尊重しつつ連携してこそ地域といえる。ゆえに風土ツーリズムで定義する風土とは、自然・文化・生活という地域が元々有しているものなのである。

「自然と一体となって営まれてきた人びとの歴史的・文化的・社会的・経済的な営みの総体としてとらえ、その持続的な発展を、外部者との交流や知的・資金的・人材的な支援を多元的に引き込む「協発的」相互行為を通して実現する手立てとして、グリーン・ツーリズムが有効…（中略）…こうした人間存在の社会的なダイナミズムが地域を蘇生させる」（青木2010：6頁）

と青木辰司東洋大学社会学部長は論じている。

地域住民や地域の様々な主体が、互恵の精神に基づき、暮らしている地域の課題を克服するための活動として、風土を活かしたツーリズムを取り入れることは、持続する地域を構築するための有効手段であるといえる。

風土ツーリズムによる地域経済への波及効果は大事な点であるが、殊更、それだけを切り取ることは問題となる。再三述べているように地域特性（風土）こそ最大の武器であり、地域の潜在力をPRして魅力的な場所、いつかは住みたいと感じさせることが大切である。

日常の生き様や暮らしそのものの体験ができる『ワーキングホリデーいいだ』は、その特性を最大限に発揮させる究極のツーリズムであり、目標を定住者の増加に置いている。

宮本が旅の先達者として取り上げる菅江真澄は、旅のはてに東北に定住した。地域の魅力を自ら発見できる旅を提供することで、良い人材を誘致できる旅が、

新たなツーリズムの姿であるといえる。

3.4 風土ツーリズムで地域自立

宮本は各地を調査して、高度成長期へ突入していた国内各地の状況に警鈴を鳴らした。

> 「真の発展というのは単に工業化するだけでなく、同時に自然や風物を美しく豊かにしてゆくことだと思うが、ただ道だけが美しく伸びてゆき、自然は荒廃しはじめている」（宮本 1975：84 頁）

しかしその言葉を傾聴する者はいなかった。人びとが空中回廊で踊っていたことに気づいたのは経済バブルが弾けたときで、戦後、宮本が見聞し記録として残した良質な日本は、地域に残る豊かな歴史や文化を単なる観光の財として、訪れる人をもてなし、金という財に変化させてきた結果、本来残すべき良質な資源を消耗し、既に瀕死の状況にあったのである。

> 「私にとって旅は学ぶものであり、考えるものであり、また多くの人びとと知已になる行動であると思っている。そしてともすれば固定化し、退嬰化していく自分の殻をやぶる機会を作るものだと思っている。旅をしてたのしいのはよい人の心にふれることである」（宮本 1975：335 頁）

風土ツーリズムとは、訪れた土地の風土をその地に暮らしている人びとに学び、また自身が有しているノウハウを伝えあうことで、人と人の深いつながりを構築するものである。

地域風土を形成するものは、住む人や環境、地域文化であり悠久の歴史を育んできたものであり、ツーリズムは地域個性を活かした内発的産業を興すことを第一義としなければならない。そこから地域の暮らしや環境保全、食育、そして人材の確保などあらゆる面への効果が発現する仕組みが求められる。ゆえに新たなツーリズムは、地域創発のソーシャルビジネスとして確立することが大切であり、企画段階から実施に至るまで、地縁・地域の連携と、NPO や地域づくり団体、さらに人と人の「つながり」を重視して、意識の共有を図ることが不可欠である。

3.5 ローカルマネーフロー

日常会話や酒飲み話、農村の普段の会話でしばしば「日本の食料自給率が…」等々、語られる現場に遊休農地を確認する。

　農家が自給率を語る裏には、価格が安く生活できない。担い手が居ないのは行政・消費者・JAが悪いという責任転嫁のためであることが多い。日本の食料自給率うんぬんを論じる前に、自地域の自給率や家庭の自給率を考えるべきなのである。

　福島第一原子力発電所の放射能漏れ事故による風評被害で、昨秋に収穫した米が売れないという事態が起きている。

>「宮本は地域の貧困をみて、観光開発と地域開発を結びつけることはできないかと考えた。その観光開発とは中央資本による乱開発ではなく、地域に住む人びとから自発的に湧き上がる受け皿づくりのことであった」（佐野 1996：328頁）

と佐野眞一は述べているが、飯田の交流事業は、外貨を獲得しつつ地域へ流入した外貨を再び外に出さず地域に蓄積し、地域のなかでお金を回流させるというローカルマネーフローのシステムを確立することである。

　（株）南信州観光公社の設立は"人・物・金を地域内循環させるシステム"そのもので、公社の行動理念は、地域住民が自発的に行動するための環境を整え、そのプロセスにおいて生み出される新たな地域価値に伴い、地場産業の活性化と人材育成を促すことで、小さくとも継続できる新たな地域戦略としてのローカリゼーション・ビジネスを根付かせることであった。

3.6　ツーリズムの国際化における課題

　最近よくヘリテージツーリズムや医療ツーリズムは目的が明快で理解できるが、グリーン・ツーリズムとエコツーリズムの違いは何かと聞かれる。たしかに様々に呼称される新たな旅は、ユーザーにとって非常に分かりづらいものであるし、地域が情報発信する上で、あいまいになりやすい。

　こうしたことで旅行ニーズがあるものの、新たなツーリズムが緩慢な伸びに留まる要因となっている。そもそもの成り立ちは違うが、実態は双方の中身が近づいたため、境目があいまいになっていることである。

　東アジアの各国は、エコツーリズムやグリーン・ツーリズムを国策として推

進し、他国からの観光客獲得にしのぎを削る様相となってきた。特に韓国や中国は従来型観光に加え、農村振興や少数民族対策の要として日本のグリーン・ツーリズムを学び、国内法の整備や農家民宿（中国では農家楽、韓国ではマウル）、農家レストランなど関連施設の整備を支援して積極的な拡大を図っており、この動きは極東ロシアやベトナムにも影響を与え、東アジア型国際ツーリズムの覇権争いの様相となっている。

我が国においてもインバウンドによる外貨獲得を狙い、観光庁の旗振りで地方も海外旅行者の受入に積極的であるが、既存観光の範疇から脱しておらず、単価や過度なサービス競争に加え、海外誘客と称して映画ロケ誘致などにかなりの公費を投入している。観光関係者にはそれで多少の潤いとなるだろうが、一般住民にどのようなメリットがあるだろうか。

観光客の増加で多少の雇用は発生し、食や土産関連にそれなりの波及効果は期待できる。しかし観光は水ものであり、旧態然とした観光を続ける限り、地域は消費され摩耗し不毛の地となる。まして海外の客にグリーン・ツーリズムは、ほとんど理解されないし認識もない。なぜならば、グリーン・ツーリズムとは何かという明確なものがなく、直訳では理解不能となり誤解を受ける要素となっているからだ。

筆者はグリーン・ツーリズムとエコツーリズムは次の分け方をしている。

生物多様性の観点から「人と自然」の共生の立場から、環境保全に寄与する旅をエコツーリズムとし、グリーン・ツーリズムは、「人と人」を介して、その地の風土を学び、また旅人から学びを得るものがグリーン・ツーリズムであると説明をする。

地域創発のツーリズムが、日本固有であると考えれば、「Tenpura」「Sushi」と同じように、日本語によるオリジナル造語をそのまま使うべきだろう。ただし、それらの説明は諸外国の方々に理解してもらえるような工夫が必要である。

4　旅の学び、受け地の学び

4.1　歴史に刻まれた極上体験

飯田市の古島医院で生まれた古島敏雄は、東京大学農学部教授時代に次のよ

うに述べた。

　「教育効果が行き渡り、多様なマスコミの影響と世代交代が進むと、生活における地方性や古い慣習の放棄が進む。それに比べ、景観の片隅に残る古い姿は、民俗学が対象とした生活面・意識面の観衆の遺存程度よりはさらに広汎である」(古島 1967：6 頁)

　柳田、折口が度々調査で訪れ、宮本も塩の道や民俗学の調査を行った三遠南信地域(三河・遠州・南信州)は今も民俗芸能の宝庫であり、様々な古くからの生活習慣や景観を維持している。

　全国でも筆者が見聞した地域では、素晴らしい文化が受け継がれている。内山がいう「ともに生きる世界としてのローカルな共同体」を基盤に継続されてきたものである。

　福島県いわき市の旧遠野町に残る「お月見泥棒」という伝統行事を視察した。謂われは諸説あるようだが、中秋の名月に縁側へ飾った団子を、子どもがそっと竹などで刺して盗み食いした。あるいはこの日だけは、果樹園の果物を取って良かったという他地域の由来もある。中秋の名月に各家でススキと萩の生け花に団子や餅を供えるところまではオーソドックスであるが、遠野の行事では、暗くなってくると道路に手づくりの行燈を並べ、軒下の供え物の横に菓子を山盛りに置いておくことだ。そして月の出とともに子どもたちが行灯を持ち、家々を廻り菓子を好きなだけ持って行くのである。

　北海道函館には開拓期に本州の風習が伝わり「竹に短冊七夕祭り、大いに祝おう、ロウソク 1 本ちょうだいな」と家の前で歌う風習があり、七夕に菓子を配る。日本版ハロウィンの様相だが、昔は貴重な灯りとなるロウソクを子もたちにやっていたそうである。菓子を配布するのみの行事は全国に残っているが、遠野ほど旧来の伝承が色濃く残っているところは少ないだろう。

　こうした行事はツーリズムのネタとして一級品である。何も全国津々浦々でできる「ソバ打ち」や「田植え」体験でなければならない理由はない。地域に残る「ほんもの」を活用してこそ地域創発の風土ツーリズムとなる。

4.2　旅の本質と学び

　「旅本来の姿は、自分たち以外の民衆を発見し、手をつなぐものであった

ことを忘れてはならない。昔はそのなかに自分を、また世の中を発展させる要素を見出していった」（宮本 1987：78頁）
　この宮本の言葉は現在も生きており、こうした時代だからこそ忘れてはいけない。
　現在でも農村で歩いていると突然、農家から寄っていけと声を掛けられる。見れば縁側に数人が腰を下ろしお茶を飲んでいるところに、赤の他人を家に招き入れ茶を奨めるわけだ。この行為（好意）は実は重要な意味を持っている。
　農家の縁側は、情報交換や共有の大事な場所で、隣近所の人だけでなく郵便局員や駐在所の所長、JA職員、担ぎ売りの人たちが寄り込み、政治経済から農作物の出来不出来、集落の誰彼の話に他地域の話と様々に語られる。見知らぬ者を見つければ、招き入れてそれとなく様子をうかがうのである。
　旅人に一夜を提供することは当たり前と考えていた昔の農村が、茶でもてなすことなど、もてなしと思っていないのだが、訪れた旅人にとって爽やかな空気や景観に加え、柔和な笑顔と無垢なもてなしは、温かい地域との好印象を持つこととなる。
　「地方には旅人の来るのを待っている気風があり、それが自分たちに何らかの利益をもたらすと見れば、心から歓迎して旅人の持つ知識、技能を吸収したのである」（宮本 1975：146頁）
　山形県村山市山之内地区で毎年2月に開催している雪祭りが高齢化するなかで縮小傾向にあった。そこで2011年「山の内雪祭り！ 今年は日本中からまつりを一緒に作ってくれる方募集します！ 大作戦」ツアーを初めて実施した。祭りの準備から片付けまで手伝ってもらうというシンプルなコンセプトに、県内や遠くは鳥取県から27名の参加者があり、吹雪のなかで雪燈籠やおさいとう（火祭り）づくりに汗を流した。
　参加者の感想の第一声は「来年も来ます」「春の企画はないのか」という高評ぶりで、実施前の地元の不安は一気に感動に変わった。
　雪祭り実行委員長の井上氏は「今年の雪祭りは昨年より盛大にできた。これは参加してくれた皆さんのおかげです。働いてもらったのに、これほど喜んでくれるとは思わなかった。早速3月に次の企画を考えたい。来年はもっと祭りを大きくしたい」と語った。

旅行者を働かせる企画など考えもつかなかったわけであるが、参加者の笑顔や再訪を告げられたことで、やってよかったとの思いを委員長だけでなく地区民が共有したであろう。地区の持つ伝統行事を旅人の持つ労力を活用する交流事業に発展させたわけで、宮本が述べるように地元の心からの歓迎となり、旅人との深い関係づくりとなった。余談ではあるが、ツアー客に提供した「ひっぱりうどん」という地域の伝統食が好評で、予定したうどんの量の倍をツアー客が食べてしまい、地元スタッフ分をあわてて買いに走る一幕も微笑ましかった。

4.3　時代は新たな紡ぎ手を待っている

　異業種や団体、個人という地元の多様な主体の連携や、地域間の連携、そして都市と農村の連携をどうするかということが重要であり、「つながり」の強化によって地域力の向上が図られる。

　前述した「水木しげるロード」は賛否両論があるが、キャラクターのブロンズ像を駅からの連続性として商店街通りに持ち込んだことが、妖怪のテーマパークを生み、個々の商店もテーマに沿った展開を図ることにより、観光客の吸引力となった。

　地域活性化のために農商工連携や六次産業化は「つながり」のひとつである。地場産業の技術力を始め、環境・暮らし、文化等の社会関係資本や文化資本の原石を洗い出し磨きを掛け、多様な主体と連携することで地域内投資を誘発し、さらに外部の投資意欲を誘引できることとなる。その結果は技術力のみでなく、様々な職能において人材の確保を促し、地域の人財力が向上するのである。

　これら様々な要素をつなぎ、地域の魅力として情報発信する最大の武器としてツーリズムは効果を発揮する。

　ツーリズムは地域の「人」に着目した風土産業であることから、「人」と「人」のつながりが最も重要な要素である。このため当事者意識が高くなければならず、住民参加が着実に得られていることや風土を活かしたものでなければ「ほんもの」にはなり得ないことを認識することが肝要である。つまり風土ツーリズムは、自地域において総合的なアプローチからを構築し展開し、それら様々な知恵を訪問者に伝えることが本旨となる。

社会構造的な地域課題を克服するには、従来施策の延長線ではなく、未来に向けた「新たな紡ぎ手」が必要である。その「新たな紡ぎ手」は、中心でなく周縁や従来の経済観念とは無縁であったものから産み出されるのである。

4.4 地域を元気にする感性価値創造事業

「私たちは市場経済や外在化したシステムの前では、単なる交換可能な労働力であったり、GDPの拡大に寄与するだけの消費者、記号化された国民でしかない。もう一度自然や人間の生命の営みがこの世界をつくっているのだと宣言できるような社会をつくり直さなければいけない」（内山2010：175頁）

地域づくりの第一義とすべきことは、地域住民を元気にすることである。

3-2で記述した鮭川村木の根集落は、山村の典型的な限界集落であるが、廃校を核にコミュニティとして生き残るためのソーシャルビジネスを展開していた。とはいうものの仮定として、11戸48人の集落に10万人の入り込み客があれば、日常の暮らしは間違いなく破壊されるだろう。その地にはその地の適正な受入規模があってしかるべきであるし、自地域へ負荷をかけない適正な規模を地域自身が決め、交流を図ることが大切である。

2011年3月11日14時46分に発生した東日本大地震は、大津波を伴い広範囲の被災と多くの犠牲者を出した。そしてその復旧・復興は長期間になると予想され、さらに国内のあらゆる産業に影響が及び経済の縮小が懸念されている。この大厄災に観光などのサービス業現場は日を追って深刻な環境になりつつある。不特定多数の旅行者を受け入れるマスツーリズムは、今回の大地震でその脆弱さを露呈したのである。中国人観光客を当てにしていた観光地のホテル・旅館や土産店、銀座の大手デパートは閑散としており、国内観光の団体客は消え、廃業のうわさばかりが広まるものの旅が発生しない観光業界からはため息が漏れるのみでお手上げ状態である。しかし個人客を中心に顧客からの支持がある業態は、震災後も大きく落ち込んでいない。つまり地域と旅人の信頼関係が構築されているところは一時的な減少はあっても回復しているのである。支持される地域は、「その地に暮らす一人ひとりのホスピタリティ度の高さ」が大切であり、観光業に従事する者だけでは限界がある。

地域の固有資源や住民の豊かなライフスタイルのなかに飛び込み交流する感性のツーリズムが、地域を再生できる唯一の策であり、それも地域発意の活動でなければならない。新たなツーリズムは、地域の誇りの再生や次世代を育み、コミュニティに光を与え、元気で健康な地域を創造することであり、自立し持続する地域を支える根幹事業となる。

全ての人が、自らの地域課題に対し、知恵や金を出し合い、自らの手で実践し、地域経営をする"住民の住民による住民のための計画実践"を目指した結果のひとつとして、農村そのものの暮らしを通じた飯田市独自の「農村と都市の交流事業」が生まれた。その飯田を発祥とする地域ぐるみの風土ツーリズムは、全国の中山間地域の生き残り戦略となり、各地で多様な発展過程を辿っている。

大震災での尊い犠牲から日本が新生するため、観光は感性価値創造の産業として構造改革を進め、日本固有の文化産業として生まれ変わらなければならない。

引用・参考文献
青木辰司（2010）:「農業と経済 2010.8 臨時増刊号」昭和堂
飯田市千代公民館（1983）:「千代風土記」飯田市千代公民館
井上弘司（2002）:「農村文化運動 164」農山漁村文化協会
井上弘司（2010）:「同志社政策研究第 4 号」同志社大学政策学会
内山節（2010）:『共同体の基礎理論（シリーズ　地域の再生 2)』農山漁村文化協会
佐野眞一（1996）:『旅する巨人』文藝春秋
松澤太郎（1991）:『風越山の麓から』南信州新聞社
古島敏雄（1967）『土地に刻まれた歴史』（岩波新書）岩波書店
農文協文化部（1989）:「農村文化運動 114」農山漁村文化協会
増田郁夫(2003):オーラルヒストリー松澤太郎さんに聞く「飯田市歴史研究所年報 1」
　　飯田市教育委員会
宮本常一（1975）:『宮本常一著作集 18 旅と観光』未來社
宮本常一（1987）:『宮本常一著作集 29 旅に学ぶ』未來社
宮本常一（1978）:『民俗学の旅』文藝春秋〔再録、（1993）:『民俗学の旅』講談社〕
宮本常一（1985）:『塩の道』講談社
宮本常一（1960）:『忘れられた日本人』未來社〔再録、（1971）:『宮本常一著作集 10』未來社、（1984）:『忘れられた日本人』岩波書店〕

中島　智

第5章　湖都の両義性と観光のゆくえ

1　京都と対峙する湖都

　ここにびわ湖大津観光協会（滋賀県大津市）が 2010 年に作った観光ポスターがある（図 5-1）。

　やはり日本最大の湖・琵琶湖を望む風景を遠景に「建都ほぼ 1400 年大津。京都よりも、奈良よりも。大津はちょっと大人です」と記されている。「大津京」（近江大津宮）遷都は 667 年と示され、四捨五入すると牽強付会のそしりを受けるかもしれないが、遷都の時期は三都市のなかで最も古く、文字通り"ほぼ"1400 年なのであり、なんとも洒落っ気がある。1000 年の都と呼ばれる京都と平城遷都 1300 年祭で話題になった奈良に隣接する大津が、どのような文化的アイデンティティを持っているかを物語るポスターではあるまいか。

図 5-1　「建都ほぼ 1400 年大津」観光ポスター
出所：（社）びわ湖大津観光協会

「大津京」は2008年に従来の西大津駅から改称されたJRの駅名でもある。その駅名改称は地元住民を主な担い手とする市民活動が端緒となった。2003年に大津市は古都保存法に基づく政令指定を受けているが、単に景観を保存するだけでなく、これを現代のまちづくりに生かしていくことが求められている。

一方、ポスターの右下に載る小さな地図にJR大津駅が赤字で示されている。現実の大津駅前は、消費者金融やパチンコ店、チェーン飲食店といった地方都市に自明の風景が広がる。滋賀県の県庁所在地である大津市は面積約464平方キロ、人口約33万人、2009年に中核市指定を受けた。現在も人口は増加傾向が続いているが、それはあくまでも郊外化・スプロール型開発が進行しているのであって、広大な市域のなかでも本来の中心部は空洞化しているのが実情だ。その背景には、京阪神圏のベッドタウンとして発展してきた経緯がある。大津京駅も大津駅も京都駅から約10分の時間距離にあり交通至便な地域ではあるが、逆にそれゆえに、中心市街地を磨きながら大津らしさを育んでいくことは、容易ではないのかもしれない。

その意味で上の観光ポスターが喚起するのは、大津に隣接する歴史都市、とりわけ京都との関係が抱え込む両義性なのだ。すなわち大津は、歴史風土的な固有性と併せて現代生活における高い利便性を備えていながら、地域の文化的アイデンティティという点で京都の強い影響を受けており、さらにいえば依存しているのではないか、という視点である。

このことについて、地域の個性が事業の核となる「観光」を例示してみよう。

今から約半世紀前（1958年）に大津市は「国際文化観光都市宣言」を行っているが、ほとんど同じ時代に公刊された市史を紐解くと「観光都市」の項が出ており、そこに「京都を訪れる観光客をどのようにして大津にみちびくかが、市内の観光事業を発展させる第一の課題となってくる」（奈良本編1962：1260頁）とある。そこでの中心的な関心事は大津と京都の関係性であり、この問題は現在に至るまで市民のあいだに意識されてきた問題といっても、必ずしもすべての人が反対するとは限らないだろう。

この点に関して梅棹忠夫（1920-2010）は1980年当時、「京滋文化の創造と伝統」と題した講演会の質疑応答のなかで、京都と"滋賀"の関係論について言及し、次のような処方箋を出している。

「滋賀が京都についているかぎり、京滋の滋は影がうすくなる。京滋でゆくよりも、滋賀県は滋賀県の独自の道をさがしたほうが得ではないかとおもいます。

　　近江というところは…（中略）…膨大な歴史的遺産をもっている土地でございます。しかも、山もうつくしく、湖もうつくしい。うつくしい自然をたっぷりともっている。この歴史的遺産とうつくしい自然を結合して、いささか演出をやれば、独自のすばらしい土地になってゆくのではないか」（梅棹 2005：71 頁）と。

　この梅棹の発言に注目しておきたい。京都と滋賀の関係に対する質問に答えて、結局のところ、京滋文化なるものではなく、あくまで滋賀（に住む市民）が主体となった文化振興、今日でいうところのまちづくりを展望する重要な指摘をしているのだ。梅棹のいう"近江"や"滋賀"を「大津」と置き換えても、当然のことながら、論旨は変わらないだろう。

　では現在、基礎的自治体である大津市はどのようにまちづくりをとらえているのだろうか。大津市の策定した総合計画基本構想（2006年）によると、将来都市像として「人を結び、時を結び、自然と結ばれる結（ゆい）の湖都（こと）大津」の実現を目標に据え、「大津市はわが国随一の「湖都」であり、この個性と魅力を誇りとして、今後のまちづくりに取り組んでいきたいと考えています」としている。同市策定の観光交流基本計画（2009年）が、観光交流の観点から「結の湖都大津」の実現をうたっていることも付記しておきたい。

　京都の文化と接触しながらも従属するのではなく、固有価値としての生活環境を規定し、その独自の魅力をひきだすことが大津市民に課せられた使命なのであろう。そして、そのためには、多様な主体の協働を通して豊かな関係性を結んでいく方向が求められている。

　こうした背景に基づき、本章では郊外化・スプロール化とともに周縁化・不可視化してきた大津の中心市街地を対象に、都市祭礼や都市観光について、地域アイデンティティとの関連を視野に収めながら検討する。そのことを通して、今後の地元学のあり方を考えるひとつの手掛かりを示してみたい。

2 ホスピタリティの時代のまちづくり

2.1 「都市再生」再考

「少なくとも昭和四十年ぐらいからはっきりしはじめたことですが、資本主義は本来、物をつくって売って利潤を得ることなのに、しっかり者の社長たちが企業を引きずって、それ以外のことでもうけはじめた。それが日本の経済をめちゃくちゃにし、人心をも荒らしてしまったということがある。それのみではないが、それが非常に大きな要素となって、将来日本はどうなるのかという大きな不安のひとつをつくったと思うんです」（司馬遼太郎 1976『土地と日本人』中央公論社 216 頁）。

これは作家・司馬遼太郎（1923-1996）の言葉である。1976 年に松下電器産業（現・パナソニック）創業者であり、いわゆる水道哲学を提唱した松下幸之助（1894-1989）との「現代資本主義を掘り崩す土地問題」と題する対談のなかで、土地投機が「人心を荒らし、資本主義を荒らし」つつあるのではないか、と警告したのだった。あたかも後に発生したバブル経済とその崩壊、そして"失われた 10 年"を予言するような司馬の発言は意味深長であり、今も傾聴に値する。

日本の都市は戦後、高度経済成長でもっぱら工業生産の場として開発が進むが、同時に、大量生産・大量消費（・大量廃棄）という大衆消費の場を作り上げ、さらには土地投機の場となる。ところが、バブル経済が崩壊すると、こうした土地は不良債権と化し、後に深刻な社会問題となる長期不況の大きな要因となってしまったのである。

2001 年に小泉内閣は都市再生本部を設置、構造改革の一環として都市再生を推進した。狙いは土地を流動化し不良債権の処理を図ることにあり、都市の中心部に超高層マンションが建てられていった。そこでは即効的な経済効果を求める金融政策が優先され、それぞれの都市固有の風土というコンテクストは無視されてきたのも同然だった。しかし景観（眺望の権利）とは売買の対象である以前に、長い歴史のなかで形成されてきた文化遺産であり、本来、市民の共有財産というべきものではなかっただろうか。

図5-2　赤い扉のあるジャズバー「パーンの笛」（中島撮影 2010 年）

　こうして土地と日本人をめぐる司馬遼太郎の指摘から四半世紀以上が経過した時点で、問題になっていることは、司馬が憂慮した「将来日本はどうなるのかという大きな不安」がますます拡大し、重層化していく都市の「徒死」政策といえるのかもしれない。

　一方で、都市の持つ歴史や文化が見直され、それを現代の都市再生に繋げようとする市民の自発的な活動が活発化していったのが、2つの世紀のはざまだ。トップダウンの規制や規制緩和だけでなく、ボトムアップのまちづくり・観光の動きも生まれているのである。

2.2　まちで過ごした青春

　大津市の中心部（旧市街地）にある「パーンの笛」は中町通りと京町通りの交差点、かつて帽子店があった場所に2006年にオープンしたジャズバーだ（図5-2）。実は、その名は1970年代に同じ中心市街地の長等商店街にあったジャズ喫茶に由来し、当時そこでアルバイトとして働いていた神之口令子が復活させた店である。彼女にとって大津は生まれ育ったふるさとであり、「パーンの笛」で過ごした日々は青春そのものだ。店には画家や演劇青年、ミュージシャンな

ど個性豊かな人たちが集まり交流していた。神之口自身、仲間とともにミニコミ誌「水の国」を制作したり、イベントの企画に携わったりしていたという。

しかし店は1980年代前半にマスターが逝去し閉店する。モータリゼーションの進展や百貨店の開店もあり、中心市街地の商店街も徐々に空洞化が進んでいった頃のことである。いつからか少子高齢化が進み、まちに若者の姿をあまり見かけなくなったという。こうして時代は変わっていったが、神之口はいつか店を復活させようと、当時の記憶を温めていた。あの頃のように、音楽を通して様々な人たちが集まる店ができればおもしろいし、まちなかの賑わいづくりにも繋がるのではないか、との思いから、当時の店のエートスを継いだリニューアルによる再開業を決意したという。

店には往時の仲間や客、そして口コミでやってくる人、ふらっと入店した人など様々な人たちがやってくる。ジャズバーではあるが、いわゆるマニアックなジャズファンばかりが集まるわけではないのだ。地元の人もいれば、出張中のサラリーマンなど遠方からのお客も見かける。そうした人たちで賑わう店内は、いつもどこかで話の花が咲いている。

開店当時、神之口は「かつての若者と今の若者が集まり、わいわい議論する場になれば」（朝日新聞朝刊・滋賀県2006年8月18日）と語っているが、議論にとどまらず、まちづくりに関する具体的な実践がこの場から生まれている。市民主導によるジャズフェスティバル開催もそのひとつだ。それは旧市街地のまち歩きをした幾人かの市民が、まちを元気にするために何かできることはないか、と店で議論したのがきっかけになったようである。

2.3　サービスとホスピタリティ

「パーンの笛」のような店に、サービス経済からホスピタリティ経済への転換を見出すことができる。

では、サービスとホスピタリティはどう違うのか。山本哲士は「場所ホスピタリティの観光学：ホスピタリティ・ツーリズムの設計へ」という論考のなかで、こう説明している。

> 「実体としての商品を生産し売るだけの経済と、場所を生み出しながらそこでモノを生産し売るという場所経済とは、まったく異なる。前者にはサー

ビスがあるだけ、しかし後者にはホスピタリティがある」(山本2010：100頁)。

　サービスの原理は、等価交換の法則に基づきながら大量生産・大量消費の体制を生み出してきたが、結局のところ、過剰なまでの価格競争・価格破壊に帰着するのかもしれない。

　一方、ホスピタリティの原理は、場所の概念と密接に関わるようだ。場所とは、商売が行われる場所であるが、そこはまずもって人間等身大の相互作用が図られる場所である。すなわち、人と人との出会いや交流が何らかの意味を生み出し、そこを他のどことも違う固有の場所に生成してゆく。

　サービスは計量化しやすく、規格化が可能だ。それは場所の固有性をかき消し、均質化してしまう。いわゆるチェーン店がPOS（販売時点管理）システムやマニュアルを導入し、効率性・生産性を高めてきたのはこのためである。量産性を確保する全国一律の没個性的な空間や定量的な指標に基づく科学的経営をそこに認めることできよう。こうした空間は、その場所のコンテクストをとらえられているのだろうか。

　「パーンの笛」の店づくりについて、神之口は「何かが生まれる店を目指している」と語っている。「生み出す」ではなく、「生まれる」とは、あらかじめ計画化できない、人と人との相互行為がもたらす新しい価値の創出とでもいえようか。さらに、言葉を換えてこうもいえよう。それは一人ひとりの想いや情熱（パッション）を、地域全体で幸せを感じることのできるまちづくりというミッションに昇華させていく物語的経営であると。そこでは商品やサービスをめぐるコストパフォーマンスよりも、むしろかけがえのない場所の風土を生かしつつ、ホスピタリティを発揮することで多様な人びととの出会いを促しながら、まちなかの魅力づくり・賑わいづくりに貢献している。まさに物語生成の場所なのだ。

　他者との出会いや交流を通した都市の多様性を活かすまちづくりが今、市民一人ひとりが担い手となり、始まっているのである。次に都市祭礼を通して、そのことをみていこう。

3　都市祭礼の現在—大津祭をめぐって

3.1 大津祭の起源と概要

　慶長年間（1596-1615）のこと、大津でこんな出来事があった。四宮神社（現・天孫神社）の祭りの日、ひとりの男が、狸の面をかぶって踊ったところ、見物人が群集したというのである。その名は塩売治兵衛、鍛冶屋町に暮らしていたという。大津祭の起源である。

　大津は古来、琵琶湖の南西に位置する交通の要衝であったが、豊臣時代に大津城が築かれ、大津百艘船といわれる株仲間が結成されたことが以後の都市発展の土台になった。だが、関ヶ原合戦に先立つ大津城籠城戦により落城し、城下町も火がかけられた。焦土と化した大津は、幕府の直轄地となり復興が進められ、湖上交通の盛んな港町に加えて、東海道最後の宿場町、そして何よりも町人が跳躍する商業都市として隆盛を見ることになる（木村 1996：7-8頁）。

　こうした大津の歴史を踏まえ、後述する「大津まちなか大学」（第5期）の初回講義のなかで、大津市歴史博物館の樋爪修は、「大津祭は江戸初期、大津復興の手立てとして始まったといえるのではないか」と語っている（2010年6月6日大津祭曳山展示館にて筆者聴講）。

　いうなれば、大津祭は大津のまちづくり・観光の原点なのだ。江戸時代を通して発達した町人文化と経済力を象徴するものであり、そのパフォーマンスにともなう人びとの熱気、それが醸し出す賑わいこそ、大津らしさを形成してきた大きな要素であることは否定できまい。

　毎年10月体育の日直前の日曜日に精巧なからくりとコブラン織など懸装品に飾られた曳山13基が旧市街地を巡行する。やはり毎年組立・解体される曳山や見送り、無病息災の効果があるとされる粽など、その様式面において京都の祇園祭の影響が見られることはいうまでもないが、所望といわれるいくつかの場所で披露されるからくりが特徴のひとつである。こうした伝統文化を継承し、観光にも活用することを目的として「大津祭曳山連盟」が、1952年に発足した。

　大津祭を支えてきたのは各曳山町（中央学区）の人びとであり、組織として

は各曳山町の曳山責任者、天孫神社、氏子会から成る「大津祭曳山連盟」が、祭の運営・曳山巡行の中心的役割を果たしてきた。しかし少子高齢化・郊外化の進展による人口減少により、祭の担い手不足が問題となると同時に、都市祭礼の社会的責任がクローズアップされるようになってきた。そこで、祭礼の周辺業務を支える点から「NPO法人大津祭曳山連盟」を2007年に設立、一方従来からの祭礼を担う組織は「大津祭曳山責任者会」として新たな体制が整えられたのである。

図5-3　大津祭曳山連盟公式キャラクター「ちま吉」
（まきまき）出所：大津祭ちま吉協議会

　NPO法人大津祭曳山連盟は、大津祭の情報発信を図る展示施設「大津祭曳山展示館」の運営受託のほかに、「大津まちなか大学大津祭学部」（以下「まちなか大学」と略記）を実施して祭りやまちづくりを担う人材育成を行っており、さらには行政やまちづくり会社、大学などと連携し、観光交流や中心市街地の活性化に向けた事業を展開している。

　図5-3は、こうした事業のひとつとして、大津市内にある成安造形大学、および大津商工会議所との連携で制作されたイメージキャラクター「ちま吉」くんである。デザインは、学生が粽を題材に考案したものである。ちなみに、著作権保護（デザイン改変防止）とより広い告知を目的として、以上3者から成る「大津祭ちま吉協議会」が設置されている。

3.2　大津まちなか大学大津祭部

　2006年から大津市が市民講座として開始し、現在ではNPO法人大津曳山連盟の中心事業でもある「まちなか大学」は、多様な主体の協働による都市の

地元学のモデルケースといえる。具体的には毎年、まちの歴史講義などの座学にとどまらず、お囃子の体験や宵宮（本祭の前夜）・曳山巡行のガイド演習を通した地域との交流や人材育成を図っている。

筆者自身、その第5期生（2010年）として受講したが、約20名の参加者のほとんどは大津市在住であった。たまたま初回講義で隣席に座ったご婦人は、数年前に市内の瀬田地区に移住したものの、大津についてはあまり知らず、訪ねてくる友人や知人を案内するためにも大津の歴史や文化を知りたいと思い、この事業に参加したということであった。

既述のように、中核市である大津市は広大な市域を誇り、人口流入が著しい地域だ。しかし同市で人口増加が進むのは、主に市域の北部や東部などいわゆる郊外地域に該当する。このため、中心市街地で行われる大津祭は、大津市の文化的・精神的象徴といってよい大規模な都市祭礼にもかかわらず、必ずしも郊外に住む大多数の市民の関心と参加が促進されてこなかったきらいがある。

こうした状況下、一般の人びとを対象に、大津町人の心意気を伝える伝統文化を実践的な学びを通して継承し、その担い手を育成していこうと企画されたのが「まちなか大学」なのだ。祭りを支える曳山町の人びととの交流を通して受講生は地域の記憶を知り、さらに自身もそれを語り継ぐ"インタープリター"となることで地域参画とともに、結果的に観光交流の場を成立させつつある。

こうした協働型・参加型・体験型の学習活動を発展させ、実際に祭りをサポートするボランティア集団として卒業生（講座修了者）を組織化したものが、「長柄衆」である。NPO法人大津祭曳山連盟は、大津祭を市民に広く知ってもらうにとどまらず、「外からの視点を採り入れることで祭りに「おもてなしの心」が芽生え」（NPO法人大津祭曳山連盟HP）るとしているが、長らく曳山町関係者だけで運営されてきた祭りが、ここに至って外部との接点をもち、その視点を導入したことの意味は、決して小さくないように思われる。

そして、ここに地元学の重要なポイントを見出すことができるのではないだろうか。

3.3　路地と半公半私の原理

もうひとつ、都市祭礼の現在を示す事例として、旧市街地における一般の町

第 5 章　湖都の両義性と観光のゆくえ（中島智）

図 5-4　「大津絵うの会」（中島撮影 2009 年）

家からの地域文化の発信をあげる。

　祭りの期間中は当然のことながら、ふだん活力低下が危惧される旧市街地も、賑やかな祝祭の場へと変貌する。その舞台装置としては曳山の装飾とお囃子、露店はもちろん、曳山巡行を 2 階から観覧できるように窓を外した町家、ほかに軒先を開放し、何らかの装飾を凝らした店や家などが挙げられる。これまで多くの論者が路地の界隈性に都市の本質を見出してきたが、こうしたハレの日の界隈を歩いて愉しむことで初めてまちなかの魅力を実感することができるのかもしれない。その意味では、都市祭礼にはまちなかという場所を最適化する役割があるといえそうである。

　宵宮の夕方から本祭まで 2 日間、旧市街地（大津市中央 2 丁目）の町家では、「大津絵うの会」による大津絵展が行われている（図 5-4）。開放された町家の玄関や座敷に様々な大津絵数十点を展示、地域文化としてのそれを解説し、来訪者をもてなしているのである。

　ところで、筆者は前節で紹介したジャズバー「パーンの笛」で、この町家に住まわれている宇野拓也と面識を得、後に宇野とその父・岡崎守孝から話を聞いた経験がある。

実は、拓也の祖父・宇野健一（1906-2000）は1932年に大津に移住後、仕事の傍ら郷土史研究に打ち込む一方、生涯をかけて大津絵を描き続け、その継承に心血を注いできた人（日本大津絵文化協会・元会長）であった。極端に縮約していえば、江戸初期に街道の土産物として流行したといわれる大津絵は、明治期以降に衰退の危機を迎える。が、民藝運動を導いた柳宗悦（1889-1961）による再評価（柳1929）などを契機として、地元大津でも市民を担い手とする継承活動が行われるようになる。それに宇野も参加し活躍していたのである。一市民として晩年まで市内の公民館で大津絵を教えていたという。

　つまり、宇野健一は地元学の偉大な先達なのだ。そのライフワークの蓄積に立って、亡き妻を偲びつつ大津絵の魅力を伝えようと、家族の協力で展示会が生前の1999年に始まる。実は、宇野の妻が亡くなった後、娘たちも大津絵を習い始めており、その成果を発表する場にもなったという。そして2000年12月に宇野が亡くなった後は、その遺志を継ぐ形で遺族が毎年、祭りに併せて展示を行うようになったのである。

　宇野邸は、曳山町（曳山を持つ町）ではない旧蛭子町に立地しているが、周辺の商店とともに祭りの期間中は多くの人びとで賑わう。筆者は、この手作りの展示会を見たとき、家族共同体をベースとした地域文化の再発見・創造活動の好例であると感じた。そこでは個人と地域社会をつなぐ"あわい"の領域で家族が機能しているのであり、イエという私的領域が地域という公共領域に開かれている境空間となっていた。この考えは、中村良夫の「半公半私の原理」という概念に符合する（中村2010：153-156頁）。こうした半公半私の路地こそ地域文化発見の小径であり、ある意味では観光交流のプリミティブな姿を見ることができよう。

4　新たな都市観光の予感

4.1　物語の豊かさという発想

　祭りというハレの時空間に目を向けると、地域アイデンティティと結びつく地域文化の創造や、それを生かした観光交流の隆盛を認めることができた。一方で、こうした都市の非日常性を支えているともいえるケの時空間、飾らない

都市の日常性そのものが観光対象として把握されるようになってきたこともまた、事実である。たとえば、いわゆる観光地以外の都市を含む各地でブームになっているまち歩きなど、まさに日常生活の観光対象化であろう。

では、観光者にとっての来訪先の日常生活の魅力とは何なのか。それは、「物語の豊かさ」という発想でとらえることができるのではないか。

哲学者の内山節は、21世紀を考える視点として「物語が生まれる社会の豊かさ」を挙げている。

「自然の物語、人間の物語、自然の偉大さに気づいたときの物語、出会いの物語、技を身につけていく物語、村や街の物語、死を迎えたときの物語……。そういった様々な物語がたえず生まれ、語り継がれていく。そんな社会のなかに、豊かさは芽生えているのではないか」と（内山2006：58-59頁）。

こうした物語の豊かさについては、近年まちづくりの分野においても、言及され始めている。久繁哲之介は、「持続可能な都市の魅力を創出するには、目に見える「美しさ、新しさ」に目を奪われるよりも、時間経過で魅力が増す「まち物語消費」の活用が効果的である」と指摘している（久繁2008：216頁）。

久繁の指摘は、私たちが目指すべき都市観光の姿と重なり合う。ただし、資本の論理で作られたテーマパークは本質的に、その場所から逸脱した記号消費の空間であるため、言葉の正しい意味で都市の日常性は体感できず、その概念の範囲からは除外する必要がある。むしろ、人びとの暮らしの営為に裏打ちされた、ホンモノの日常性こそが物語性を豊かにし、観光者の非日常的対象に対する感動をも併せ豊かにしていくに違いない。

まちに蓄積した物語をじっくり聴くためには、共感や想像力がなくてはならないであろうし、あるときはそこからまたひとつの縁を紡いでいく対話や創造力さえも求められよう。少し修辞的に書いたので、換言したい。ジョン・アーリ（1995）が明らかにしたように、マス・ツーリズムは、主に視覚をその成立要件とする。だが、前出の山本（2010）も指摘するように、本来の都市観光の醍醐味は、視覚に偏重せずに五感を働かせ、まちの襞まで丹念に味わうところにあると見るべきではないだろうか。

4.2 地域アイデンティティとしてのオールドオーツ

　改めていうまでもなく、地方都市の中心部には豊かな歴史や文化、とりわけ商業文化が蓄積している。これは中心市街地をとらえる重要な視点であり、上述のような都市観光へのアプローチを考えるとき、たいへん示唆に富むものである。

　シネファンク（旧：滋賀会館シネマホールファンクラブ）代表の中川学は、大津市京町に育ち、まちなかの衰退を目の当たりにしてきた。まちの活気が失われていく中で、自分は何かできるか。自治体財政が悪化する中で、市民が自らの手で公共をどのように担っていけばいいのか。そう問いかけながら活動を続けてきたという（以下、筆者聞き書き）。

　滋賀県の文化施設「滋賀会館シネマホール」を公設民営の形式で運営する活動（2003-2010）を進めてきた中川は近年、「オールドオーツ」（OLD OTU）というキーワードを使いながら地域の文化資源を活用し創造する事業を行っている。「オールドオーツ『物語の誕生』」（平成 21 年度大津市新パワーアップ・夢実現事業採択、22 年度は大津市歴史博物館主催事業「大津百町大写真展」の一部として開催）と「ザ・京町ツアー」（平成 21 〜 22 年度滋賀県にぎわいのまちづくり総合支援事業費補助金・にぎわい創出推進事業採択）がそれだ。このうち前者は、地域の暮らしについての聞き書きと写真を通して、地域の未来の物語をそこに住まう人びとが自立的に紡いでいくことを目指したものである。

　要は、地域文化の再発見・再認識を促す活動であり、どちらかというと地域内部のコミュニケーションの活発化に重きが置かれている。それに対して、後者は、女性限定 10 名の参加者を対象に大津市の歴史的中心部にある老舗を巡るツアーであるが、単に地域資源を消費する通俗的な観光ではなしに、大津というまちを知ってもらう広報事業として位置付けられている。

　ガイドブックとして制作された『ザ・京町ガイド』は、このツアーの眼目を次のように説明している。

　　「オペラホールでもない、シネコンでもない、リゾートホテルでもない。フェイク（つくりもの）ではない、本物の人が生きてきた町がここにあります。長浜・彦根・近江八幡もいい町です。でもそれだけが滋賀ではありません。

あなたは本当の大津を知っていますか？」

ここでの「あなた」とは、地域外から来る人びとを指すものと思われるが、中川は、このツアーを通して老舗で働く人びとの意識も変わっていったように見えるという。特に、ツアー参加者との対話は、消費者（観光者）が何を求めているのかを把握するマーケティングの機会となると同時に、自らの地域の文化や歴史に気づくきっかけになったようだ。上記の都市的な文化装置や名所旧跡、あるいは琵琶湖の風光を観光対象の中心とすれば[1]、その周縁に位置付けられる自分たちが暮らし働くまちなかこそ、真に地域の光となりうるのだという逆転の発想が実感されるようになったのであろう。

折しも2010年に大津市旧大津公会堂（1934年建設）が地元住民による保存活動が実を結び、飲食店やホールなどを備えたまちづくり拠点としてリニューアルオープンした。また同年には、二階から大津祭の曳山巡行を観覧できる町家や昭和初期の近代建築などが国の登録有形文化財に登録されることも決まっている。大津の固有価値が再評価され始めているのである。

『ザ・京町ガイド』には、「京のB面と目される大津の町。京町はそんな大津の背骨です」とも記されている。これをどうとらえるか。繰り返しになるが、大津は郊外化が急速に進んできた地方都市の典型であり、「京都市大津区」なる俗諺があるくらいだ（たとえば、この種の言説はウェブ空間でも多数確認できる）。だが、それは市民の生活実感を一定証明する言葉でもあり、地域アイデンティティの形成を志向するとき、一笑に付すことはできない。

この「京のB面」という表現について、中川は次のように話している。

「京町は、東海道を京都へ上る最後の宿場だから『京町』とついているそうです。また、江戸の京橋は、日本橋を出発して（京へ向かい）初めて越える橋だから「京橋」。大阪の京橋と伏見の京橋は、それぞれ京街道（大阪街道）の起点と終点ですね。しかも、「京」の字は「都」という意味ですが、これは元々、都市の中心という意味を表す漢字であり、つまり京町は大津のまちの中心ということです」

地域の記憶を共有し、継承していくのは地域文化の大きな役割である。いのちと暮らしの連続性を実現するためにも、交流による学びを通して地域アイデンティティを再構築していく作業は必要不可欠なのであり、このことが市民の

創造性をひきだしながら地域ブランディングを進めていくことにつながるに違いない。「京のＢ面」という表現に、湖都の両義性をとらえ直し、地域の未来を見定める市民の矜持が表れているのである。

5　周縁学としての地元学へ

　これまで大津の中心市街地を対象に、都市祭礼や都市観光について、経済的分析でも組織論的分析でもなく、地域アイデンティティ形成という課題を念頭に置きつつ文化的な面からその一端を報告してきた。大津というひとつのまちに限っても、取りあげたものはほんの一例に過ぎない。地元学の観点からして興味深い実践が他にも多数見受けられるが、それらについては稿を改めて論じることにしたい。

　最後に、以上に見てきたことから、今後の地元学を考えるヒントとして何がいえるのか少し考えてみたい。重ねて述べるが、本章で取りあげたいずれの実践も、ホスピタリティ、場所、物語というキーワードで括ることができる。共通するのは、他者との関わりを成立要件とし、対話と交流の積み重ねが地域アイデンティティ生成をうながす道筋を照らし出しているということだろう。それも都市の多様性に立脚した開かれたアイデンティティを。

　都市研究家で市民活動家として知られるジェイン・ジェイコブズ（1916-2006）は、『アメリカ大都市の死と生』のなかで次のように述べている。

　　「公共団体、準公共団体は都市の多様性をこしらえる助けになる事業の一部に責任がある——たとえば公園、博物館、学校、大部分の公会堂、病院、一部のオフィスや住宅。けれども、たいていの多様性をつくるのは、公的活動の正式な枠組みの外で多彩なアイデアや目的、計画、企画をもった信じられないくらい多数の人びとや民間団体である」（Jacobs 1961：241p. 筆者訳）

　ジェイコブズは公共性を、行政、いわゆる"お上の公"に収斂させず、むしろ市民一人ひとりの主体的な暮らしの営みのなかに見出している。市民の主体性がなければ、公共性は実質的に、官僚組織や一部の専門家の上意下達で実現されるものを指すものになり、多様な地域文化を育んでいけず、やがて都市の

衰退を招来することになるのではないか。

　リーマンショック（2008年）を決定打として、ひとつの文明の死とまではいわないまでも、グローバル・スタンダードなる言葉の怪しさが誰の目にも明らかになってきた今だからこそ、他者への従属を通じた自立という幻想を脱し、ローカルカラー鮮やかな地方都市の生きた文化を守り育てていく方向へと大きく舵を切り替えていかなくてはならない。

　そして、それを担っているのは私たち一人ひとりに他ならない。ふがいない、しかしかけがえのないわたし。今ここで他者と出会い、"縁"を結んで開いて、生まれいずるいくつものわたし……。

　地元学とは地域に生きるわたしの身体を拠り所に公共性を開いていく周縁学である。それは中心と周縁、学問と日常、制度化された科学の知と捕えどころのない生活知、また過去と未来、死者と生者、漂泊と定住、そして他者と自己。こうした境界を往還することで既存の社会構造をおおらかに再編成しながら内なる他者と出会い、自分を深く掘り下げるローカルな技と仕掛けなのだから。

注
(1)　琵琶湖での観光船の就航に見られるように、明治後期から琵琶湖の風光を活用した観光（湖上遊覧）が展開されてきた。1928（昭和3）年に大津市は、都市計画法による「都市計画指定都市」に指定されたが、そこで標榜されたのは「遊覧都市」であった。1934（昭和9）年には、県下初の官民共同出資による第三セクター方式で国際観光ホテルとして「琵琶湖ホテル」が開業している。

参考文献
アーリ、ジョン（加太宏邦訳）（1995）:『観光のまなざし』法政大学出版局
内山節（2006）:『「創造的である」ということ（下）地域の作法から』農山漁村文化協会
梅棹忠夫（2005）:『京都の精神』（角川ソフィア文庫）角川学芸出版
木村至宏（1996）:「大津祭の発生とその展開」大津市歴史博物館編『企画展　町人文化の華―大津祭』
司馬遼太郎（1976）:『土地と日本人』中央公論社〔再録（2006）:『司馬遼太郎対話選集6　戦争と国土』（文春文庫）文藝春秋〕
中村良夫（2010）:『都市をつくる風景―「場所」と「身体」をつなぐもの』藤原書店

奈良本辰也編（1962）:『新大津市史　下』
久繁哲之介（2008）:『日本版スローシティ　地域固有の文化・風土を活かすまちづくり』学陽書房
Jacobs, J.（1961）: The death and life of great American cities. Vintage[翻訳、黒川紀章（1977）:『アメリカ大都市の死と生（SD選書118）』鹿島出版会、山形浩生（2010）:『［新版］アメリカ大都市の死と生』鹿島出版会]
柳宗悦（1929）:『初期大津絵』工政会出版部 [再録、（1972）:『（柳宗悦選集第10巻）大津絵』日本民芸協会、（1982）:『柳宗悦全集著作篇第13巻』筑摩書房]
山本哲司（2010）:「場所ホスピタリティの観光学：ホスピタリティ・ツーリズムの設計へ」河北秀也監修『愛と正義の文化学 Library iichiko No.106』文化科学高等研究院出版局

参考HP

NPO法人大津祭曳山連盟HP　　http://www.otsu-matsuri.jp/

　本章の脱稿に当たっては、社団法人びわ湖大津観光協会、ジャズバー「パーンの笛」の神之口令子氏、NPO法人大津曳山連盟・大津商工会議所・成安造形大学ならびに「大津祭ちま吉協議会」、「大津絵うの会」の宇野拓也氏、岡崎守孝氏、シネファンク代表の中川学氏、旧大津公会堂にあるレストラン「カンティネッタGMT」代表の中井英貴氏に資料提供等を含め、ご教示を賜りました。心から謝意を表します。

鳥羽都子／中島智

第6章 ニュータウンの地元学
―文化施設からの試みを中心に

1 名古屋との対峙

1.1 周縁都市としての春日井市

　他の大都市と同様、名古屋市は、周辺のまちの存在感を希薄にし、名古屋的文化の影響下においている。周辺のまちにとっては、大都市に近接することは長所にもなり、逆に「発信力が弱い」「固有性がない」という弱点にもなる。市民は意識的にしろ、無意識的にしろ、競争意識、憧れ、引け目、同一化、無関心など、それぞれの心理をもって対峙しているといえよう。

　大都市の近くに位置するがゆえ、「ベッドタウン」と称され、JRや私鉄が走り、都心部との利便性が高く、人口は増加傾向。しかし名所旧跡や市を象徴する観光資源、全国に知られる特産物などは少なく、強力なブランド力や魅力には欠けているというのが、正直な印象。日本全国にニュータウンと呼ばれるまちはあり、計画的に開発されたそれら住宅群は、地元の住民からは、「ニュータウン」「ダンチ」と呼ばれる。このような、一見掴みどころのない"周縁都市"は、日本各地にあるはずだ。おそらく、大学や病院を誘致し、緑地公園があり、新住民が住む○○台という名のついた住宅地があるような多くの"周縁都市"では、都市基盤整備が済んだ今、都市の固有価値を模索していく時期に来ているといえる。このような"周縁都市"のひとつとして、本章では春日井市をとりあげ、中心に対峙するニュータウンの地元学を考えてみたい。なお、本論は全て筆者ら個人の考えであることを予め申し添えておく。

　県域が東西に長い愛知は、東西方向に高速道路や東海道線などの大動脈が走っている。それらの大動脈上には位置せず、名古屋から岐阜県へと北上する

中央線沿線上にある春日井市は、県民でもその場所をはっきりと認識している人は少ない。名古屋市の北東に隣接し、「生活便利都市」として売り出されているが、「人口が30万もいると思えない」といわれ商店街衰退の反面、国道沿いは、「意外に発展している」との感想が聞かれるような、典型的な車社会のまちでもある。

同じ愛知県でも、城下町の岡崎市、企業城下町の豊田市、知多半島の中心で歴史都市である半田市などと異なり、そのような特徴を持たない"周縁都市"なのである。

1.2 本当に歴史がない？

各地の文化振興関係者からは、「市民も行政関係者も、うちのまちには歴史がないし、何も観光資源はないと初めからあきらめている」という話が出る。春日井も同様で、春日井の長所といわれる道路の広さは、「畑や竹やぶだった何もないところにまちができたから」だという。

ところが、実は、春日井には古墳が多い。そこで、考古学や古代史をテーマとする「春日井シンポジウム」が、1993（平成5）年から毎年開催されている。

初回からブレーンであった考古学者の森浩一氏は、地域重視の立場から、「東海学」を提唱している。各地の地域学のなかでも、先行した京都学では、政治・文化・産業等で京都が果たした中心的役割の評価と考察が重ねられてきたし、名古屋は、大阪の経済的地位低下と明暗を分けるように、現代日本の政財界といった大きな物語と結びつきがある。地域学は、それとは対照的に、生活者の小さな物語を起点に、内発的な文化に関わっているのが地域学ではないであろうか。東と西に挟まれ、時に、"文化の谷間"と評されてきたのが東海圏であるが、"谷間"は接点でもある。後述のように、ここに「新しい故郷」を手に入れた市民たちが、「新しい故郷史」を綴ることになる。「新しいまちに文化がない」ということはない。人が生きるところには、必ず、文化が育まれている。

前述の森は、多数の蔵書を市に寄贈し、「森浩一文庫」が設立されることとなった。蔵書には、各地の発掘調査報告書、展覧会図録、歴史学・民俗学の書籍、地域史の雑誌など、一般には入手しにくい貴重な資料が数多い。知識人と地域の知的好奇心が高い市民が交流を続けることにより、外部の評価と支援を

受け、知の集積が地元に移されることに繋がったと評価できよう。

　ニュータウン住民は、知識層が多いといわれ、なかには「自分の得意な分野で、地域で何かしたい」と考えている人もいる。個人それぞれが、たとえば、織物やジャズや漆芸など日本の一流の芸術家と交流し、海外で学び、感性を磨き、人脈を創り、それを踏まえながら、地域で、「自分が」何かをやりたいと願っている人が潜在する。それらを顕在化するのが、地域版の文化施策・観光施策ではなかろうか。

　本章では、「地域学」「東海学」のフィロソフィーを十二分に活かし、先人や地域の人が試みてきたことの延長線上として、新たな「周縁都市の地元学」を試みてみたい。新たな地元学のはじまりは、観光に援用できるものであり、地元学から観光への出発点となろう。

2　集落から周縁都市へ

2.1　春日井市の沿革

　春日井市は、第二次世界大戦のさなか、4村が合併し、2つの工廠を擁する軍需都市として誕生した。戦後は、工場誘致を進め内陸工業都市へと移行した。繊維業を地場産業とする近隣市一宮が、昭和30年代の繊維景気の折に「ガチャマン」（織機がガチャンと動けば万というお金が儲かる）とやっかみを含んで形容されたのに比し、農業を基盤とする生活が営まれていたが、昭和30年代中ごろからの国の経済成長とともに、まちの様相が変化していく。

　ニュータウン開発をはじめ、土地区画整理事業で、住宅・工場・店舗が増加し、今や、生活道路に至るまで道は広い。まだ多くの農地が残る工業化途上であった1960（昭和35）年には、総流出数の実に85％が名古屋へ、1965（昭和40）年には38.8％だった市外通勤率は、1985（昭和60）年には、44.4％に増加している。

　昭和40年代には、毎年1万人程の人口増加が続き、現在、人口では県下で6番目の都市に数えられるようになった。

2.2　高蔵寺ニュータウンとは

1960（昭和35）年10月、日本住宅公団（現在の都市再生機構の前身）は、高蔵寺地区の宅地開発事業を行うことを決定した。マスタープランでは、「高蔵寺ニュータウンは名古屋都市圏における住宅都市」であり、「周辺既存都市の人口を吸引する開発水準とする」とし、計画人口は8万人余りという位置付けであった。

　当時撮影された藤山台団地建設中の写真では、林野や果樹園を切り開いて更地にした丘陵地帯に、忽然と集合住宅が立ち現れている。

　1968（昭和43）年に部分開通した国道19号は、市の東西方向への移動を便利にはしたが、東のニュータウン地域、西の旧農村地域を結び付ける役割は果たさなかった。逆に、名古屋と春日井や、春日井と周辺市町の移動を容易にした分、市内における各居住地間の結びつきは生まれにくくなったといえる。

　春日井市西部の兼業農家に嫁して40年以上という主婦は、ニュータウンには知り合いは未だにほとんどなく、たまに行くと「坂道があって緑地帯がある景色が一緒だから迷ってしまう」「こんなに洒落た住宅がたくさん建っているなんて全然知らなかった」と感慨を漏らす。

　また、国道19号は「自動車が大衆化したモータリゼーション社会に出現した高規格道路」であるがゆえ、宿や街道を中心に形成されてきた従来の商業集積とは異なる、隣接店舗の相互関連が希薄な商業地域を生み出した。

　一方、戦国時代以前にその起源を持つ古い集落や、江戸時代の新田開発によってできた新田村の集落では、現在でも、伝統的な寄り合いや祭りが継承されている。たとえば、集落の代表者は、魔除けの札を津島神社から頂いてきて、地区の四隅に貼る。どこかの家で病人が出たりすると、「札が剥がれかかったからだ」という年寄りがいたりする。若い世代（といっても50代、60代だが）は、「年寄りは迷信深いからどうしようもない」といいつつも、年長者の気の済むように毎年御札の世話をするのだ。そんな一種の思いやりは、昔ながらの農村的価値観や地縁が継承されていることを示している。

　このように、村が合併して市になった保守的地域と、林野を開発し新たに住宅地となった地域の2つが共存している。前者では、地域の繋がりや扶助が成立しているが、後者には希薄だといわれている。

「ニュータウンの人」は、「旧農村地区」の住民とは、持ち味や雰囲気が違うと思われている。誤解を恐れずに書けば、行政でも、「ニュータウンの人は、理屈で冷静に要望を述べてくる。法律や先進事例を知っていて、書類で返事せよと要求する」などと、"ちょっと対応がたいへん"なニュアンスで語られることが、時にあるようだ。逆にいえば、知識があり、自分の考えを言葉にし、筋道立てて説明することができる、自律的な市民、すなわち自治能力が高い市民になる要素があるといえよう。

2.3　日本三大ニュータウンのひとつ高蔵寺ニュータウン

市東部に位置する高蔵寺ニュータウンは、多摩ニュータウンと千里ニュータウンに並び、ニュータウンの草創期に造成され、"日本三大ニュータウンのひとつ"に数えられる。

多摩と千里は、東京と大阪という二大都市圏にあり、より大規模・広域で知名度が高く、どちらも複数の自治体にわたる。多摩は、まだ周辺で住宅開発が行われているともいえる状態である。

一方、高蔵寺ニュータウンは、春日井市という自治体だけで完結しているのが特徴である。2～3年おきに小学校が開校し、子どもが教室にあふれていた時代もあった。当時が嘘のように、高齢化が進む住宅街の小学校では、過少学級となり、小学校の統廃合がもちあがり、「街から活気が消えた」という声もきこえてくる。

同一の世代が一斉に入居し、その後の世代交代や住民の入れ替わりがほとんどないままに40年ほど経過し、高齢化に伴う税の減収、介護・医療などに係る経費の激増、小学校の統廃合、空き家問題や自治活動の困難さなどが目前の課題である。

勤労者の住宅確保としてなされた国策を、地域政策におろそうとする、壮大な地域政策実験であり、各地域にとっても、未知の課題といえよう。

市自体の人口は微増を続けているが、高蔵寺ニュータウンの人口は1994（平成6）年をピークに減少し、現在は約5万人となっている。1980（昭和55）年には、市全体の高齢化率5.58%に対し、ニュータウンは2.35%だったが、2008（平成20）年には、全市平均を逆転。市の高齢化率18.19%に比べて、

高齢化率が高い分譲戸建て住宅地区では、高齢化率24.93%となっており、少子高齢化が顕著である。

現在は、名古屋のベッドタウンというよりも、愛知県北東部のベッドタウンとしての性格を持ちつつあるとはいえ、依然として、最大の通勤先は名古屋市であり、名古屋市は、40年前から今日に至るまで、そして、この先も、春日井市の人を吸引しつづける都市であろう。

多くの郊外住宅地＝周縁都市では、同様に高齢化や人口減少介護や小規模学校化が進みつつあり、一方でコミュニティも成熟して、「郊外」がふるさとになっている。そのような都市における文化政策とは、「住み継がれるまちづくり」、市全体をみれば、「新旧市民同士の融和」と集約することができるだろう。

2.4 周縁都市の矜持と引け目

土地区画整理が熱心に行われ、路地や石垣や古木などが姿を消し、まるで、何もないところに新たな街が出現したかのように見えてしまうニュータウンだが、「藤山台」「岩成台」「高座台」「石尾台」「押沢台」などは、造成される前の丘陵にあった地名に「台」を付けたものであり、それぞれの元の地形が想像されるところである。

今は「高森台」と称される丘陵には、かつて、研場（みがきば）、古ガマ、火尻などの地名があった。火尻は、窯の火や煙が出るところを示すもので、これは、奈良時代に既に須恵器を焼き、窯があったことを示す証拠であるという。

横穴式古墳も発掘されており、丘陵そのものは、古代からの人の暮らしの場であったのだ。継承が途絶えたこと、景観が保持されなかったこと、価値を認めなかったことが、「歴史も観光資源もない」状態を生んでいるのである。

3　地域の魅力を活かした文化観光への試み

3.1　地域と文化と観光

本節では、春日井市の文化振興を行う行政のパートナー団体であり三十数名の職員が働く「かすがい市民文化財団」と、市民の取り組みを交えつつ、「中心に対峙する周縁都市からの地元学の試み」を紹介する。

第 6 章　ニュータウンの地元学（鳥羽都子／中島智）　　99

先述のように、固有性が残る過疎の農山村や、歴史ある中心都市と異なり、周縁都市では、地元学は確立していなかった。それぞれの周縁都市のなかでも、特に、「周縁都市のプライドと引け目」が強いと思われる、名古屋近郊都市の文化的様相を紹介しつつ、本節では、周縁都市の地元学をつむぎたい。

①春日井の特徴やイメージがなかなか見えてこない。②財団設立から10年が経ったが、今後春日井の文化政策をどのようにしていくのかのビジョン。③市民との関係が希薄な感じがする。この3つは、それぞれ無関係ではなかろう。

「環境良好な生活便利都市」を標榜するなら、地域に対して、それを文化芸術や観光の面で体現することが必要なのではないだろうか。

たとえば、高蔵寺地区は、近年高齢者が多くなり、子どもが減っているのは2世代目が流出してしまったからだ。子ども世代がUターンしたくなるような街、高齢者の楽しみとなり、交流や刺激となる文化を産み出したいとの希望を持って活動している。

3.2　市民参加の「ぐるっとフォーラム MAP」

住民参加型の「まちあるきと地図づくり」や、文化施設を核にした地域活性化は、各地で実践され、成果もあげている。手垢がついた感さえある。しかし、観光や文化政策に関わっている者にとっては信じがたいことかもしれないが、周縁都市では、「生活にまつわるものは文化ではない」「まちづくりとはすなわちハード整備である」という確信が、行政で貫かれていた。

最初の3年は、「春日井には、地図に記すものは何もない。京都から来ただろうが、あんたの故郷と同じに考えてもらっては困る」「あんなシャッター商店街にやることはない」と、まったく受け入れられなかった。それどころか、「観光は、文化なんかじゃない」「都市計画か文化財の部署がやるもんだ」「まちづくりっていうのは、区画整理や道路なんかを造るってことだよ」と徹底的に拒まれた。

しかし、観光の原点は地元の人が地元を観光することを一筋の信念とし、地道に、他の企画を積み重ね、たとえば、〈春日井弁で郷土の民話を聴きながらゆかりの地を訪ねる小旅行〉、地元企業の特産品のコマーシャルをプロの撮影監督と子どもたちがつくる「CMをつくってみよう！」「書のまち春日井」に

ちなみ、自らの手で書斎の道具を創り出す「文房四房ワークショップ」、毎週末のように行われるイベント時に、施設周辺の店舗にお客さんが流れるように、〈提携メニューの提案〉で地域の店への還元効果を示すなど、文化企画を通した地域貢献を積み重ねた結果、少しずつとはいえ、観光やまちづくりも、文化に繋がるものだという意識の変化が表れ始めたようである。4年目を迎えるころから、全否定から、なんと、「いい企画だ」と、逆に捉えられるようになった。

「文化と地域講座」と名付けた一連の事業の参加者からは、「日常的な風景に価値を見出した」「地域を大切に思うようになった」という声が聞かれる。

それらの実績を踏まえ、市民と共同で情報発信をするため、「ぐるっとフォーラムMAP」を制作した。春日井では、まちの発展と引き換えに、地域の宝といえる地域資源が忘れられつつあるという問題意識に、文化を通して取り組むためである。

主婦、元公務員、学生などの参加者たちは、6回に渡り、名物店や、"絵になる景色"をピックアップ。戦後から続き、親子3代にわたり、地域で親しまれているおもちゃ屋さんをはじめ、地元商店に秘話をお聞きした。また、ふだんは車で通り過ぎる街並みを改めて歩くことによって、鬼瓦や蔵、古木を発見し、まちが秘めた魅力を味わえる3つのルートを設定した。関係者からは、「毎日通っているのに、気がついてなかった風景を発見できたのは、収穫」という感想が聞かれた。

後述する「自分史」や「文化と地域講座」の活動を通して、世代という縦のつながり、地域という横のつながりが受けつがれている。

3.3 民間の文芸「自分史」

この地域に非常に特徴的な文学活動として「自分史」がある。「自分史」とは、知る人も少ない文芸であるが、歴史家の色川大吉が、毎日文化賞を受賞した『ある昭和史　自分史の試み』で使ってから、各地で草の根の実践を40年近く重ねている。色川史学と呼ばれた、底辺の民衆の視点や学者離れした自由さは、「自分史」の流れに確かに受けつがれ、歴史と個人史を重ね合わせる形式だけでなく、短歌や俳句で人生雑感を表現したもの、写真集などの派生形をも、春日井の日本自分史センターでは、自分史として尊重している。

自費出版産業の流行による独りよがりの記録や、元教師や会社重役がひとかどの人物になるまでの所感をしたためた半生記を読まされたがために、「辛気臭い」「おもしろくない」など、マイナスイメージを持つ人もいるだろう。しかし、日本自分史センターでは、まず、「自分史は自慢史ではない」と教える。

自分の人生をもう一度、心の目で見る。深く静かに考え、書く。書くだけではなく、書いたものを読み、分かり合うすることによって、経験が再評価され、エネルギーが湧いてくる。

市の施策で「日本一の自分史図書館」づくりが進むなど、行政・市民ぐるみで地道に取り組んでいる賜物か、「日本自分史学会」に、毎年のように入賞者を輩出している。サラリーマンから好事家の事業主、勉強熱心な主婦などに親しまれている。書き手にとっても読み手にとっても、小説より身近で、方言などもあり、独特の面白さがある。自分史を出版すると、まずは市の図書館と日本自分史センターに寄贈するという習慣になっている。

しかし、ブログやツイッターに比べ、執筆が難しく、若い世代の参入がなく、将来の自分史人口が危ぶまれるなか、かすがい市民文化財団は、展覧会やコンサートと並ぶ一文化として、支援に努め、無料相談や講座などを行っている。

歴史学、文学史的に、そして、芸術分野からも、通俗文芸として軽視されてきた自分史だが、こうした庶民の創作・記録の衝動を無視して地方の文化を語ることは出来ない。この土地で親しまれ根付いた自分史には、比較的識字率が高い穏やかな農村の土地柄と合い通じ合うものがあるはずであり、歴史を掘り起こしつつ、新たな創作者や座を育成していくことが望まれる。

3.4 ビジネスマンの知的趣味から高齢者ケアまで

老人福祉施設を訪ね、高齢者の人生を聴き書きする「聴き取り自分史」では、こだわって「聴く」の漢字を使っている。その方が最も輝いていた時代に焦点をあてて聴く。信頼関係ができてきた頃に、その方が悩み、傷ついたところに焦点が合ってくる。語っているうちに、その経験が再評価されてくる。

多くの女性は生活経験が豊かだが、多くの男性会社員にとって、組織は心の支えどころ、価値経験の全てである。それがある日、その世界に属せなくなる。自動車産業や家電産業などが日本経済を支えた時代を見て、そして産業構造が

様変わりしていく時代まで全てを見ている世代が、年金運用や健康管理など以外の話題で、そして「新しい趣味に取り組む」のではなく、それまでの経験を活かすには、自分史が"もってこい"と考えられないだろうか。働いている世代と退職した世代が触れ合う機会が、今の社会構造にほとんどない。が、経験や知恵の継承は社会に必要である。要は、人間と人間が触れ合う機会が必要なのである。

　自分史を書いた人の声で代表的なものは、

　　「『自ら書く』ということが、こんなにも自分の輪郭をはっきりっせていくものなのか、経験を分かち合うこと、記録を残すことが、そのときは大した成果を上げてないように感じされても、後々、静かに、しかし、良質な肥料のようにどんなに効いてくるものか、ということが良く分かった」。

大震災を経験した今のようなときこそ、書くこと、感動すること、共感すること、そして、光を見つけることが大切なのではなかろうか。

　ふるさと―それは単に、伝統的生活様式や郷土料理、山や田畑の景色にあふれた土地だけではあるまい。地域資源とその活用のヒントは、そこで暮らした人の心に眠っている。それをまず掘り起こして観ること。それはすぐには観光資源とはならず、経済効果は生まないが、これからの地域に与えるものは決して小さくはないはずである。地元学の賢者、結城登美雄（2009）が、その著書の副題で銘じたように、地元学は、「この土地を生きた人びとの声に耳を傾ける」ことから出発するのであろう。

3.5　現代における物語（ナラティブ）の欠如をカバーする自分史

　　「ほとんどの人は芸術なんてまったく自分の人生とは関係ないと思って生きています。自分には高い使命を持つ価値がないと思っている人もいます」

と語るロイス・サンリッチ [1] は、創造的に生きるために意志と勇気をもつことで、他人にも関心をもち、道を拓いてあげることができると述べている。さらに、こうも語っている。

　　「かつて、私たち人間は、夜、輪になって火を囲んでいました。お互いに人生を語っていたのです。しかし、現代はそういう伝統から切り離されてしまいました。（中略）私たちは物語はテレビから流れてくると思ってい

ます。テレビに出られる人だけが、ストーリーを語れると思ってしまっている。現代の普通の人々は物語の飢餓状態にあると思います。自分たちの物語を語り、他人の物語を聞く、そのことでお互いに理解しあう、そういうことに飢えています」

民俗学者の宮本常一は、村で何か問題がおきると、集まって話し合いをし、長は話を誘導し、ただ聞いているだけであるが、二三日続けて話し合いを続け、なんとなく皆の胸にストンと落ちるような決着がつくと記した（宮本1960）。南アフリカでは、ちょうど同じように寄り合いは行われ、話が尽きる頃に、話し合いの内容を記録する即興詩人が呼ばれ、話し合いの内容を詩にして記録し、その詩は伝承されるという。

宮本が旅した農村とアフリカと、まったく異質な世界のような周縁都市でも、広い意味での「人生の問題」のようなものが、自分史を通して語られているのではないだろうか。

他県での試みとして、たとえば、文化的イメージの高い東京の東急沿線では、歴史を体感する「カルチャーウォーク」や、子育て支援施設を展開しているが、そのひとつとして、「街から生まれたストーリー」を、年代・地図・写真・ツイッターとリンクさせたり、各界で活躍している人物に、「街と文化の関係」について連載エッセーを依頼したりしている。

たとえば、作家の平野啓一郎は、「人間は、人生のある時期に、ある場所に住んで、誰かと関わりを持っていたという経験の組成によって、個性を形作られている」と記している[2]。長くなるが引用したい。

　「都市とは、そんな多種多様な人間が、集まり寄っている場所である。
　長く住み続けている者もあれば、どこからか移り住んでくる者、どこかに去ってゆく者がある。
　滞留するものと、流れ去ってゆくものとの間には、常に攪拌が起きている。それは、街だけでなく、個人の内部に於いても同様である。
　文化は、その混沌の最中でこそ、生成されている[3]。」

数千冊ある自分史と接し、また、その著者や、著者同士の交流、そして、研究者や学生の真摯な感動と接してきて、筆者は、個人の所産である自分史が、それは、積み重ねられる地層のように重層的な物語にもなり、『日本自分史セ

ンター』という場があることによって、そして、作者同士が高めあうサークルという繋がりがあって、顕在化する。それは、ニュータウンという文化的空白地と思われがちな土地に紡がれた物語でもある。

没個性化された都市のなかで、時の経過とともに消え去る断片的な経験や営みが、記録として存在すること、それは、周縁都市のなかで、漂っていた物語同士が、表現され読まれることで繋がり、土地に結ばれることとなる。

自分史の編纂は、人生経験を編集すること、すなわち、整理し、意味づけ、クローズアップし、人に示すことである。いろいろな人との共同作業になるわけで、これが実に楽しいらしい。

人生をかけて積み上げた知識・教養が、社会的に再評価される可能性があるし、商品としての本づくりもワクワクする。夢をもって流通や広告までやりたいと考える人は、出版業界について知るだろうし、読者からの感想は、様々な角度から、自分が考えもしないよう解釈を示し、刺激を与えてくれる。

4 ニュータウンの地元学は可能か

4.1 地域資源の活用とネットワーク

地元学には、地域資源の活用が必要である。地域資源とは、環境・人・文化など、その土地にしかないソフトである。MAPづくりのなかで、市民から推薦のあったパン屋に掲載許可を取りに伺ったところ、偶然にも、地元ロータリークラブの会長が営む店であった。これが縁となり、ロータリークラブで財団の取組みが紹介されたり、ロータリークラブが、地域との連携を掲げた活動を紹介することとなった。また、財団がメキシコ在住のアーティストを招聘した際、商工会が取り組んでいる「実生サボテン生産日本一のまち」の各種商品をみて興味を持ち、メキシコ大使館に繋いでくれるなど、人との出会いが新たなチャンスを生んでいる。

組織を動かし、市民の共感を得て、行政など諸機関の理解をとりつけ、地元のネットワークを丁寧に築き上げるという地味な日々の挑戦である。

文化施設という場と機能をもって、きらりと光る人材や技術を発信していく。そして、相互のネットワークをつかって、それぞれの活動を広げていく。これ

が、周縁都市にふさわしい一種の地域観光政策なのではないだろうか。

4.2　組織・市民の変化の兆し

　最初に述べたように、「名前は聞いたことあるが行ったことはない」「特にイメージはない」といわれる春日井だが、最近聞かれる嬉しいコメントは、「文化が盛んというイメージがある」というものだ。

　今後は、一流のアーティストの感性を地域に入れていき、また、それらのオピニオンリーダーたちに春日井を知って発信してもらう。地域のサークルや学校と協働する体制を整えていく。地域の人の創造環境の循環を支援する。これらが、地域に根差した理想的な周縁都市の地元学のあり方であろう。

　梅棹忠夫から池上惇に継承されている哲学を今一度、確認しておきたい。すなわち、大規模な文化施設よりも、小規模に分散するものが、各地の固有の文化に根差して発展すること、都市や地域の経済に貢献するのが文化施設である。都市の本質は、社会の理想像を文化的なかたちをとって発信する空間であること、文化施設は、その地に固有の文化情報を発信し都市発展の基盤となり、情報産業を興すことで創造的な文化的価値を生むのである。

　人のネットワークは、個々ではなしえなかった新たな展開を生みだす。話題性のあるイベントは、注目と瞬発力を導く。共感は、草の根型の創造環境や自己表現を活性化する。これらの三要素に加え、行政、企業や地域構成団体や市民と連携が、地域型の文化発信では必要である。

　「地域の経営」とは、地域で暮らし活動する様々な人が、価値観の違いを踏まえながらも合意形成を図りつつ、地域の課題とビジョンを共有し、地域づくりを実践していくことである。多くの人が昔からそこに住み、同業を営んでいる地域に比べ、周縁都市では、さらに価値観が多様で合意形成を行う機会が僅かである。しかし、市民の行政依存体質、行政の縦割り意識や構想能力不足などが現実の壁となっている。今後、こうした問題点を解決するためにも、地域の課題を外部に委ねるのではなく、地域に暮らす当事者として自分たちの足元を見つめなおし、地域の固有価値を評価していこうとする、自律した「市民意識」の醸成が必要である。

4.3 自分史活動の示唆

　以上の考察もそうであるが、これまで文化施設で自分史講座の企画、運営に携わってきた筆者は、実践事例をもとにその意義を周縁都市（新興都市）に適した文化による地域づくりの観点から考えてきた。そのことは拙著（鳥羽 2007、鳥羽 2008）に詳しく論じているので、以下では地元学の観点を念頭に置きつつ、その要点について略述することで本章のまとめに代えることにしたい。

　自分史サークルメンバーからは、和気あいあいとした雰囲気のなかにも、真剣さが伝わってくる。毎月、参加者は文章を書いてきて、各々が朗読する。内容は、旅行記から倒産の顛末など様々。それを講師に限らず、みんなで講評する。句読点を打つ位置についての質問など表記に関するものだけでなく、内容についての質疑もある。みなが口にするのは、"過去"を振り返ることによって"現在と将来の自分"が見えてくるという趣旨の発言だ。

　NHKのドラマや一代記が息長く好まれているように、「人生」ファンというのも潜在する。人の一生の山も谷も、等身大の記述で味わう魅力。目の前の人物に、大きな時が流れる魅力がある。都会の「洗練」と、地域の「泥くささ」がリンクし、新たな地域の情報が広がる可能性がある。

　すなわち、文化施設の持つ人脈・情報力・場の魅力が、人と人、地域と人を繋げ、面となって、新たな展開を生みだしていくこと。人間関係を濃くしていくことだ。これからは、図書館や各地の文化施設を連動した情報発信のあり方を検討していきたい。

　観光地が、なにがしかの人間的な魅力をもつ地域であることは確かであろう。それを発見したり、引き出したりするには、地域の内発的なキーパーソンや外部からの視点が大きい。しばしば地元学では前者を土の人、後者（の視点を備えた者）を風の人と呼んでいる。両者の幸せな出会いが、良質の「風土」を紡ぐことになるわけである。観光地があるだけが能ではない。開かれた空気を導入して、土着的な魅力を良しとする環境づくりが必要である。

　これまで活発に取り組まれてきた区画整理は、快適な暮らしを実現し、地価も上昇させた。今後は、土地の魅力をアップするためにできることが他にもあるように感じる。そのひとつがソフトの文化事業であることはいうまでもない。

筆者自身は、高蔵寺ニュータウンという春日井のもっとも変化の激しい地域に生きていた人々の人生の物語をあつめることから、まちの物語を再発見していくことに少なからぬ手ごたえを感じている。

　間違いなく、地域における生活者の具体的な生活に寄り添い、暮らしに対する想像力をもって仕事をすることで専門家と生活者、行政と市民の応答的な関係、さらにそこから地域の幅広い主体のネットワークを構築していくことができる。そしてそのことが地域コミュニティの蘇生や文化施設の利活用（wise use）につながるのではないだろうか。

　内発的で自律的な文化創造が、観光の要諦である。文化資源を通した知的交流があってこそ、Uターンさらには J ターンや I ターンをも促進し、そのまちの「人財」を創出することになる。人口急増を経た春日井には、「伝統文化といえるものがない」「もともと林野だったから」と思われがちだった。しかし一方で、「書のまち春日井」にちなむ文化事業が次々と誕生しているのも事実である。そのひとつである自分史は著名な作家やプロの研究者ではなく、市民一人ひとりが主役だ。

　文化は東京や名古屋のような大都市部にあるのでも、莫大な投資を必要とする地域間競争戦略で賦活されるものでもない。市民自身が自らのまちの物語を学び、まちを魅力的に紡いでいくことがまずもって求められている。その際、地域の文化施設に問われているのは、どう市民の力を引き出すのかということであり、もっといえば自律した市民が本当にまちの物語を共有し、地域内外に発信していけるかどうかなのである。

注
(1)「女性のためのジャーナルライティング」を主催。日本でもワークショップを行う。「Fili」1996.9.10「クリエイティブ・ライティングワークショップ体験記」
(2) 平野啓一郎「街から生まれた 4 つのストーリー　結びあい、互いに際立つ」、2011 年 2 月 16 日　朝日新聞朝刊。
(3) 平野啓一郎、前掲。

参考文献
伊藤浩（1987）:『春日井の地名物語』
芳賀倫子（2010）:「『自分史』を文化事業の柱にしている街」アリーナ、第 9 号

中部大学
宮本常一（1960）:『忘れられた日本人』〔再録（1971）:『宮本常一著作集第10巻』未來社、（1984）:『忘れられた日本人』（岩波文庫）岩波書店〕
結城登美雄（2009）:『地元学からの出発　この土地を生きた人びとの声に耳を傾ける（シリーズ　地域の再生1）』農山漁村文化協会
鳥羽都子（2007）:「地域に学ぶことは生涯現役」井口貢編著『まちづくりと共感、協育としての観光』水曜社
鳥羽都子（2008）:「市民文化の創造環境を目指して」井口貢編著『入門　文化政策』ミネルヴァ書房

片山明久

第7章 遷都周年事業を巡る平城・平安比較論

1 なぜ遷都周年事業は行われるのか

1.1 過去の遷都周年事業

　2010（平成22）年は710（和銅3）年に藤原京から平城京に都が移されて1300年目の年にあたる。この年奈良では「平城遷都1300年記念事業」として様々な行事と取組みが展開された。この「遷都」という言葉の意味は、通常「宮処」を他の地に移すことと理解される。天皇の住まいの引越しである。したがって飛鳥時代以降遷都の対象となったのは、表7-1の14回10都市ということになる。

　このうち、過去に行われた遷都事業（祭）は、平安京では1895（明治28）年の1100年事業と1994（平成6）年の1200年事業、平城京では1910（明治43）年の1200年祭と1960（昭和35）年の1250年祭が数えられる。飛鳥宮、大津宮、藤原京、恭仁京、難波京、長岡京では、都の置かれた期間も短

表7-1　歴史上の遷都地一覧（飛鳥時代以降）

	遷都地	遷都年	現在の地名		遷都地	遷都年	現在の地名
1	飛鳥の宮々	592	奈良県橿原市、明日香村	8	恭仁京	740	京都府木津川市加茂町
2	難波長柄豊碕宮	645	大阪市中央区	9	難波京	744	大阪市中央区
3	飛鳥の宮々	653	奈良県橿原市、明日香村	10	紫香楽京	745	滋賀県甲賀郡信楽町
4	近江大津京	667	滋賀県大津市	11	平城京	745	奈良市
5	飛鳥浄御原宮	672	奈良県明日香村	12	長岡京	787	京都府向日市、長岡京市
6	藤原京	694	奈良県橿原市	13	平安京	794	京都市
7	平城京	710	奈良市	14	東京奠都	1869	東京都

※上記1,3,5の遷都地飛鳥においては、域内で宮処が複数回移転した。
（出典：筆者作成）

かく、過去に大きな遷都周年事業は行われなかったようである。

また東京の場合は、1919年に「奠都50周年」として「東宮殿下成年式」が行われたが、遷都からの経過年数が他の遷都地と比べて大きく違い、その地における歴史を遷都事業に重ね合わせる性質のものではない。したがって東京奠都については、平城・平安の遷都事業とは異なった性質のものと理解するべきだろう。

1.2 理念・構想から見た遷都事業の意義

それでは、なぜ遷都周年事業は行われるのだろうか。ここで、平城遷都1300年記念事業（以下、平城事業と呼ぶ）、平安建都1200年記念事業（以下、平安事業と呼ぶ）の理念を見てみよう（表7-2）。平城事業では、まず過去に対する「祝いと感謝」という理念が存在し、同時に"日本のはじまり奈良"を素材に過去から未来に対して日本を「考える」とされている。素材としての"日本のはじまり奈良"、すなわち「日本の歴史としての奈良の歴史」について今一度見つめなおし、そこで再確認できた奈良の（そして日本の）資産・資質を基に未来の日本を考えてゆこう、という意味に理解できる。奈良の持つダイナミズムを再評価し、それを基に日本を展望しようというビジョンである。

一方、平安事業の理念は「伝統と創生」である。そして「この1200年記念

表7-2　平城遷都1300年・平安建都1200年の事業理念比較

	平城遷都１３００年事業	平安建都１２００年事業
事業理念	平城遷都1300年を機に、日本の歴史・文化が連綿と続いたことを"祝い・感謝する"とともに、"日本のはじまり奈良"を素材に、過去・現在・未来の日本を"考える"。	「伝統と創生」
基本構想 実施計画	1. 平城遷都１３００年祭 ①平城宮跡事業（第1次大極殿の復元など） ②県内各地事業（「奈良歴史探訪回廊」など） ③関連広域事業（コンベンションの開催など） ④事前展開事業（キャラクターの設定など） 2. 弥勒プロジェクト ①東アジア未来会議奈良2010 ②「知」の事業　※	1. 都市基盤整備事業（5つのテーマ） ①新しいまちづくり（関西学術研究都市の建設など） ②交通・情報通信網の整備（地下鉄の延伸など） ③産業の振興（京都リサーチパークの建設など） ④生活環境と地域社会の整備（川づくりの整備など） ⑤文化の継承・発展（京都迎賓館の建設など） 2. 祝祭・京都創生１２００年 ①式典　②歴史・伝統イベント ③文化振興と創生イベント ④国際(全国)会議　⑤全国(世界)大会 ⑥新町衆の祭り"

※弥勒プロジェクトとして"「知」の事業"という分類は無いが、理解のために筆者がカテゴライズした
（出典：両協会資料を基に筆者作成）

事業は、誕生の周期を祝う単なる祭り事に流れるものであってはならない」とされ、「現代京都の危機的状況」からの「創生的再生を図る」ものと位置づけられている（財団法人平安建都1200年記念協会 1996：3頁）。

　このように平城・平安事業の各々の理念は大きく異なるものであるが、基本構想・実施計画まであわせ見ると、そこには通底するものが読み取れる。ひとつには、遷都事業には「祝祭」としての意義があるということである。前述のように、平城事業においてはこの点が理念として明確に記載されており、遣唐使船の復元や天平行列の再現など、古を知りそれを尊ぶ姿勢が示されている。平安事業においても、「単なる祭り事に流され」ないように工夫されながら、京都の町全体をパビリオンとみなす「祝祭・京都創生1200年」が1年間行われ、祝祭としての様々な行事が行われたのである。

　もうひとつ読み取れるものは、遷都周年を契機として、都市基盤、産業、観光、文化等の面で都市の発展を図ることを遷都事業の意義としていることである。平安事業ではこの点は、「都市基盤整備事業（5つのテーマ）」に見えるように特にハードの面で強調されており、都市基盤や産業振興、関西学術研究都市や文化施設の建設といった大型事業がこれを機に一気に推進された。さらに遡れば、平安建都1100年（通称「奠都千百年祭」）の中心的事業は平安神宮の建設であり、また同時に開催された「第4回内国勧業博覧会」では、近代的都市基盤（市街電車など）の新設に大きな注目が集まるなど、過去においてもハード面での都市の発展が、遷都周年事業に込められた大きな意義のひとつになっていたのである。

　一方、平城事業においては、都市の発展そのものに対する認識が大きく異なっている。そこではハード面の整備をことさらに追い求めるのではなく、グローバル化が急加速し直面する課題が複雑化する時代のなかで、広い領域でのいわば"知的基盤の再構築"をより大きな意義としている。この思いが事業理念における「考える」という文言の根底に込められている。平城事業と平安事業の根本的な性格の差異は、まさにこの点にあると考えられる。

　それではこれらの意義の差異は、事業にどのような違いをもたらしているのだろうか。本章では、平城事業の事業内容を中心に、平安事業との比較を行うことで、この点について論じてゆくことにする。

2 平城遷都1300年記念事業の概要

2.1 平城遷都1300年記念事業の成り立ち

　平城事業は1994（平成6）年の「奈良県新総合計画」において初めて公的な資料に登場した（中島2008:98頁）。計画当初は、県政の長期戦略プロジェクトとしてインフラ整備等が強く意識されていたが、その後行政・地元経財界・有識者・意見公募等による検討により、事業の中心を平城宮跡をメイン会場とした記念イベントとする計画が進められていった[1]。しかしながら2007（平成19）年に新しく荒井知事が就任したことから平城宮跡の国営公園化が実現することとなり、これを受けて記念イベント自体の見直しが図られることになった。それは記念イベントを、「観光振興のトリガーとするこれまでの考え方から、観光アトラクションそのものとして、旧来のハード・ソフト資源とともに観光戦略のなかに取り込むことに転換」（同上：101頁）する考え方であった。そのために記念イベントは「一回性の魅力による大量の集客、その集客による直接的な経済メリット、そしてイベント自体の採算性よりも、将来の観光発展への投資効果が優先」され、「いかに奈良の（あるいは関連する地域の）隠れた歴史・文化資源を「展示」して発信できるか」（同上：101頁）に重点が置かれることになった。このようにして、当初予定されていた第1次大極殿から連なるパビリオン建設の計画は見直され、「博覧会型イベント」から「季節リレー型フェア」への転換がなされた。加えてこの動きのなかで、後述する「弥勒プロジェクト」が立ち上がってきたのである。

2.2 「平城遷都1300年祭」の概要

　それでは事業内容を見てゆこう。平城事業には、大きくは「平城遷都1300年祭」と「弥勒プロジェクト」の2つの取組みがあり、「平城遷都1300年祭」は「平城宮跡事業」「県内各地事業」「関連広域事業」「事前展開事業」の4つの事業から、「弥勒プロジェクト」は「東アジア未来会議奈良2010」と「知」のシンクネット、シナリオ、アーカイブ事業といういわば"「知」の事業[2]"と呼べる事業の2つから、各々構成されている（表7.3）。

第7章 遷都周年事業を巡る平城・平安比較論(片山明久)

表7-3 平城遷都1300年の事業概要

項目	内容	
会期	2010年1月1日～12月31日 （平城宮跡では、4月24日～11月7日）	
会場	平城宮跡（主会場） 奈良県下、関西の各地	
事業規模	◇参集規模 1200万人～1300万人（平城宮跡会場 約250万人） ◇全体事業費 約100億円	
事業構成	**平城遷都1300年祭**	**弥勒プロジェクト**
	【平城宮跡事業】 ◇大極殿完成式典 ◇通季イベント（春～秋） 　＊平城宮歴史館　＊遣唐使船復原展示 　＊平城宮なりきり体験　＊あおによしパレード 　＊平城宮跡探訪ツアー　など ◇花と緑のフェア（春季） 　「春風讃華」「花夢絵巻」 　＊平城遷都祭2010（天平行列等）など ◇光と灯りのフェア（夏季） ◇平城遷都1300年記念祝典 ◇平城京フェア（秋季）	【東アジア未来会議奈良二〇一〇】 ◇第1回東アジア地方政府会合 ◇APEC観光大臣会合 ◇第12回世界歴史都市会議 ◇第3回日中韓文化大臣フォーラム ◇日本と東アジアの未来を考える委員会 　NARASIAグランドフォーラム ◇東アジア比較文化国際会議2010年 　日本大会 ◇世界宗教者平和会議（WCRP）40周年 　記念事業／世界宗教者まほろば大会 ◇第5回日中韓賢人会議 ◇平城遷都1300年記念経済フォーラム ◇日メコン古都シンポジウム ◇ERIAリージョナルネットワーク 　　　　　　　　　　　　　　フォーラム ◇日中韓電子フォーラム ◇日越文化交流フォーラム ◇日中友好フォーラム ◇日中韓子ども童話交流2010 ◇日中韓文化交流フォーラム ◇アジア特許庁シンポジウム
	【県内各地事業】 ～奈良歴史探訪回廊～ ◇オープニングイベント ◇現地秘宝・秘仏特別公開、特別講話 　「大和路秘宝・秘仏特別開帳」 　＊キトラ古墳壁画特別公開　など ◇"巡る奈良"旅行商品化の促進 　「国宝巡礼奈良まほろば手帳」など ◇特別展覧会 　＊平成万葉千人一首・完成記念イベント 　＊大遣唐使展　など ◇地域イベント 　＊「美しき飛鳥の祝祭」 　＊第1回なら国際映画祭　など多数 ◇第27回全国都市緑化フェア ◇奈良を巡る多彩なウオーキングイベント ◇奈良マラソン2010 ◇県民活動支援・後援事業 　全133事業が資金助成または後援認定	【「知」の事業 ※2】 ■「知」のシンクネット事業 ◇日本と東アジアの未来を考える委員会 ◇構想・論文・アイデアの集積 ◇公開フォーラム ◇ビジネスセミナー ■「知」のシナリオ事業 ◇ウエブポータル 　「日本未来編集ネットワークMIROKU」 ◇平城遷都1300年記念出版 　『NARASIA』（ならじあ）全3巻 ◇平城京レポートの策定 ◇平城京宣言の発表 ■「知」のアーカイブ事業 ◇NARASYS構築事業
	【関連広域事業】 ◇各種コンベンション・フォーラム 　＊日本ペンクラブ「平和の日」の集い 　＊日本ユネスコ運動全国大会in奈良　など ◇関西及び全国各地との連携イベント 　＊全国ゆかりの地とのネットワーク事業 ◇海外との連携イベント 　＊上海国際博覧会「21世紀の遣唐使 　　奈良Week in 上海」への出展 　＊「2010世界大百済展」への出展	
総イベント数	約1,500件	
キャラクター	せんとくん	
資料出所	「平城遷都1300年祭実施計画」「NARASIA 1、2」「日本未来編集ネットワークMIROKU（WEB）」	

※1 平城遷都1300年祭の事業構成は、計画では上記3事業に「事前展開事業」を加えたものになっているが、上表では
　　イベント年の事業内容を明確に示すため、両事業とも事前展開事業を割愛した。
※2 弥勒プロジェクトとして「知の事業」という分類は無いが、理解のために筆者がカテゴライズした。

（出典：筆者作成）

まず、「平城遷都1300年祭」の各事業から見てゆくことにしよう。

「平城宮跡事業」は、平城宮跡を舞台に2010（平成22）年4月20日から11月7日まで行われた。主な展示物としては、かつて天皇の即位式などに使われた「第1次大極殿」の復原、実物大に復原した遣唐使船と奈良時代の歴史や生活を紹介する「平城京歴史観／遣唐使船復原展示」、木簡作りや擬似発掘を体験できる「平城京なりきり体験館」などが置かれた。またイベントとしては、春季には花と緑の様々な展示"春風讃華"などの「花と緑のフェア」、夏季には燈花会や光の天平行列などの「光と灯りのフェア」が、秋季には「平城遷都1300年記念式典」を中心とした「平城京フェア」が行われた。会場への最終入場者数は363万人と当初予想の約1.5倍になった（奈良県文化観光局観光振興課「平城遷都1300年祭の開催効果等について―第2回中間まとめ―」奈良県ホームページ）。

次に「県内各地事業」を見てゆこう。この事業は大きく3つに分類できる。

ひとつ目には、奈良の文化財や歴史文化遺産を生かした行事の展開である。奈良県全域を四神が司る4エリア（東部：「青龍」、北部：「玄武」、西部：「白虎」、南部：「朱雀」）に分け、1月1日より各地で特別展や記念行事が同時展開された。また"巡る奈良"をキーワードに、奈良周遊のための「国宝巡礼奈良まほろば手帳」等も設定された。

2つ目には、奈良県各地の地域イベントとウオーキングイベント・記念マラソン並びに「第27回全国都市緑化フェア」である。地域イベントは、県内各地における歴史遺産、伝統行事、花、温泉、食材など地域の特性を活かしたものであり、地域の秘宝・秘仏の特別公開から「第1回なら国際映画祭」の新設まで、多様なイベントが展開された。ウオーキングイベントでは、歴史街道や歴史探訪を組み入れたコース設定となっており、また第1回ならマラソンも開催された。「第27回全国都市緑化フェア」では、約2ヶ月間に亘って県内の複数会場で庭園や花壇の展示が行われた。

3つ目には、県民活動支援・後援事業を挙げることができる。これは、記念事業協会が広く民間に呼びかけたもので、2008（平成20）年秋から3回の審査を経て133事業が資金援助や後援認定を受けることになった。後述するが、この採択事業には地元の資源や魅力を足元から考えた企画が多くあり、平城事

業のひとつの成果と言えるものであった。

　次に「関連広域事業」を見てゆこう。この事業は、ひとつには「日本ペンクラブ「平和の日」の集い」など多数のコンベンションやフォーラムの開催、もうひとつには内外の奈良ゆかりの地との連携イベントで構成された。連携イベントは、国内においては「全国ゆかりの地とのネットワーク事業」と題し、年間を通して様々なゆかりの地との交流事業が行われた。また上海万博への出展や韓国扶余での大百済展への出典など、海外との連携イベントも行われた。

　「事前展開事業」としては、「2009 ユネスコ東アジア子ども芸術祭イン奈良」の開催とキャラクター「せんとくん」が特徴として挙げられるだろう。「せんとくん」がその写実的なフォルム故に、県民のみならず広く賛否の議論の対象となったことは記憶に新しい。結果的にはこれは格好の話題づくりとなり、認知度が大きく増すことになった。

2.3　「弥勒プロジェクト」の概要

　それでは平城事業のもうひとつの大きな取組みである「弥勒プロジェクト」について見てゆくことにしよう。

　「弥勒プロジェクト」は、2008 年に荒井知事のもとで立ち上がったもので、遷都 1300 年を契機に、今一度平城遷都の頃からの歴史、歴史に凝縮された「知」の資産に目を向け、それを参考にしながら日本を考えてゆこう、それは歴史を持つ奈良からしか発信できない、という構想である。そしてここでは、「東アジアとのつながり」ということが重要視されている。

　平城遷都の頃の日本は、グローバル・スタンダードとしての東アジアから多くのものを受容していた。外交面でも白村江の戦いにおける大敗を経験したことにより「倭国」から「日本」への転換を志すようになり、常に東アジアの中の日本の位置づけを意識するようになった。ここで現代に目を移してみると、東アジアとの関係において、平城の頃との共通するものがあることに気づく。現代は経済のみならずあらゆる面でグローバル化しており、そのために EU に見られるように同一地域間の協力と結束の重要性が増している。しかしながら、東アジア諸国は元来文化や言語において多様であるため結束は容易ではなく、また近年の中国の存在感の高まりへの対処など注意を払うべき要素も多い。奈

良時代と同様に、アジアの中の日本の立ち位置を考えることが重要になってきているのである。また一方で東アジアの各国は、グローバリゼーションとアジア的多様性が複雑に交差する中で、環境問題、不況、高齢化、地域間格差など共通の問題を抱えており、ともに議論し解決の糸口を探す意義は大きい。これらの点から「弥勒プロジェクト」は、東アジア諸国との会議や交流を中心とした構成となっている。

　その主な取組みとしては、ひとつ目に「東アジア未来会議奈良2010」が挙げられる。これは2010（平成22）年に行われた東アジア諸国との様々な会議、フォーラムを総称した名称であり、開催件数は17を数えた。その中心となったのは「東アジア地方政府会合」である。この会合は、奈良とゆかりの深い日本、中国、韓国の地方政府を中心に、東アジアの地方政府のトップが参加したもので、「文化遺産の保存と観光の振興、次世代の交流拡大」をテーマに3日間の日程で行われた。

　もうひとつの取組みは"「知」の事業"である。この事業は3つのステップに分かれており、第1のステップとなる「知」のシンクネット事業は、先人たちの「知」の資産の検証と未来へのビジョンの構築を目的としており、「日本と東アジアの未来を考える委員会」を中心に、様々な角度からの研究活動が行われた。その成果をカタチにするのが、第2のステップとなる「知」のシナリオ事業である。この事業としてはウエブポータル「日本未来編集ネットワーク MIROKU」が生まれており、「弥勒プロジェクト」のマスタープランや様々な議論の成果が発表されている。また出版物としては、『NARASIA-日本と東アジアの潮流』『NARASIA-東アジア共同体？』の2冊が発刊されている。第3のステップとなる「知」のアーカイヴ事業は、これら「知」のシナリオ事業の成果を活かしたプラットフォーム「NARASYS」の開発を中心としており、さらにそれを利用して、「知」に基づいた今後の様々なコンテキストを編み出すことが射程に入れられている。これらは「NEXT100年」のため引き続き取組まれる事業であり、その意味で、"「知」の事業"は2010年の1年間で完結するのではなく、むしろ2010年をスタートラインとする事業であると言えるだろう。

3 平安建都1200年記念事業の概要

3.1 「奠都千百年祭」への意識

この節では、平安事業の概要について見てゆくことにしよう。

平安事業の基本理念・基本構想において感じられることは、計画段階から100年前に行われた「奠都千百年祭」が強く意識されていた、ということである。基本理念にも、「奠都千百年祭（本文では「平安遷都1100年紀年事業」）」は、東京奠都の後「あらゆる先進的な実験と空前の投資を行って都市基盤を整備し京都近代化の道を開いた」とされる京都市民の意志を全国的に宣言したものとして賞賛されている。しかしながら、現代の京都は「いたずらに現状に甘んじて新しく再生しようとする意思とエネルギーを滞留させ、進み行く方向さえ見失おうとしている」とされ、「わが京都の歴史的伝統」といえる「知恵とエネルギーの発現」こそが、「現代京都の危機克服」のために重要である、と述べられている（財団法人平安建都1200年記念協会 1996：3-4頁）。1994年当時の京都は、都心部の人口減少、高齢化の進展、大学や事業所の府外流出、地域コミュニティの弱体化、加えて入洛観光客の減少といった事態に直面しており、そのための対策として建都周年を契機とした「創生事業」（＝都市基盤整備）を実現したいという事情があった。したがって遷都周年事業は、都市整備を中心とした「5つのテーマと記念事業」と、このような「創生」事業が「伝統」と重なり合う"京都"そのものを様々にPRしようという「祝祭・京都創生1200年」との2つの事業によって構成されることとなったのである。

3.2 平安建都1200年記念事業の概要

それでは事業内容を概観してゆこう。「5つのテーマと記念事業」は、「新しいまちづくり」「交通・情報通信網の整備」「産業の振興」「生活環境と地域社会の整備」「文化の継承・発展」の5つから成っており、表7-4に見えるように26の事業が施行された。そのひとつひとつが京都にとっての大きなプロジェクトであり、そのほとんどが施設建設を伴うハードとしての都市基盤整備であった。推進事業件数として、当初計画の12事業から途中段階で14の事業

表7-4 平安建都1200年の事業概要

会期	1994年1月1日～12月31日			
会場	京都市、京都府下			
事業規模	◇観客動員数　約1200万人　◇総事業費　約200億円			
事業構成	5つのテーマと記念事業		祝祭・京都創生1200年	
事業構成	新しいまちづくり	◇関西文化学術研究都市の建設 ◇京都駅の改築 ◇岡崎公園の文化的再整備 ◇梅小路公園の建設 ◇二条駅周辺整備 ◇洛南新都市の建設	式典	◇オープニングイベント ◇記念祝典　◇記念式典 ◇クロージングイベント
事業構成	交通・情報通信網の整備	◇高速鉄道網の整備 　東西線(醍醐～二条)及び 　烏丸線(北山～国際会館)の建設 ◇京都高速道路の建設 ◇京都縦貫自動車道の建設 ◇京都縦貫幹線鉄道の高速化	歴史・伝統イベント	■特別展覧会 ◇大唐長安展　◇甦る平安京 ◇祇園祭大展　◇王朝の美　など ■特別公開等 ◇非公開寺院の拝観 ◇京都御所一般公開 ◇修学院離宮特別参観　など ■催事 ◇平安・大茶の湯　◇宮中雅楽 ◇京都五花街合同伝統芸能講演 ◇平安朝相撲節会 ◇京の職人衆フェスティバル　など
事業構成	産業の振興	◇京都リサーチパークの建設 ◇京都府総合見本市会館の建設 ◇京都経済センターの建設 ◇ACCDアジア国際デザイン 　　　　　　研究センターの誘致	文化振興と創生イベント	■総合芸術ほか ◇京都国際映画祭　◇芸術祭典・京 ◇京都国際デザイン祭　など ■コンサート ◇ニッポン音楽の水脈　◇1200人の第九コンサート ◇都はるみ大文字送り火コンサート ◇アジア・ミュージック・フェスティバル ◇記念オラトリオ「京都1200伝統と創生」など ■服飾展 ◇モードのジャポニズム　◇絢爛たる夜会服の世界 ◇ファッションカンタータ・フロム・キョウト　など
事業構成	生活環境と地域社会の整備	◇京の川づくりの整備 ◇世界人権問題研究センターの設立 ◇京都府民総合交流センターの建設 ◇伏見港港湾環境整備	国際会議	◇平安会議(世界賢人会議)　◇世界歴史都市会議 ◇伝統と創生グランドフォーラム ◇ITU全権委員会議　◇国際園芸学会議 ◇世界博物館・美術館京都会議 ◇ダイオキシン国際会議　など
事業構成	文化の継承・発展	◇京都迎賓館の建設 ◇京都コンサートホールの建設 ◇国際京都文化研究センターの創設 ◇京都府京都文化博物館の建設 ◇京都市国際交流会館の建設 ◇古都京都の文化財の世界文化遺産登録 ◇伝統行事・伝統芸能・ 　　　文化財の保護・育成の強化 ◇京都府警察平安騎馬隊の発隊	全国大会	◇世界アマチュア囲碁選手権京都大会 ◇全国産業教育フェア京都大会 ◇全国消防音楽隊マーチングフェスティバル ◇全国おかあさんコーラス大会　など
事業構成			新町衆の祭り	◇京都まつり　◇アニバーサリーフェア「祝市祝座」 ◇The Big Eve「SHUKUTEN1200」 　　～藤井フミヤ・スーパーライブ ◇全国都市緑化京都フェア　◇伏見開港400年祭 ◇京都国際ハーフマラソン　◇全国祇園祭山笠巡行 ◇国際交流小学校「大文字駅伝」
総イベント数	1,986件（京都以外での開催84件を含む）			
キャラクター	けんと君　と　はるかちゃん			
資料出所	「平安建都1200年記念事業史」、平安建都1200年記念協会ニュースNo1～37			

(出典：筆者作成)

第 7 章　遷都周年事業を巡る平城・平安比較論（片山明久）　　　119

が追加された事実からも推測できるように、府、市、経済界が揃ってこの機を逃さずに都市整備を進めたいという強い意向によって推進されたのであった。

　もうひとつの事業である「祝祭・京都創生 1200 年」は、「式典（セレモニー）」「歴史・伝統文化イベント」「文化振興と創生イベント」「国際（全国）会議」「全国（世界）大会」「新町衆の祭り」の 6 つから構成された。イベントとしてのメイン会場は設けず、京都のまち全体をテーマパークと捉えて、一年間のイベントリレー方式で実施された。このなかで特徴となるものは、「伝統とは革新の連続」という認識の下（同上：6 頁）、歴史や伝統の枠組みを超えた「新しい文化創造」としてのイベントが多数企画されたことである。たとえば、「市民が参加できる祭り」をキーワードに創設された「京都まつり」では、現代的に解釈された時代祭行列や、徳島の阿波踊り、青森のねぶた祭りなど全国のお祭りの参加、また在日本大韓民国民団と在日本朝鮮人総連合会が組織した「ワンコリアパレード」など多彩な団体が参加した。また、"The Big Eve「SHUKUTEN1200」"（メインイベントとしては"藤井フミヤ・スーパーライブ"）や"プラシド・ドミンゴ・オペラとミュージックの夕べ"など著名なミュージシャンのコンサートも、創生イベントのひとつとして行われた。

　京都への入洛観光客数としては、1994（平成 6）年は 39.667 千人（前年比 103.6%）となり、1990 年以降下降気味であった観光客数に歯止めをかけることとなった。この数値には 1993（平成 5）年より JR 東海の京都キャンペーンが開始されたことが大きく影響していると見られるが、その後の京都への入洛観光客の順調な増加や JR 東海の京都キャンペーンそのものが現在に至るまで消費者の支持を得ながら続いていることを合せて考えると、平安事業がその後の京都観光振興の大きな転換点となったと理解できるだろう。

4　地元学から見た平城事業と平安事業

4.1　地元学の視点

　第 2、第 3 節では両事業の概要を掴んできたが、本節では本書において視座としている地元学の視点から両事業の比較を論じてゆきたい。地元学はまず地域を深く知り、地域の資源と魅力を再確認するところから始まる。そしてその

資源と魅力をどのように育んでゆくのかを考える。地域を深く知るための第一歩は、地域の歴史を知ることである。その意味から、周年の節目に地域の歴史を再確認する遷都周年事業は、多分に地元学的要素の含むものであり、その視点から考察することで見えてくる実像や本質があるのではないだろうか。

　筆者が地元学の視点として据えたいのは、各々の遷都周年事業が、「いかに地域の資源や魅力を探し、再確認し、それを育む思考や行動につなげる意思を持っているか」という視点である。この視点から、両事業の特徴的なポイントを見てゆこう。

4.2「知のインフラ」と「都市インフラ」

　平城・平安事業の構成を今一度確認してみると、いずれも「祝祭事業＋コンセプト事業（基本理念から最も重要と思われる事業）」という構成になっていることが分かる。この「コンセプト事業」が、平城事業では「弥勒プロジェクト」であり、平安事業では「5つのテーマと記念事業」である。そこで、この両コンセプト事業を先に挙げた地元学の視点から考察してみることにする。

　「弥勒プロジェクト」は、前述したように、「遷都1300年を契機に、今一度平城遷都の頃からの歴史、歴史に凝縮された「知」の資産に目を向け、それを参考にしながら日本を考えてゆこう」という取組みである。そこには、奈良という地域の歴史から「知」という資産を探し、再認識してゆこうという意思が大きく示されており、極めて地元学的な取組みであると言うことができるだろう。そこで意識されたことは、「奈良の国際性」であり、「東アジアとのつながり」である。その具体的な事業としては、「東アジア未来会議奈良2010」における17の会議・フォーラムがそれに当たり、その中心的な会合は「東アジア地方政府会合」である。この地方政府間（L to L）という立場から各国各都市の諸問題をともに議論しようという試みは、従来の政府間（G to G）や企業間（B to B）では解決しにくい問題、また個人間（P to P）では解決に届かない問題に対する新たな枠組みとして注目されるものであり、地域の視点から世界を射程に入れた「地域のダイナミズム」を示すものであると言えよう。

　また他の取組みとしては、前述した『NARASIA―日本と東アジアの潮流』『NARASIA―東アジア共同体？』の発刊が挙げられる。そこでは「奈良の国際

性」と「東アジアとのつながり」を「平城京モデル」というキーワードに込め、様々な角度から検証するとともに、『NARASIA―東アジア共同体？』では38名の有識者が多様な方面からの研究を発表しており、さらに2011年3月には第3弾の発刊も予定されている。また、これらを活かしたプラットフォーム「NARASYS」の開発も進行しており、「知」の資産を今後につなげてゆこうという姿勢を示している。このようなことから、「弥勒プロジェクト」を一言に凝縮するならば、「知のインフラ」の構築を目指しているもの、と言うことができるだろう。

一方平安事業の「5つのテーマと記念事業」は、前述したように、そのほとんどが施設建設を伴うハードとしての都市基盤整備であった。この方針は分野を問わず一貫しており、たとえば「文化の継承・発展」というテーマにおける事業にも、「京都迎賓館の建設」「京都コンサートホールの建設」「京都府京都文化博物館の建設」などが第一義に挙げられるなど、まずハードが優先された。このように「5つのテーマと記念事業」は、明確に「都市インフラ」を目指すものであったと言えるだろう。

他方平安事業のなかには、祝祭事業のひとつとして「伝統と創生フォーラム」という「文化・芸術の面から京都の将来と役割を考える」ための事業もあり、京都を知的に掘り下げる試みとして行われた。同フォーラムは「もてなし」「ふるまい」「しつらい」を各回のテーマに3回開催され、さらに総括として「新しいMIYABIをデザインする」をテーマにグランドフォーラムを開き、42名の有識者からの活発な議論を得た。それは「京都の知の深層に流れる、芸術・文化の流層ををを採りあげ、そこから京都、いや日本を見据え、21世紀、1300年を展望しようとしたのが、われわれの意図」（河合隼雄・森谷尅久監修 1995：309頁）とされる内容であったが、フォーラムの開催を以ってその意義は終了することとなり、その後の「知的インフラ」構築としての展開に繋げられることは無かったと見られる。

4.3「地域の資源・魅力の再確認」と「地域のPR」

次に平城事業における県民支援事業について見てゆきたい。この事業は、前述のように記念事業協会が広く民間に呼びかけたもので、133事業が資金援

表 7-5　平城遷都 1300 年記念事業　県民活動支援事業採択事業　抜粋

	団体名	事業名	事業概要
1	元興寺文化財研究所	元興寺禅室の屋根裏探検	1300 年前の部材が使われている元興寺の禅室の屋根裏を初公開。専門家の解説や講演会なども行い、奈良の歴史の体感、文化財の大切さを認識する機会を得る。
2	高取土佐街並み天の川計画実行委員会	高取土佐街並み天の川計画	街に花を咲かせ、また「町家の雛めぐり」「土佐町並み風鈴めぐり」など、四季折々のイベントを開催。住民こぞって来場者にもてなしを行い、街並みの景観保全や高齢者の生きがい作り、ひとづくりにも結びつける。
3	国際交流ならふれあいの会（Nafu!）	Nafu!国際交流事業（平城遷都1300年祭）奈良2010	国際交流サマーキャンプ in 曽爾（アジア各国の若者と日本の青少年が集い、交流を行う）。フィエスタ・メヒカナ2010（来日メキシコ団の民俗文化＋日本の伝統芸能を披露）。スリランカチャリティーコンサート（井戸プロジェクト）などを実施。
4	（財）たんぽぽの家	インドネシア障害者芸術団公演	インドネシアから「インドネシア障害者芸術団」を招き、宇陀市、斑鳩町で公演を行い、芸術文化を通した国際交流を図る。

（資料：平城遷都 1300 年祭ホームページより抜粋）

助や後援認定を受けることになったものである。事業主催者はそのほとんどが任意団体またはNPOであり、ひとつひとつの事業の規模は小さいが、地域の魅力や組織の取組みを足元から見つめ直し、それを進化させようとした企画が数多く見られる。事例としては、表 7-5 に見える「元興寺禅室の屋根裏探検」や「高取土佐街ない天の川計画」などが挙げられる。これらは自らの資源の再評価からスタートする地元学的なアプローチの実践例と言えるだろう。またそのうちのいくつかの事業は、自己の取組みを国際交流にも発展させている。表 7-5 の「Nafu!　国際交流事業奈良 2010」や「インドネシア障害者芸術団公演」に、それを見ることができる。これらは奈良の歴史が持つ「国際性」という「知」の資産を基に、自己の取組みをアジアとの交流へ広げてゆく試みであり、平城事業の理念が民間にも共有された事例と理解することができるだろう。

一方、平安事業では、記念協会の主催イベント 73 件を含む 1986 件が実施され、うち 442 件が「協賛イベント」として行われた。その内訳を見ると（表7.6）、京都での定期開催イベント、または全国で定期開催されるイベントを京都に誘致したものが 110 件であった。次に単発の演奏会や展示会等は 200 件を数えたが、これらは開催が周年と同じであったことから「協賛イベント」の冠を戴いたと思われるものが多く、単発のスポーツ大会や伝統芸術においても

表7-6　平安遷都1200年記念事業　協賛イベントの内訳一覧

	企画の性格	件数		主催者	件数
1	毎年開催の誘致（京都または全国で）	110	A	行政・外郭団体	104
2	単発の演奏会、展示会、会議、催事等	200	B	マスコミ・寺社	26
3	単発のスポーツ大会	18	C	会館施設、観光施設	45
4	単発の伝統芸術、芸能、行事	55	D	会社、同業種組合	98
5	商業施設の販促企画	46	E	協会、社団法人	90
6	地元文化を題材にした新企画	8	F	任意団体	19
7	地元の魅力探し、発展のためのイベント	5	G	芸術・芸能団体	60
合計		442	合計		442

（出典：「平安建都1200年記念事業史」を元に筆者作成）

多くは同様の性格であったと見られる。また事業の主催者を見ても、自ら地域や取組みの魅力を考えてゆく主体となる任意団体や協会の割合が低く、行政・外郭団体と会社・同業種組合などの企業系が大きく力を持っていたことが窺える。

これらのことから、平安事業における「協賛イベント」は、平安事業並びに京都そのものの告知とPRの役割は持ったが、その多くは平安事業の理念を自分の立場から理解し展開する性格のものではなかった、と理解できるだろう。

4.4　平城・平安事業の本質的な立脚点

最後に、平城・平安事業の本質的な立脚点についてふれてみたい。

奈良県民に「最も奈良らしい場所は？」と問いかけたときに、近鉄大和西大寺駅から新大宮駅の間の何も無い風景、と答えることがある。奈良町高畑を舞台にした映画「夕暮れ[3]」でも、冒頭のシーンにこの車窓からの風景が効果的に使われていた。もちろんそこは平城宮跡であるが、人は朱雀門や大極殿を見ているのではない。そこに何も無く広がる草原に、奈良を感じているのである。ここで改めて表7-1を見てみると、奈良時代には85年の間に5回の遷都が行われている。この時代は建築資材となる木材自体が貴重なものであったため、遷都の際は元の建物を解体して次の宮城の建物の資材とするのが通例であった。したがって遷都された元の宮城には多くの建物が無くなってしまった。

栄華のあとには、常に寂寞が残った。

　平城事業は、このように「無い」ところから始まっていると言えるのではないだろうか。「無い」が故に、そこにあったものについて「考え」なければいけない。有形、無形のものの価値について「考え」なければいけない。ここに平城事業の本質があるのではないだろうか。またあえて整理をすれば、この有形のものの価値について考え、それを発展させていったものが「平城遷都1300年祭」であり、無形のものの価値について考え、それを発展させていったものが「弥勒プロジェクト」である、と言うことができるかもしれない。人が「考える」ということは、「意見を持つ」ということである。意見を持てば、「交流」したくなる。そして「交流」によって考えが深まり、また新しい意見が持てるようになる。「平城遷都1300年祭」においても、「弥勒プロジェクト」においても、平城事業全般が主に"交流する行事"や"考える事業"で構成されているのは、その意味からも自然なことと思われる。

　一方平安京は、明治の東京奠都まで千年以上の間日本の都であり続けた。その宮処は、10世紀半ばに火災による大内裏から里内裏（現在の御所）への移転はあったが、宮城の装備としつらいは保たれ続けた。

　平安事業は、このように「有る」ことから始まっていると考えられるのではないか。「有る」ということは、ともに居る自身にとってはその価値は自明であり、その価値を認知していない他者にどう「見せて」理解してもらうか、という点に関心が行くのが自然である。平安事業が、一方では祝典と京都そのもののPRにその意義を求めたのは、その意味では自然なことであったと思われる。さらに付け加えるならば、「見せる」意識は「見せない」意識と対の概念であり、それは「内と外」「ハレとケ」「表と裏」といった通常京都人の資質として感じられるものと合致しているように感じる。また「有る」ことに立脚した価値観は、多くの場合、次の「有る」こと（またはモノ）を希求する。平安事業がもう一方で、新しい様々なカタチの建造物を求めたことも、また自然なことであったのかもしれない。

　以上、本章では平城・平安事業を、主に地元学の視点から比較し論じてきた。言うまでも無く、2つの事業を比較し論じることは、その優劣を表すことでは

決して無い。また2つの事業の間には16年の開きがあり、時の経済情勢の違いや公共サービスの官から民への移行など、環境が大きく異なっている。事業の性格が異なるのは、むしろ自然なことであると考える。

先に述べたように、平城事業の事業展開としては弥勒プロジェクトにおける「NARAISA3」や「NARASYS」の展開など、これから進展してゆくものも存在する。京都では2005年に新たに「京都創生推進フォーラム」が立ち上がり、景観・文化・観光の3分野についての新しい取組みが推進されている。古都の観光と地元学を研究する学徒として、これからも引き続き両都市の事業の展開を見守ってゆきたいと思う。

> 本章の取材にあたり、(社) 平城遷都1300年記念事業協会の宇堂清治参事と奈良県平城遷都1300年記念事業推進局の中島敬介課長には、資料のご提供をはじめ大変ご協力をいただきました。この場をお借りして御礼申し上げます。

注
(1) 1998年に「古都奈良の文化財」が世界遺産登録されたことや、文化庁により平城宮跡の朱雀門、東院庭園が復元されたことも、事業の中心を平城宮跡をメイン会場とした記念イベントとする計画の追い風となった。
(2) 弥勒プロジェクトとして「知の事業」という分類は無いが、理解のために筆者がカテゴライズした。
(3) 「夕暮れ」(2010) 制作：チーズfilm、監督：戸田彬弘　この映画の製作そのものが、県民支援事業に採択された事業であった。

参考文献
社団法人平城遷都1300年記念事業協会 (2009):『平城遷都1300年祭―実施計画』
日本と東アジアの未来を考える委員会監修 (2009):『NARASIA―日本と東アジアの潮流』丸善株式会社
日本と東アジアの未来を考える委員会監修 (2010):『NARASIA2―東アジア共同体？』丸善株式会社
中島敬介 (2008):「地域経営の視点から見た「平城遷都1300年祭」」『都市問題研究　第60巻11号』都市問題研究会
社団法人平城遷都1300年記念事業協会 (2009-10):『平城遷都1300年祭―公式ガイドブック1～3』
大角修 (2009):『平城京 全史解読』学研新書
財団法人平安建都1200年記念協会 (1996):『平安建都1200年記念事業史』
財団法人平安建都1200年記念協会(1985-95):『平安建都1200年記念協会NEWS「伝

統と創生」No.1 〜 37』
財団法人平安建都 1200 年記念協会（1993）:『京都 1200　公式ガイドブック』
井上陽次（1994）:「伝統と創生―平安建都 1200 年記念事業―」『都市問題研究　第 46 巻 6 号』都市問題研究会
河合隼雄・森谷尅久監修（1995）:『伝統と創生フォーラム集成』淡交社

参考 HP
平城遷都 1300 年祭ホームページ：　http：//www.1300.jp/
日本未来編集ネットワーク MIROKU ホームページ：　http：//www.miroku-nara.jp/
奈良県ホームページ：　http：//www.pref.nara.jp/　「平城遷都 1300 年祭の開催効果等について―第 2 回中間まとめ―」奈良県文化観光局観光振興課

冨本　真理子

第 8 章　おばんざいの京都観光論

1　おばんざいから「地元学」へ

1.1　おばんざいについて

　京都では、高級な京料理はもとより、最近は、おばんざいが人気で、市内の多くのレストラン・食堂でおばんざいを提供している。また、手軽に楽しめるおばんざいバイキングは、行列ができるほど京都を訪れる観光客に人気がある。
　おばんざいを京都から世に出した立役者の一人である大村しげ[1]によるとおばんざいとは、「おそうざい」、「常の日のおかず」であると言う。「ばん」とは「番」であり、「番茶」、「番傘」のように、"ある語に冠して、常用または粗末の意を表す語"であり、「お番菜」であるとしている（大村1996：4頁）。
　前述の著作によると、おばんざいは、京都の歴史的な背景を伴う上層階級の様々な料理が江戸時代中頃に一般庶民に広まり、今日のおばんざいになったと言う。おばんざいと言うほかに、おぞよ、または、おまわりとも言い、おばんざいとおぞよは、関西地方の言い方で、嘉永二年（1849）年に出ている『年中番菜録』という料理の本から「民家の食事に関東にてはさう菜と称して関西にて雑用のものと唱ふる献立の数々をかき集て年中番菜録と名づけて……」という部分を紹介している（前掲書：4頁）。
　また、京都では、戦前までよく守られていた、何日には、何を食べるという食のしきたりにも言及している。たとえば、朔日にはにしんこぶ（みがきにしんと刻みこぶ）と、あず（小豆）のご飯となます、八のつく日はあらめとお揚げの炊いたもの、十五日にはまた小豆のご飯を炊いて、いもぼう（こいもとぼうだら）のおかず、月末にはおからなどである。大村は、これは、一見わずら

わしいようだが、実際は、その日の献立が決まっているので、よけいな気を遣わずにすむ。しきたりを守るという古めかしさのなかには、実は、合理的な暮らしの一面を見ると述べている（前掲書：5頁）。

　ヘルシーで、京都のおふくろの味というイメージや、京都らしさというブランドも加わり行列ができるほど人気のバイキングメニューとなったおばんざいも、調べてみれば京都の人びとの暮らしに根付いた歴史や文化と深く関わっていることがわかる。

1.2　おばんざいと「地元学」

　おばんざいに関する多数の著作を残した大村しげは、自身が生きてきた時代や、あるいは伝承された時代の暮らしぶり、とりわけ食べ物のことをしっかり書きとめておきたかったと言っている（前掲書：9頁）。これは、まさに大村しげによる、本書のメインテーマでもある「地元学」の実践である。

　道具学の立場から大村しげを分析した山口昌伴によると、京のおばんざいは本来的な意味では、食材を都市社会の食材流通環境を活用しつつ「もっぱらわが家で、自主的にこれを采配（調理）して家族とともに食する」その「自家調理」に重点があった（山口2007：157頁）のであるが、この「"しげ"の『おばんざい』は、観光ジャーナリズムの担ぎあげとともに一種の京ブランドに変質」（前掲論文：158頁）していったと言う。

　大村による地元学の実践の結果、多くの観光客におばんざいが外食として提供され、観光資源化、京ブランド化されていること自体に異論はないものの、一方で地域の人びとが自らおばんざいという「ふだんのおかず」を通じて、自分たちの暮らしや文化を見つめ直す必要があるのではないだろうか。さらには、それを地域の文化環境の向上のためにいかに活用するかといったことも視野にいれて考えなければならないであろう。

　本章では、筆者が関わっている京都市の市民団体による国際交流のための料理教室において、日本の家庭料理を外国人に市民の目線で紹介している事例を取り上げる。京都に今、暮らしている市民が毎日家庭で食べている食事という意味では、現代のおばんざいの教室であると言える。その事例を通じて、市民の文化的営みや、地域文化の活性化に、観光事業がどのような働きをしている

か考察してみたい。

2　家庭料理で国際交流

2.1　家庭料理で国際交流〜事例紹介〜

　ここでは、京都市の市民団体による国際交流のための料理教室を事例として紹介する。特に、地域や日本の食に関する文化資源を発見・再認識し、それを料理教室という場で活用し、参加者である外国人や日本人と共有、交流することにより、フィードバックし、新たな活動を展開しているサイクルに注目していきたい。

　京都市は、人口当たりの大学数が全国トップである「大学のまち」であると同時に、国際観光都市でもある。そのため、大学で学ぶ留学生や、伝統的な日本文化に興味を持つ海外からの観光客を多く迎えている土地柄である。したがって、交流人口に多数外国人が含まれることが大きな特徴であり、多文化共生、国際交流、インバウンド観光振興は、地域全体の大きなテーマである。

　ここで事例とする「京都クッキングサークル（非営利任意団体）」は、2003年に京都市左京区在住の主婦3名によって設立された。素顔の日本人の暮らしを通じて、草の根の国際交流に貢献したいとの願いがこめられた活動であった。（財）京都市国際交流協会やNHK歳末たすけあい義援金ボランティア市民活動助成事業からの助成金や、教育・観光分野の収益事業から資金を得て活動の財政基盤としている。

　スタッフは、途中入れ替わりがあったものの2010（平成22）年現在14名（内男性2名）となり、年齢構成は、20歳代から60歳代、海外在住日本人、外国人（アメリカ人、中国人、イタリア人）も含み、市民活動団体としても男女共同参画、異世代交流、多文化共生を実践する多彩な顔ぶれの組織になっている。元料理教室講師、現役のシェフ、英語、中国語、イタリア語、韓国語、スペイン語が堪能な者がおり、活動では、大きな力となっている。こういった、多様なバックグラウンドを持つスタッフが揃うのは、地縁だけを頼りにするのではない、都市型のテーマ性をもった市民活動の形ではないだろうか。中川幾郎（2001：58頁）は、「地域社会の魅力とは、必ずしも都心部と同様な利便

図8-1 納豆ベーコン丼（冨本撮影）　　図8-2 とんかつ（同右）

性やサービス水準が存在することではなく、そこにコミュニケーションできる仲間や人びとがいて、職域とはまた異なる自己表現の場があること、そこに地域ならではの厚みある個性的な文化が存在すること、つまり共同感情のあるコミュニティが存在することなのである」と、述べているが、まさにそれを示す好例である。

主たる活動は、京都市在住の外国人と国際交流に興味がある一般市民を対象に、京都市の公共調理室（京都市男女共同参画センター・ウィングス京都内）を借りて、毎月定例の教室を開催している。身近な食材で調理できる日本の代表的な家庭料理を月替わりで紹介し（図8.1、図8.2）、外国人、日本人合わせて毎回20人以上の参加者を迎えている。外国人参加者は、留学生、研究者をはじめ、語学学校の講師や公立学校の外国人補助教員などが中心でリピーターもおり、観光客が参加することもある。国籍もバラエティに富み、日本も含んだ世界中ほとんどの地域から参加者を受け入れ、男女、年齢を問わず多彩な顔触れで、それぞれ料理や国際交流に興味を持っている。

2003（平成15）年から現在に至るまで7年間の蓄積は大きく、取り上げた料理の種類も相当数に上る（表8-1を参照）。全てに日本語と英語のレシピがあり、ホームページでも公開されている。将来的には、一冊の本にしたいという夢をもっている。

従来の料理教室の活動に加えて、日本の食文化を切り口にイベント的な教室も企画し、家庭料理のジャンルにとらわれず、京都という地域の特性を活かし

表8-1 定例料理教室の実施献立（2003年～2010年）

米料理	赤飯、各種おにぎり、卵かけごはん、納豆かけごはん、巻き寿司（各種）、いなり寿司、ちらし寿司、飾り太巻き、てまり寿司、手巻き寿司、鶏肉の照り焼き丼、豚のしょうが焼き丼、湯葉丼、親子丼、鶏そぼろの三色丼、納豆ベーコン丼、天丼、炊き込みご飯、新牛蒡と油揚げの炊き込みご飯、さつまいもご飯、栗おこわ、餅（焼きもち、黄粉餅）、関西風白味噌仕立ての雑煮、五平餅、夏野菜たっぷりのチキンカレー、オムライス
麺類	各種そうめん、手打ちそば、かき揚げうどん、キムチ冷麺、ジャージャー麺
汁物・スープ	各種味噌汁、かす汁、各種吸い物、けんちん汁、ミネストローネ、モロヘイヤのスープ、かぼちゃのスープ、鶏スープワンタン
主菜	照り焼き豆腐ハンバーグ、冷奴、肉じゃが、豚肉の冷やしゃぶしゃぶ温野菜添え、卵焼き（磯まき）、各種天ぷら、とんかつ、がんもどき、そうめん入りオムレツ、ぶりの照り焼き、手作りがんもどき、金平ごぼう、おからのコロッケ、おからの煮物（卵の花）、変わりトンカツ、豆乳茶碗蒸しあんかけ仕立て、鰆（または鰤）のから揚げ、切干大根の炊いたんKCC風、手作りがんもどき（銀杏入り）、蕪の親子あんかけ、筑前煮、キャベツたっぷりミンチカツ、やきとり、サンマの塩焼き、チーズ肉じゃが、ぶり大根、鶏の照り焼き、金平ごぼう、さばの竜田揚げ、高野豆腐の卵とじ、高野豆腐のから揚げサラダ仕立て、秋刀魚の照焼き、茶碗蒸し
和え物・おひたし・漬物・サラダ	ナスの胡麻和え、簡単きゅうりの味噌漬け、きゅうりの酢の物、キャベツ、きゅうり、しその簡単漬物、菜の花のからし酢味噌和え、紅白なます、畑菜の辛し和え、菜の花のからし酢味噌和え、筍と絹さやの和え物、きゅうりと湯葉の酢の物、秋の果物と菊菜の白和え、小松菜とかまぼこのからし酢味噌和え、ほうれん草の霙（みぞれ）和え、きゅうりとみょうがの味噌漬け、わかめときゅうりの酢の物、中華豆腐サラダ、いんげんと梅肉のあえもの、キャベツと梅干しの即席漬物、菜の花のごま和え
鍋物	鶏肉団子のつみれ鍋、たらちり
その他	おあげのピザ、たこ焼き、お好み焼き、焼きそば、かぼちゃパン、チヂミ、おそうざいパン、鶏スープワンタン、葱油餅
デザート	白玉団子、サツマイモの茶巾絞り、わらび餅、おからブラウニー、焼き皮の桜餅、いちご大福、水無月、みたらしだんご、杏仁とうふ、果物とレモンシロップ添え、黒ゴマプリン、麩のサクサククッキー、豆腐チョコレートケーキ、かき氷、桜餅、和風アイスクリーム、高野豆腐のフレンチトースト、高野豆腐のパウンドケーキ、さつまいものごまだんご、まめまめビスコッティ、Beckie'sEnglishAppleCake、葛桜、豆腐の抹茶ケーキ、和風チョコ春巻き、抹茶チーズケーキ
特別献立	懐石点心盛り合わせ、KCC風簡単おせち、日本の朝ごはん、お花見弁当

て、広く日本の食文化の紹介をしている。

　たとえば、京都の食材の宝庫、錦市場ツアーを2006（平成18）年に2度に分けて企画したときは、協力を得られた店舗で、店内を見学する機会を設け、実際に食品を買ってその場で食べるなどの体験もした。そのときに、作成した英語版錦マップも、今後完成させたいと考えている。また、案内するスタッフも、何度も錦市場に足を運んでインタビューをしながら学習した。

2005（平成17）年12月には、京都の老舗料亭の料理長を講師として招いてのプロによるおせち料理の講習、2006（平成18）年6月には包丁・鍛冶の老舗においての包丁教室、同年9月と2009（平成21）年2月には京菓子のプロ講師による和菓子作り教室、2008（平成20）年6月には、京都の老舗茶舗での「おいしいお茶の入れ方講座」を実施した。どれも、京都の伝統的な食の地域資源を活かした企画となっている。他にもNPO法人によるそば打ち教室や、お好み焼きソース会社協賛によるお好み焼き教室も実施し、外国人が興味を持ちやすい食べ物を、外部講師を招いての教室も企画してきた。

　通常の教室以外での特別活動も加わっている。たとえば、日本語学校のサマーセミナー生やボストンの日本研修旅行の高校生グループ、京都市内の大学や財団法人の留学生の研修（日本文化体験）を引き受けており、教育分野での実績も積み重ねている。

　また、スタッフの内数名が、京都市内の有限会社ワックジャパン[2]で、インバウンド観光客対象の家庭料理体験プログラムのホームビジット引き受け家庭や、京町家での家庭料理体験の講師として活躍している。ワックジャパンでは、家庭料理以外に、茶道、華道、書道、着物着付け、折紙などの個人向け体験プログラムをはじめ、国際会議での体験プログラムも実施しており、2010（平成22）年1月に、第5回JTB交流文化賞優秀賞を受賞している。

2.2　教室運営のプロセス

　京都クッキングサークルでは、現在スタッフ14名が交代でペアを組んで、定例料理教室のレシピ作成と当日講師を担当する形を採っている。この方法は、スタッフだれでもが順番に、すべての業務を経験し、全体を見通しての活動ができるので、現在のところ最良の方法であると捉えている。ここでは、①レシピ作成、②教室での実践、③交流、というプロセスを追っていく。

①レシピ作成

　レシピ作成のコンセプトは、身近な食材を使い、簡単でヘルシー、季節や年中行事、話題性などを考慮した家庭料理である。最近では、海外からのリピート参加者に得意料理を披露していただく機会も設けている。その他、各種ベジタリアンフード、宗教上の食材制限や食物アレルギーの食事療法に対応した代

替案も考えている。

　また、このプロセスでは、使用する食材を調べることも欠かせなく、日本の食文化の奥深さを知ることになる。たとえば、日本の朝食をテーマにして献立を考えた時は、納豆、卵かけご飯、卵焼き、焼き鮭、アジの開き、煮物、おひたし、大根おろし、じゃこ、つけもの、海苔、梅干等、日本固有の食材や食べ方がリストアップされた。これらは保存が効くうえ、発酵食品も多く、体に優しいことから、日本の伝統的な朝食の優れた点を再認識させた。同時に、海外では、生卵を食べる習慣がないことや、納豆臭は耐え難いと言う情報も事前に外国人スタッフから得られたが、日本では定番食品なので強要しない程度にあえて紹介することにした。

　また、英文と日本文のレシピを毎回作成し、英文のネイティブチェックは、外国人スタッフや、教室参加の外国人にお願いしている。このように、スタッ

図8-3　レシピの一例

図8-4 教室風景（冨本撮影）

フ全員の努力と労力を伴う、知の結集であるレシピは、この活動の大きな財産である。

②教室での実践

教室では、担当講師が、日本語や英語などの外国語も交えて、身振り手振りで料理方法を説明し、時には外国人スタッフの通訳も交える。外国人が食材購入の際参考にするために、日本語のパッケージや日本独特の野菜などは購入時そのままの状態で見せるなどの工夫もしている（図8-4）。

③参加者との交流

調理方法の説明が終わるとスタッフと参加者は、いっしょに調理実習をし（図8-5）、できあがれば試食をする。

この交流の時間は、思ってもいなかった反応がありおもしろい。

たとえば、おにぎりの作り方を見せれば歓声があがり、四角いフライパン（卵焼き器）で卵焼きを作ることは、初めての経験者が多く、盛り上がる作業である。さらには、それらを付け合わせの野菜や、飾り切りをしたウインナーソーセージとともに弁当箱に美しく詰めていく作業をすると感嘆の声があがる。日本では、当たり前のお弁当の取り合わせであるが、おにぎり、卵焼き、さらには弁当といった日常的な日本の食文化の固有性を外国人の視点を通して、再認識させられる機会となる。

外国人が、敬遠する食品の筆頭である納豆がテーマの時には、恐る恐る挑戦

図8-5　調理する参加者（冨本撮影）

した結果、半数以上の参加者が食べることができた。また、参加者からの情報で、海外にも、インドネシアのテンペ、韓国のチョングッチャン、イギリスなどのマーマイト、オーストラリアのベジマイト[3]など特有の臭いがする食品が、あることがわかった。後日、それらの食品を参加者が持参してきたので、皆で試食する機会を得た。特にインドネシアの参加者が調理したテンペのてんぷらは、非常においしく好評であった。この特有の臭いを放つ食による交流は、大変愉快であり、実りが多かった。

このように外国人といっしょの料理教室は、日本人にとっては、日本の食文化のおもしろさに気がつくことが多い。当たり前に食べている食事が、実は日本人の生活や文化と非常に関係があり、昔の人びとの知恵が凝縮されていることに、日本人として非常に誇りに思うようになる。毎日の食生活を大事にし、日本の食文化を世界に向けて発信しつつ、次の世代にも伝えていくことの重要性も感じる。また、日本人、外国人にとっても、食を通じてのおおらかで、豊かな交流が存在することが、この活動の大きな魅力である。

④次のステップへ

毎回の教室後は、ミーティングを兼ねてティータイムを設け、次へつなげる意見交換会や、次回の献立の試食会を実施する。教室レポートや、使用されたレシピは、ホームページに掲載され、7年分の分量は、膨大なものとなってきている。さらに、次回の教室までの間、スタッフ同士のメーリングリストで意

見交換をしながら、レシピを仕上げていく。

以上のような教室運営のサイクルが、スタッフの参加の動機づけとなり、活動継続の大きなエネルギーとなっている。

3 「地元学」と市民の文化的営みのサイクル

3.1 市民の文化的営みのサイクル（中川モデル）について

中川幾郎（2001）は、地方分権時代における自治体文化政策のあり方を考察するにあたり、地域文化振興のために備えるべき視点とふまえるべき基本理念を明確にしている。本章は、自治体の文化政策に言及するものではないが、地域文化振興のメカニズムの説明に、その視点や基本理念を援用するため、ここで概要を紹介してみたい。

中川によると、人間の文化的な営みは、P（パフォーマンス＝放電：表現・演技・発表）、C（コミュニケーション＝交流：批評・参加・交流）、S（ストック＝充電：観賞・学習・研究・蓄積）という3極のサイクルとしてラセン的に繰り返されている。その循環を活性化することが、地域社会の人的蓄積を達成し、地域の文化的ポテンシャル・エネルギーを高めることになる（中川 2001：27-37頁）。すなわち、市民の間でこの文化的営みのサイクルが活性化することによって、地域・都市の文化の活性化・創造につながっていくのである。これを、本章では中川モデルと呼ぶことにする。

さらに中川は、プロ・アマ、あるいは生活文化と芸術文化を問わず「市民一人ひとりが文化的存在である」という理念に立脚した市民文化の活力こそが、主体的な地域・都市アイデンティティの基礎であるとしている（前掲書：17-18頁）。

中川による地域文化振興への視点や基本理念は、自治体文化政策と施策に応用するためのものであるが、以下に示していくように、地域文化振興のメカニズムを示すモデルとして汎用性があり、参考にすべきものである。

3.2「地元学」について

次に注目したいのが、本書のテーマでもある「地元学」である。

吉本哲郎は、水俣病という悲劇から水俣が立ち上がるために、実践的な取組みとして「地元学」を提唱した。それは、地域の人びとが、地域にあるものを調べ、考え、新しく組み合わせる力をつけていくなかで、地域の元気を作ることを目的としている（吉本 2008：10-28 頁）。

さらに、結城登美雄も同様のことを提唱している。

「同じ地域を生きる人びとともう一度関係を再構築するために、それぞれの地元の資源とそれを生かす知恵と技術と哲学を学ぶこと。そしてその力を合流させ自分たちの生きやすい場所に整え直すこと―地元学がめざすものである」（結城 2009：39 頁）

また、下平尾勲が、明快に定義している。

「外部の新しい考え方や技術や情報を積極的に学んで取り入れること、地元の良さやすぐれている事柄を外部に向かって PR をすすめること、新しい事業や取組みのなかで時代に合った新しいコミュニティを形成していくこと、地域の積極性、自立性、創造性を高めていく人材育成を強化すること、それらの結果として、住みやすくて便利で人びとの能力を発揮できる地域をつくっていくこと、このように地域を研究し、すぐれた面を生かすという地元に密着した政策が『地元学』である」（下平尾 2006：iv 頁）

これら、三者の「地元学」を総合すると、地域の人びとが地域の文化資源の発見や再認識をする取組みの過程において、地域の自立性や創造性が高まることで地域文化振興につながり、その結果として、地域の活性化につながっていくというもので、地域活性化の要諦を示す実践を伴った優れた理論であると言える。

3.3 「地元学」と市民の文化的営みのサイクル（中川モデル）

前述の中川モデルに、この「地元学」を入れ込むと、より明確に地域活性化の方途が見えてくる（図8.6）。地元学は、さしずめ、中川モデルの S（ストック＝充電：観賞・学習・研究・蓄積）にあたり、本事例では、レシピ作成にあたっての学習や、過去の教室レポートやレシピの蓄積などにあたる。P（パフォーマンス＝放電：表現・演技・発表）と C（コミュニケーション＝交流：批評・参加・交流）が、本章で紹介しているような料理教室での活動にあたると考え

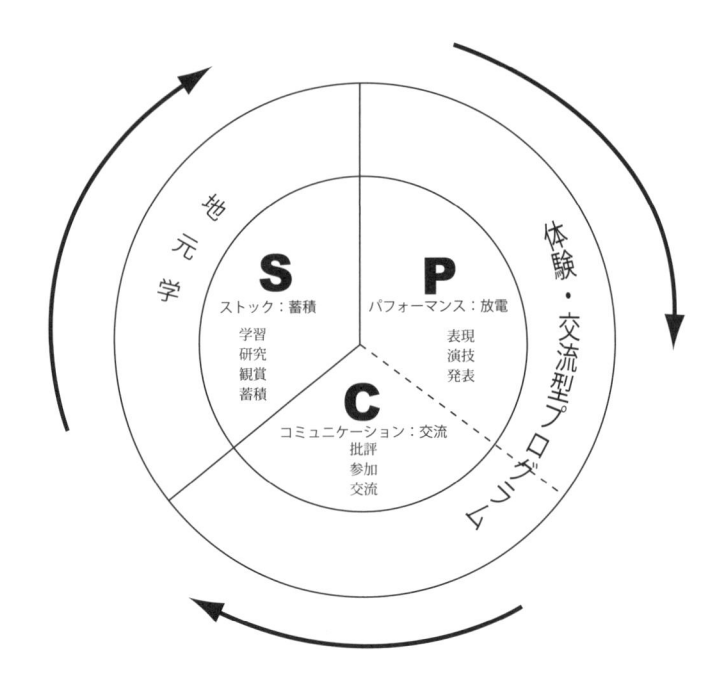

図 8-6　市民の文化的営みのサイクルが成立する観光のモデル
　　　　出所：中川（2001：p.31）を参照に冨本作成

られる。また、地域住民と来訪者の交流を伴う体験・交流型の観光事業も相当するであろう。地元学を料理教室、教育、観光の場面で効果的に活かして、文化的な営みのなかに組み込んでいるのが本事例である。

　「地元学」も外部との交流や関係性を大切にすることで、一層実践に厚みがでる。すなわち、「地元学」を活かした観光・交流事業によって「市民の文化的営み」が成立し、良好に循環すれば、地域社会の人的蓄積を達成し、地域の文化振興につなぐことが可能となるのである。

　活動に参加しているスタッフは、文化的営みのサイクルにうまく乗り、P（パフォーマンス）、C（コミュニケーション）、S（ストック）の循環があるために、持続的な活動のモチベーションとなっている。これは、また、非営利的活動の活性化や持続的な運営に貴重な示唆を与えている。都市の活性化、地域の活性

化はこういった市民や活動団体の文化的活動の集積によってより一層促進されるであろう。

このように、地域や都市の文化的な営みのなかに観光事業が組み込まれていれば、観光は交流という大きなエネルギーをもたらす点で、市民文化、地域・都市文化の活性化に大きく貢献する可能性があると言える。また、市民文化、地域・都市文化に活力がある地域は、当然のことながら、魅力的である。そのような魅力的な地域に魅かれて来訪者は訪れ、市民との交流を深めることで都市の文化は活性化され、そういった地域に魅かれて、また来訪者が訪れる。観光が市民の文化的な営みに組み込まれたとき、観光は地域・都市の文化的営みを拡大再生産する要素となり得る。さらに、地域外、あるいは海外の人びととの交流は、市民レベル、地域レベルでもアイデンティティの醸成と結び付きやすいことは言うまでもない。

4　「地元学」の視点にたった観光振興の必要性

国をあげての観光振興による地域活性化が叫ばれるなか、未だに社会は、旧態依然とした観光のイメージを引きずっているようだ。文化振興派からは、観光は地域文化・社会を破壊するという負のイメージで好意的には見られず、経済振興派からは、観光と言えば、いかにたくさん観光客を集め消費させるかに議論が集中する。しかし、こういったイメージや、議論のなかには、その地域に住む人びとの存在や、主体的な地域社会が見えてこない。あるいは、目的が経済振興に偏った観光の姿がある。たしかに、観光によって地域経済が活性化されることは、大きな目標であるが、それだけが、観光の姿ではないはずである。

「観光」と言うことばの語源である「観国之光（国の光を観る）」の真意は、地域文化を仲立ちとした来訪者と市民との知的交流である（井口2005：2頁）。

観光は、本来そういったものであったはずではなかったのか。そこには、地域の誇りである文化を来訪者に観す地域住民がいなければならない。自らのまちを主体的に学び、そこにアイデンティティを見出す市民がいなければならない。「地元学」を実践する市民がいて、生き生きとした地域社会が見えてこな

ければならない。その存在抜きにしては、観光の真の姿が見えてこないのである。

また「地元学」の視点に基づく観光は、全国あらゆる地域において、観光振興のシーズがあることを示唆している。従来は、「何もない」といわれていた地域が、等しくチャンスを与えられ、勇気づけられるのではないだろうか。むしろ、そういった後発の地域こそが、今後大きく変わる可能性を秘めていると期待できる。

観光の本来の姿をとらえようとする時、「地元学」の視点がいかに大事であるか、私たちは気づくのである。

注

(1) 大村しげ「1918（大正 7）年、京都祇園生まれ。京都女専（京都女子大）国文科に学ぶ。『京都に古くからあった暮らしぶりを語りついでゆくのが私の仕事』と、主婦の目を通して京都を見、京ことばで独特の味を持った文章を書き、現代の語り部をめざす。テレビや著作でも活躍し、多数の著作がある」（大村 1996）。1999 年没。藤井龍彦（2007：181 頁）は、大村について「京のおばんざいでしられる大村しげ」という枕詞がふられていると紹介し、おばんざいを京都から世に出した立役者の一人であったのは、衆人のみとめるところであろう」としている。

(2) WAK JAPAN（Women's association of Kyoto：京都女性の会）は、外国人に日本文化体験プログラムを提供する有限会社で、1997（平成 9）年に設立された。

(3) テンペ（インドネシア語：tempe、英語：tempeh）はインドネシアのジャワ島発祥の、大豆などをテンペ菌で発酵させた醗酵食品である。味は納豆に似ており、弱い臭気があるが、糸を引くことはない。

チョングッチャン（清麹醤、청국장、Cheonggukjang）は、韓国料理に使われる、発酵させた大豆のペーストである。挽いた大豆から作られる。

マーマイト（Marmite）《商標》はビールの醸造課程で増殖して最後に沈殿堆積した酵母、いわばビールの酒粕を主原料とし、イギリス及びニュージーランドで生産されているビタミンBを多く含む食品。

ベジマイト（Vegemite）《商標》は、塩辛く濃い茶色のペースト状の食品である。主にサンドイッチに用いたり、トーストに塗ったりして食べるが、料理に使うこともある。オーストラリアとニュージーランドではポピュラーである。マーマイトに類似する（いずれもウィキペディアより）。

参考文献

井口貢（2005）：『まちづくり・観光と地域文化の創造』学文社

大村しげ（1996）：『京のおばんざい』中央公論社
下平尾勲（2006）：『地元学のすすめ―地域再生の王道は足元にあり』新評論
中川幾郎（2001）：『分権時代の自治体文化政策　ハコモノづくりから総合政策評価に向けて』勁草書房
藤井龍彦（2007）：大村しげとおばんざい、「国立民族学博物館調査報告 68」
山口昌伴（2007）：大村しげのおばんざいを支えた台所と台所用具―生活技術と社会技術のはざまに―、「国立民族学博物館調査報告 68」
結城登美雄（2009）：『地元学からの出発　この土地を生きた人びとの声に耳を傾ける（シリーズ　地域の再生 1）』農山漁村文化協会
吉本哲郎（2008）：『地元学をはじめよう』（岩波ジュニア新書）岩波書店

片山明久

第9章 歴史と暮らしの地元学

―奈良町"生活観光"論―

ないものねだりから、あるもの探しへ――
　地元学の基本的な立脚点を最も端的に表す言葉である。地域の宝物はどこにあるのか。日本各地で自らの地域の魅力探しが行われている。
　本章で採りあげる歴史的な観光資源を持つ観光地（以下、歴史的観光地とする）は、地域としての長い歴史を有し、またそれが生み出した地域資源に富んだ観光地である。したがってこのような地域においては、地域の歴史を振り返り、そこに生み出される「魅力」を再評価することが、地域の宝探しと大きく重なり合ってくる。地域の歴史や歴史を大切にした暮らしのなかにこそ、宝箱の鍵が隠されているのだ。
　本章では奈良市奈良町を事例に、このような歴史的観光地の魅力について見てゆきたいと思う。

1　「生活観光」という仮説

1.1　「歴史ブーム」と観光

　近年一般消費において、「歴史」に注目が集まっている。現在のいわゆる「歴史ブーム」は、CAPCOM社のアクションゲーム「戦国BASARA」から始まったと言われるが、歴史好きの女性を指す「歴女」が2009年（平成21年）の新語・流行語大賞にランクインしたことも記憶に新しい。今まで男性中心のマーケットと言われていたゲーム、漫画、歴史小説・雑誌などの需要が、性別や年齢を問わず拡大しつつある。NHKの大河ドラマでは、2008年（平成20年）「篤姫」、2009年（平成21年）「天地人」の平均視聴率が各々24.5％、21.2％と

表 9-1 文化財観光都市の観光客入込数（単位：千人）

	姫路市	白川郷	宮島
平成 17 年	7,365	1,437	2,674
平成 18 年	8,799	1,466	2,843
平成 19 年	8,597	1,464	3,087
平成 20 年	10,518	1,861	3,430

※各市統計調査を基に筆者作成

10年ぶりに2年連続で20％を超え、2010年（平成22年）の「龍馬伝」も初回視聴率が23.2％と前年に遜色ない数値を示した（ビデオリサーチ社調べ）。さらに週刊百科／分冊百科の世界でも、歴史に題材を求めたアイテムが近年多くみられる。ディアゴスティーニ・ジャパンからは、現在「週刊 戦国武将データファイル」「週刊 江戸」など6つの歴史を題材にしたアイテムが展開されており、また朝日新聞社からは2009年（平成21年）9月創刊の「週刊マンガ日本史（全50巻）」が人気を集め、続編も発刊されている。その他、新しい歴史雑誌の創刊（「歴史人」「歴史魂」）、パチンコ（「花の慶次」など）、PS/DSゲームソフト（「戦国BASARA」など）、歴史グッズから資格検定（最近では小倉百人一首の検定「小倉検定」）まで、様々な分野での「歴史ブーム」が起こっている。

では観光においてはどうだろうか。全体としての傾向を見ると、平成20年度の国内旅行における日本人一人当たりの年間旅行回数は1.55回、年間宿泊数は2.44泊であった。これらは、対平成19年度比では各々＋3.3％、＋0.8％と増加しているが、平成17年度比で見ると各々－15.6％、－12.4％と大きく減少しており、ここ数年で日本国民が国内旅行を手控えている様が見て取れる。

その一方で、歴史的観光地は観光者の支持を集めている。平成20年度の歴史的観光地への観光客入込数を見てみると、京都市が＋6.2％、奈良市＋10.0％、金沢市＋16.2％、倉敷市美観地区＋5.5％（いずれも平成17年度比）とここ数年で入込観光客が増加している。先に挙げた国内旅行全体の動向と比較すると、その増加は際立って見える。特に奈良市においては、2010年（平成22年）に平城遷都1300年祭が開催され、期間中の入場者数が363万人と大きく予想を超える反響となった（奈良県文化観光局観光振興課「平城遷都

1300年祭の開催効果等について―第2回中間まとめ―」奈良県ホームページ)。

　なぜ、歴史的観光地に人気が集まるのだろうか。「歴史」という未知のコンテンツに対する純粋な興味、あるいは既知のコンテンツに対する更なる興味、という理由があるだろう。また、「歴史」という時を隔てた事象が想起させるノスタルジイやロマンもあるだろう。しかし現代の観光者は歴史的観光地に対して、「歴史そのもの」だけに魅力を感じている訳ではないように思われる。彼らは、その地の「現代」にも併せて観光の魅力を感じることがあるのではないだろうか。しかもこの「現代」は、単純に今の時代の文化を指しているのではなく、歴史や伝統をその地の住民や商業者がマイスタイルに再解釈し、昇華し、歴史的な地域資源と共存する形で作り出している「現代」的な文化という意味であり、これこそが他の現代的な都市観光では手に入れられない、歴史的観光地ならではの魅力になっていると思われるのだ。

　本稿ではこのような歴史的観光地の魅力が、どのような構図によって生まれ、どのように現代に展開されているか、という点について論じてゆきたいと思う。

1.2 「従来型観光地」と「まちづくり型観光地」

　まず、歴史的な観光資源を持つ観光地に対して、その成立手法による分類を行ってみたい。

　上田(2007)の研究では、観光地に対して、その成立手法によって「従来型観光地(自然発生型)」、「テーマパーク・リゾート観光地(大手資本開発型)」、「まちづくり型観光地(地元中心型)」に分類がなされている(上田2007:8頁)。これを歴史的な観光資源を持つ観光地に当てはめてみると、その観光資源の性格上「テーマパーク・リゾート観光地」は実際には存在せず、「従来型観光地」と「まちづくり型観光地」に分類されることになる。このうち「従来型観光地」は、その歴史的な観光資源が文化財や文化遺産であることが多いため、本稿ではこれを「文化財観光」と呼び変えることにする(図9.1)。

　次に「まちづくり型観光地」について考えてみたい。「まちづくり型観光地」は、まちづくりへの参画主体として「地元の行政、観光産業、非営利組織などが中心となった」観光地であり、「地域の潜在的な観光魅力を発掘し、それに新たな観光補助機能を付加して形成されてきた観光地」である(同上:9頁)。

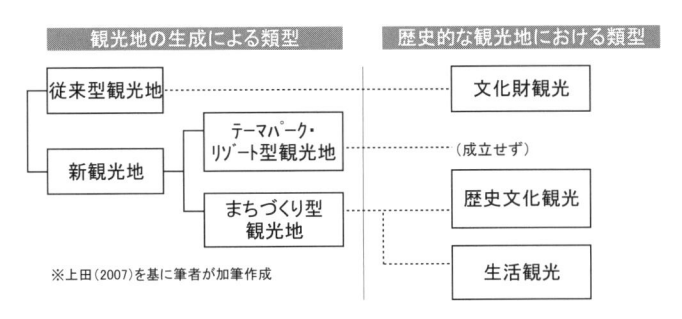

図9-1　歴史的な観光地における類型

　その魅力は、地元にとって生活文化そのものを表すことが多い。それではこれら地元の生活文化は、どのように観光のシーンに表されるのであろうか。

　この点を考えるに当たり、「新しい商業観光施設」というリトマス紙を用いてみよう。一般的に、歴史的な観光資源を持つ地域においては、昔ながらの生活文化とは時代の流れとともに失われてゆくものであり、住民が意志を持って保存継承に努める必要があると認識されていると思われる。したがってそのような認識の下では、「新しい商業観光施設」は生活文化の保存継承を脅かす危険を孕んだものと捉えられやすい。大手資本からの参入であればなおさらである。このようにして、「新しい商業観光施設」を完全に排除し、地元の歴史的生活文化を守ってゆこうとする地域が存在することになる。これらの地で展開される観光を「歴史文化観光」と呼ぶことにしよう。「歴史文化観光」の代表的な地域としては、「妻籠宿を守る住民憲章」(1971)において「貸さない」「売らない」「こわさない」という三原則を掲げ、その意思を全国に先駆けて明確に打ち出した長野県妻籠を挙げることができるだろう。

　もう一方で、歴史的な観光資源や生活文化を大切にしつつも、「新しい商業観光施設」をまちの新しい魅力につなげてゆこうという観光地が存在する。そこでは、現代における歴史文化の再解釈が試みられる一方で、現代が息づくことによるまちの躍動感やリアリティが生まれている場合がある。息づいた現代と歴史が織り成す独自の観光の魅力が生まれているのではないだろうか。このような観光を「生活観光」と呼ぶことにしよう。

　以下では、上に述べた歴史的観光地の3つの形態のうち、特に「生活観光」

に注目し、その形成と魅力を考察してゆくことにする。

1.3 「生活観光」という仮説

「生活観光」という言葉は、筆者の造語ではない。それは現在のところ、一般的な単語としても、ツーリズム用語としても認知されているとは言えないが、いくつかの文書・文献に使用された例があり、また先行研究がある。これらのうちのいくつかを挙げて概観してみたい。

第1に、『新たな観光まちづくりの挑戦』（望月2002、国土交通省監修：48-49）にその語句を見ることができる。そのなかでは、奈良町の住民が1970年代からのまちづくり運動により古いまち並みとの共生に積極的になるにつれて観光者の支持も増えていったことを指摘し、「人びと（観光者：筆者補）は奈良の庶民の暮らしに自分の日常の暮らしを重ねて、日常生活のあるべき姿のヒントにしているのである。これこそが「生活観光」なのである」、と結論付けている。

第2に、福井県あわら市における「生活観光の実現に向けて「アートで結ぶあわら温泉街—丘陵地—北潟湖の地域資源」」という取組みがある。ここでは「生活観光」は「生活者にとって魅力的な自然・生活・文化的環境が観光資源になるもの」と理解されており、平成16-17年の「国民文化祭ふくい」以降まちが積極的に取り組んでいる現代アートと地域資源・歴史ロマンの融合をテーマに置き、回遊マップの作成や、あわら温泉内の湯けむりアート空間創出プロジェクトといった取組みを行っている。

第3に、奈良市における「新奈良ブランド開発計画」（2007）に、その語句を見ることができる。このなかでは、奈良の観光の魅力は世界に誇る歴史と文化遺産にあるが、これらの歴史が育んできた文化を継承する生活そのものが観光対象としてクローズアップされてきており、「歴史ある文化遺産観光」と「懐かしいまち並みを見る生活観光」が両立することが重要である、としている。

第4に先行研究として、奈良女子大学現代GP「古都奈良における生活観光—地域資源を活用した全学的教育プログラム—」が挙げられる。このなかでは、「生活観光」は「地域の生活環境の再評価と観光による地域の活性化」と定義されており、奈良の自然、衣・食・住を再評価する研究と活動が行われた。

以上の例を見ると、第1例を除き他の3例全てが、「生活観光」を地域づくりの視点から意味づけていることが分かる。地域づくりからの視点は、"あるもの"をどう発掘し、再評価するかという「取組み」に重点が置かれるのが通常である。しかしながら「生活観光」が「観光」という社会現象のひとつである限り、観光者にとって地域のどのような点が「魅力」となり得るか、ということについても看過することはできないであろう。本章ではこの点を補ってゆきたいと思うのである。

また、第1例と第3例には観光者からの視点が見えるが、何が「生活観光」の「魅力」なのかという点に対しては、両例とも歴史的なまちに暮らす住民の"伝統的な生活"をその答えとしている。この点においては、筆者は前節で述べたようなひとつの仮説を持っている。それは、歴史的観光地において観光者が感じる魅力とは、必ずしも「伝統的な生活」の魅力だけではなく、現代的に歴史を再解釈した新しい商業施設なども魅力となるのであり、それらが混在した（あるいは重層的になった）魅力こそが、真に「生活観光」と呼べるのではないかという仮説である。この点を踏まえて、本章における「生活観光」の定義を以下のように行いたい。

「生活観光」とは、地域の歴史的観光資源と地域生活者の生活文化に対して、現代的に歴史を再解釈した新しい商業施設が共生し、地域のエートスと現代のリアリティが共鳴する観光である。

次節では、この「生活観光」の定義に基づき、その形成と展開を見てゆきたい。

2　奈良町における「生活観光」形成の構図

2.1　奈良町における観光の三層構造と「生活観光」

奈良町における「生活観光」の形成を論じるに当たって、まず前出の上田（2007）の先行研究において指摘されている、奈良町における観光対象の三層構造を見てみたい。

上田は奈良町の観光対象を「店舗・観光施設やイベント（＝A群）」「まち並みと生活（＝B群）」「歴史や伝統文化（＝C群）」の3群に分類し、図9.2のような三層構造を提示している（上田2007：67頁）。その考察を基に議論

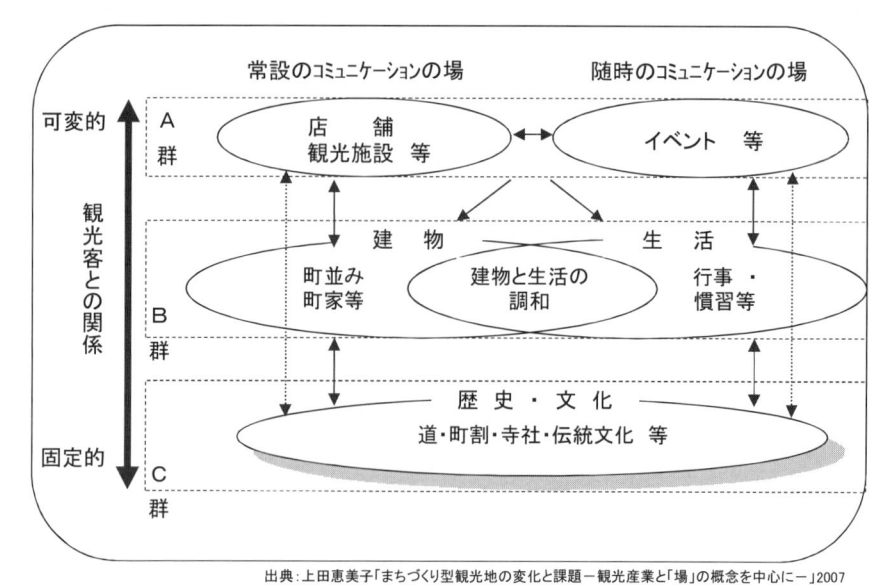

```
                    常設のコミュニケーションの場        随時のコミュニケーションの場
可変的  ┌ A ┌──────────────────────────────────────────────┐
  ↑     │ 群 │    店  舗            ←→      イベント  等      │
  │     │    │  観光施設 等                                    │
  │     │    └──────────────────────────────────────────────┘
観光    │      ↕         ↘      ↙         ↕
客と    │ B ┌──────────────────────────────────────────────┐
の関    │ 群 │  町並み    建 物  建物と生活の  生 活  行事・  │
係      │    │  町家等           調和              慣習等    │
  │     │    └──────────────────────────────────────────────┘
  │     │      ↕                              ↕
  ↓     │ C ┌──────────────────────────────────────────────┐
固定的  │ 群 │         歴 史 ・ 文 化                          │
        │    │      道・町割・寺社・伝統文化 等                │
        │    └──────────────────────────────────────────────┘
```

出典：上田恵美子「まちづくり型観光地の変化と課題－観光産業と「場」の概念を中心に－」2007

図9-2　奈良町の観光対象の分類

を進めると、C群は「A群とB群を成立させるより基礎的なもの」であり、B群は「もともと観光とは無関係に成立してきたまちの資源」であるが、これはむしろC群の歴史的な要素がまち並みや生活文化として定着したものがB群であると捉えることができるだろう。一方A群は「最も観光者向けの性格が強い」ものであり、「奈良町の観光のイメージはこの3者のバランスによって成り立っている」と考えられる。

　そのなかにおいて、B群の「まち並みと生活（＝生活文化）」の存在は極めて重要である。まずC群に対しては、C群が発信する歴史性を生活文化を通して観光者に提示することで、その魅力にふくらみを持たせる役割を担っている。奈良町の場合は、その域内に世界遺産元興寺や高畑地区の大乗院庭園などの文化財があるが、近年では生活文化の観光施設といえる「ならまち格子の家」の人気が高まっており[1]、観光者が奈良町に単なる文化財的な観光要素だけを求めているのではなく、生活文化としてのそれをより大きく求めていることが窺える。またA群に対しては、たとえば観光者の増加に対応して、A群が店舗数、

規模や露出において増加突出してしまい、3者のバランスを崩しそうになった場合には、B群が機能し「A群による地域文化の切り売りや無視というものが抑制される」構図になっている。

　ここでポイントになるのは、B群は実際にその地に居住し生活する住民によって成立しているという点である。奈良町は商店主の約7割が代々の土地を引継いでおり、店舗＝住居である割合が多い。また、庚人講や町内会また多彩なNPOなど様々な地域のコミュニティが現在も活発に活動しているため、まちにリアリティがある（上田2003：73頁）。そのため3群のバランスの乱れを敏感に感じ取ることができる。このように奈良町においては、住民の「生活文化」と地域の「文化財」、そして「新しい商業観光施設」が共生し、そのバランス制御も機能していると言うことができるだろう。そしてその中心には住民の「生活文化」（B群）がある。これが「生活観光」をリードしている。

　また、新しい商業施設の居住者には、奈良町の文化財（C群）や生活文化（B群）に触れるうちに、それに大きな魅力を感じ自らもその土地に居住することにした場合があり[(2)]、そのような彼らが営む商業施設（A群）には、奈良町の歴史的要素（C群、B群）が再解釈されている。歴史に対して敬意を払った上での、マイスタイルの表現がある。これらが歴史的な観光資源を持つまちに、独特のテイストを加えていると考えられる。

2.2　観光における3つの指標

　以上の考察を要約すると、①歴史的な文化財や伝統文化の存在する場所において、②活発な住民生活の下で生活文化が観光に関与し、③新しい店舗や観光施設の参入並びに歴史の再解釈が排除されないときに、歴史と現代が共鳴する観光（＝「生活観光」）が成立し得ると考えられるのではないだろうか。これを図に表したものが、図9.3である。

　この3つ条件は、視点を変えれば3つの指標（①歴史的観光資源の有無、②生活文化の濃淡、③商業的新規参入の多少）と捉えることもできる。この指標を以って、「生活観光」並びに前出の「歴史文化観光」「文化財観光」を整理するとどうなるだろうか。これを表したものが、図9-4である。

　この図9-4に見えるように「生活観光」は、①歴史的観光資源があり、②生

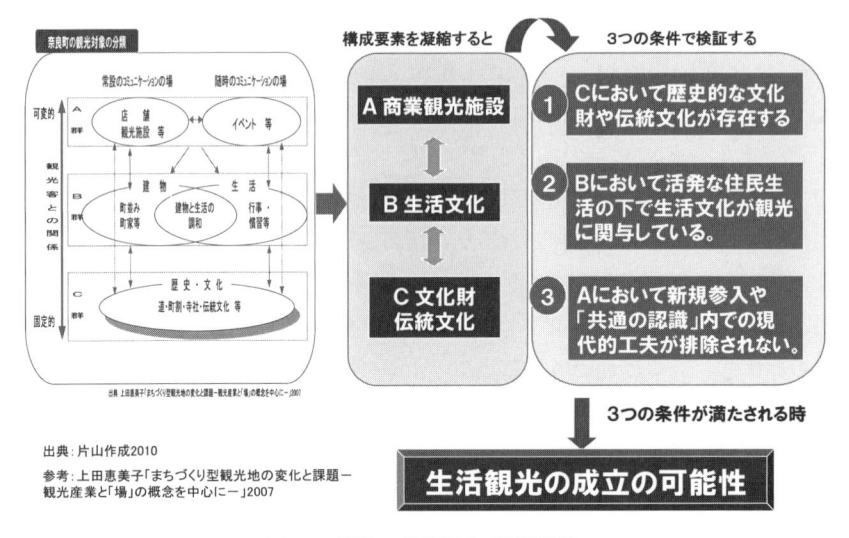

図9-3 観光の三層構造と「生活観光」

出典：片山作成2010
参考：上田恵美子「まちづくり型観光地の変化と課題－観光産業と「場」の概念を中心に－」2007

活文化の観光への関与が濃く、③商業的新規参入も多い、という場所に位置づけられる。「歴史文化観光」は、③商業的新規参入の多少、という指標においてそれを排除しており、「文化財観光」は、②生活文化の濃淡、という指標においてその存在に乏しい。そのため、各々異なる場所に位置づけられることになる。またマスツーリズムの流れのなかで量産された「商業主導型観光」は、地域の生活文化の観光への関与がほとんど無く、旧来の観光資源の上に商業施設だけが発達した観光形態として再認識することができるだろう。さらに、観光資源を持たない観光地で展開される観光のうち、たとえば「テーマパーク型観光」は図のように位置づけられるだろう。

　もちろんこれらの観光形態の間に、是非や優劣が存在しないことは言うまでもない。各々の観光に各々の魅力とテイストがあり、優れた面と改善すべき課題がある。しかしそのなかで「生活観光」は、①歴史的観光資源、②住民の生活文化、③商業的新規参入という３者がプラスの領域で関与する唯一の存在であり、その魅力のテイストは他と異なると思われる。そこでは「歴史」がどのようにダイナミズムを示し、現代にどのような魅力を与えているのだろうか。次節では引き続き奈良町を題材に、「生活観光」の魅力の内容に迫ってみたい。

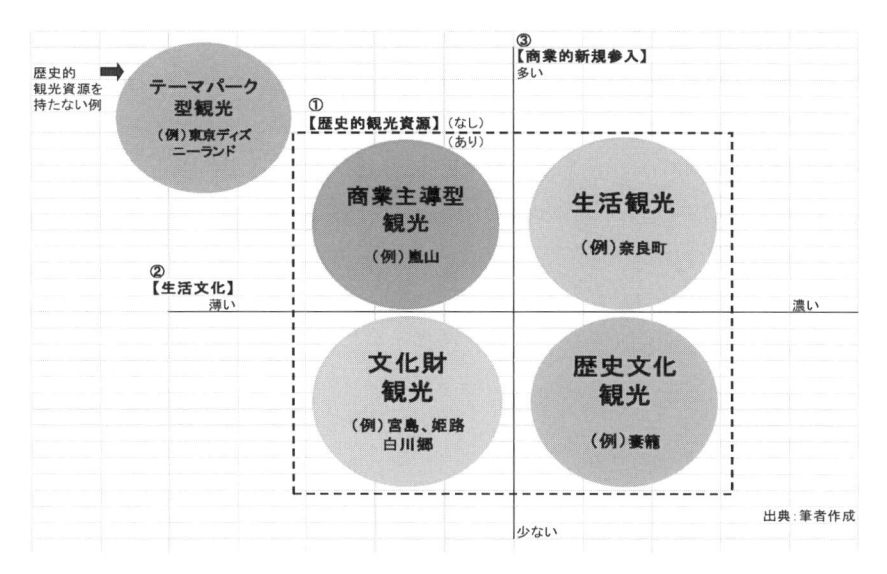

図9-4　歴史的観光地における「観光資源」×「生活文化」×「商業的新規参入」マトリックス

3　奈良町における「生活観光」の魅力
　　―歴史とエートスが生み出すもの―

3.1　奈良町の歴史

　奈良町の「生活観光」の魅力を考察するに当たって、まず奈良町の歴史を振り返ることから始めてゆきたい[3]。

　奈良町は行政区画としての地名ではなく、平城遷都の際に春日山麓に建設された外京の地区にほぼ相当する。遷都後ほどなく藤原京から興福寺（藤原氏の氏寺）や元興寺（蘇我氏が建立した官寺）等が移設され、さらに東大寺が開創するに至り、宗教都市として大いに繁栄した。平安遷都後も貴族からは厚遇を集め、「南都」と親しまれた。その後各寺社は境内外地の占有支配を強め、「郷」と呼ばれる街地を形成し、経済力も大きくなり、鎌倉時代には京都に次ぐ商工都市として栄えた。

　14世紀には、一乗寺、大乗院の両門跡寺院が興福寺から分立して門跡郷を

形成した。一方奈良町の中心部となる元興寺は領主化に成功せず、境内に民家が入り込み下町化していた。このようななか、まちには市が開かれるようになり、北、南、中の三市が連日開かれ、商工業、貨幣経済、交通が発展することになった。南北朝時代から興福寺の衆徒や在地勢力の国人が台頭し大和武士となり、室町幕府は筒井氏などを重用した。戦国時代に入ると幾度もの一揆が起こったが、郷民の自治意識は高まり、郷連合体を経て「奈良惣中」を組織し、領主・武家いずれの支配にも対抗していった。

江戸時代に入り幕府は奈良町を直轄領とするとともに惣年寄制を実施し、奈良奉行も置いて依然民衆に対して影響力の強かった寺社支配を牽制した。そのなかで、幕府が裃に使う奈良晒に捺す印判を惣年寄に与えたことにより、晒産業が栄えた。また室町時代より興っていた墨、酒の製造も、この時代には寺社支配から町方へと移行し発展していった。しかし江戸中期から他国の産業成長に伴い、奈良町の産業は衰退してゆく。その一方、庶民による社寺参詣や物見遊山が盛んになり、奈良社寺への参詣とともに、伊勢参りの交通の要所でもあった奈良町は、観光地として活気付くこととなった。

明治政府による神仏分離令により、春日社との一体の信仰が行われていた興福寺は大打撃を受け、一時は廃寺同然となったが、明治中期の古社寺保存法により復興が始まり、奈良市そのものが"古都"という名の観光地として成立することとなった。奈良町では蚊帳や木綿絣などの産業が主力となり、また芝居小屋や遊郭など歓楽街としても賑った。

戦後の復興期から高度成長期を経て、奈良は戦火を免れたことから古社寺の観光地として人気を集めることとなった。しかしながら、奈良町は観光地としても注目されず、商業も沈滞しインフラ整備も遅れた。その後、奈良市西部への大型ショッピングセンターの出店により奈良町の斜陽化は加速するが、1980年以降住民主導による地道なまちづくり活動が行われたことにより、魅力ある歴史的観光地として現在の奈良町が築かれている。

3.2 奈良町の歴史上の特質

前項では奈良町の歴史を概観したが、ここでその特質をまとめてみたい。
第1は、奈良町はその成立以来、宗教の文化や精神と深く関わってきた、

という点である。奈良町は、その周辺に東大寺（華厳宗）、興福寺・薬師寺（法相宗）、唐招提寺（律宗）という奈良仏教三派の本山を持ち、春日大社にも接している。周辺には常に宗教があり、宗教行事は日常的であった。また、奉納演芸としての散楽戸（後に能楽に発展）、仏像への供花の風習（後に華道に発展）、東大寺の行茶の儀（後に茶道に発展）なども宗教行事として奈良に伝わり、文化として育まれていった。奈良町は宗教との関わりによって、高い文化性を有していったのである。

第2は、奈良町の民衆は自然を敬い共生してきた、という点である。周知のように、現在も奈良市民は鹿と共生しており、これは世界にも例を見ない貴重な共生である。奈良の鹿は、古くは8世紀半ばの万葉集にその記載が見られ、春日社の信仰の象徴として万人から保護・敬愛されるとともに、その時々の権力者も寵愛を注いだ。明治初期や大戦直後に鹿が激減したときも、すぐに社寺や民衆から保護運動が起こり、危機を脱している。また、奈良町から奈良公園〜春日奥山に到る地域は、市街地〜公園〜原生林が一体となったガーデンシティであり、世界的に見ても稀有な都市形態である。春日奥山は古くから春日社の神聖な山として信仰の対象にもなっており、民衆はもとより時の権力者も手を入れることはできなかったのである。このような自然との共生には、民衆の「自然への敬い」の念が根底に見られる。それは日本人の宗教観の原点とも言える八百万の神信仰そのものであり、それによって民衆は心の平安と落ち着きが得られたのではないだろうか。

第3は、奈良町においては、民衆が寺社勢力と武家勢力の両者と常に格闘し自立の道を求めてきた、という点である。「宗教都市」として成立した奈良町には、中世以降常に寺社勢力と武家勢力の両者の支配が存在してきた。そのなかで、民衆は三市の成立以降着実に経済力を付け「奈良惣中」を組織し、できる限りの自治を勝ち取っていった。江戸時代においても、初期の奈良晒、酒、墨、後期の観光、その土産としての団扇、といったようにその時代を捉えて経済的発展を遂げ、まちの自治基盤を強化していった。時には戦い、時には時流に乗り、主体的に時の権力と共生してきたのである。

3.3 奈良町のエートス

表9-2 奈良町の歴史上の特質と「生活観光」の魅力

No.	歴史上の特質	地域のエートス	「生活観光」の魅力
①	宗教の文化・精神との深い関わり	深い精神性 (多彩な年中行事、芸能の伝承)	多彩な文化性 自然との共生 凛とした静謐
②	自然との共生	自然への敬い (町の雰囲気、町家への愛着)	
③	民衆の自立への格闘	住民の主体性 (多様な地域コミュニティ)	まちのリアリティ

(出典：筆者作成)

　前項では奈良町の歴史上の特質を挙げたが、本項ではこれらがどのように奈良町の魅力とつながるのかという点について見てゆきたい。

　筆者の考察をまとめたものが表9.2である。「地域のエートス」は、「地域の遺伝子」とも置き換えられる（井口2005：25-26頁）。それは、その地において幾代もの先人たちが獲得し、伝承してきた地域の特質であり、地域における住民の意思でもある。

　さて、前項で挙げた歴史上の第1の特質である「宗教の文化・精神との深い関わり」は、現在の奈良町にも見ることができる。奈良町周辺の寺社は1年を通して様々な宗教行事を繰り広げるが、奈良町の民衆はこれら寺社の宗教行事を単に祭礼ととらえるだけではなく、生活に密着した年中行事として宗派を問わず大切にしてきた。奈良町の年中行事は全体で約100件を数えるが、そのうち周辺寺社の行事が約50件、各まちの氏神信仰の祭礼が約20件と、宗教行事がかなりの割合を占めている。また周辺寺社行事の50件のうち、春日大社、東大寺、興福寺以外の寺社の行事が23件存在している（有安2005：35頁）。このことは、奈良町の人びとが、大きな宗派の行事だけではなく、宗派を超え宗教そのものが根源的に持つ「敬いの精神」に対して深い理解を示していることを表している。また伝統芸能においても、一年の最後を飾る12月の「春日若宮おん祭」では、神楽をはじめ東遊（あずまあそび）、和舞（やまとまい）や萬歳楽（まんざいらく）といった様々な舞楽（ぶがく）などの伝統芸能が、今なお受け継がれている。そこには単なる伝統芸能の継承という意味ではなく、870余年の歴史を持つ日本最古の芸能祭を継承してゆこうという"伝統への強い思い"が示されている。これらの、"敬

いの精神"に対する深い理解や、"伝統への強い思い"は、「宗教との深い関わり」が、奈良町に「深い精神性」をエートスとして残している証しであると考えられるのではないだろうか。

次に歴史上の第2の特質である「自然との共生」について見てゆきたい。前述のように現在も奈良町の住民は鹿や春日の山々と共生しているが、ここでは奈良町の町家そのものが「自然への敬い」というエートスに満ちていることを指摘しておきたい。むしこ窓（通風と採光）、格子（プライバシー確保、防犯）、土間の高い天井（排気、通風、採光）など町家建築は自然の摂理に従い、環境に配慮されたものであった。また町家の部屋構成を見ても、自然を取り入れた中庭・蔵庭が組み込んであり、住居全体に大きな落ち着きを与えている。さらに奈良町の町家は隣近所など周辺の町家に対する配慮にも満ちた造りになっている。狭い間口の家構造は、税金対策のほか通りに面する貴重な立地を多くの住民で分け合うための工夫でもあった。また、中庭は火災の場合の隣への逃げ道や消火の場所として防災にも役立った。隣の町家との間には必ず土間が割り振られお互いのプライバシーを守った。また"かまど"から出る煙を意図的に天井部に充満させ防虫対策にするなど、環境面においても配慮がなされていた。このように、町家生活そのものが「自然への敬い」というエートスを示していると考えられるのである。

次に歴史上の第3の特質である「民衆の自立への格闘」は、「住民の主体性」というエートスとして現代に伝わっていると考えられる。その例を、奈良町のまちづくり運動に見ることができる。奈良町のまちづくり運動は、地域を分断する道路計画に対する住民有志の活動としての「奈良地域社会研究会」の発足に始まるが、その後30年の活動で最も特徴的なことは、一貫して住民が主体となった活動が展開されてきたということである。活動団体の中心となる「奈良まちづくりセンター」は、まちづくり活動団体としては全国に先駆けて社団法人を取得した団体であり、1989年（平成元年）の「奈良町博物館都市構想」など積極的な提案を行政に対して行ってきた。現在も地域の調査研究受託、まちづくりの支援事業、さらにアジアの都市とのまちづくり交流など先例の無い極めて主体的な活動を行っている。また奈良町には、伝統的な町家の保存を推進する団体から地域FM局に至るまで多様な地域コミュニティが多数存在して

おり、今なお活発な活動を続ける庚人講などの地縁団体（他には町内会など）とも相まって、各々が主体的に、そしてお互いが連携的に活動を行っている。かつての奈良町の民衆たちが寺社や武家の領主に示した強い自立心は、まちづくり運動に姿を変え現代に伝わっていると感じられるのである。

3.4　奈良町における「生活観光」の魅力

　以上に考察したように、奈良町の歴史はその特質となる点がエートスに姿を変え、現代につながっていると考えられる。それではそのエートスはどのように「生活観光」の魅力を形成しているのだろうか。

　第1のエートスである「深い精神性」には、住民の生活において表面に出る性質のものと、裏に込められる性質のものがあると考えられる。表面に現れる「深い精神性」は、宗派を超えた年中行事や様々な伝統芸能の継承活動等ににじみ出て、「多彩な文化性」を表す。一方裏に込められた場合は、たとえば日常生活における自宅や周辺の丁寧な清掃、交わされるあいさつ、先祖への日々の供養、子供への地域の決まりの伝授、ものを大切にする暮らし、など奈良町の日常生活そのものを通して"歴史ある生活の矜持"をまちの雰囲気として感じさせるのである。

　第2のエートスである「自然への敬い」も、"自然の尊重"という表層的な性質と"摂理への敬い"という深層的な性質に分けて理解できると考える。"自然の尊重"は、既に述べた鹿や春日の山々との共生、あるいは町家暮らしそのものに現れており、これからも「自然との共生」として続いてゆくだろう。また"摂理への敬い"は、物事を自然の摂理に基づいて受け入れそれを大切にする精神であり、奈良町の自然物やまち並みの景観などを通して、"自然な調和"をまちの雰囲気として生み出している。そしてこれは、前述の"歴史ある生活の矜持"と相まって、奈良町特有の「凛とした静謐」を形成していると感じられるのである。

　以上に挙げた「多彩な文化性」「自然との共生」「凛とした静謐」という3つの魅力は、奈良町においては決して文化財のように保護されているものではなく、現代の暮らしのなかで個々に解釈され、大切にされているものである。たとえば、2008年（平成20年）秋より始まった「ならまちナイトカルチャー」

（ならまち振興財団主催）という催しでは、狂言鑑賞、雅楽鑑賞、奈良の民話ミュージカル絵巻（紙芝居）、にぎり墨や奈良筆づくり等の伝統工芸体験などを楽しむことができる。この催しは、奈良には観光者にとって夜間の楽しみが少なく、また奈良の伝統文化に触れてもらう機会にも乏しいという実情から興った企画であり、地域の豊かな文化性を示す催事といえよう。また他の例として、奈良町では「ならまちわらべうたフェスタ」という平成5年に始まった催事が行われており、奈良市音声館の活動とも相まって、"わらべうた"を奈良町の文化として定着させる試みが続けられている。これらに見られるように、奈良町の「多様な文化性」は、現代においても息づいていると言えるだろう。

次に第3のエートスである「住民の主体性」を見てみよう。前述のように現在の奈良町には多数のコミュニティが存在し、主体的な活動を展開している。また商店主の約7割が先代から受け継いだ土地や建物で開業しており、コミュニティ活動や商売が生活と一体になっているため生活のリアリティがある。さらに、奈良町には一般的な観光土産物を販売する店舗がほとんど無く、商店主の価値観に基づくこだわりの感じられる雑貨等が販売されている（上田 2003b：72頁）。現在でも毎年のように新しいコンセプトを掲げた店舗が開業しており、奈良町の魅力は進化している。

また、まちの商業的活性化のための企画も積極的に行われている。たとえば2010年（平成22年）に行われた「まちなかバル」企画は、スペインのバー（バル）をはしごする楽しみが再現できるように、地域の各店が「1ドリンク＋1品」のメニューを設定し、観光者は3000円のチケットで5軒のはしごができるようにした企画である。この企画は、地域全体の協力が必要なことやその企画自体では商業的採算には見合わないことから他の地域での実例は少なく、前例としては函館旧市街、千葉県柏市、兵庫県伊丹市を数えるのみであったが、奈良町では中心となる商店主や地域コミュニティの主体的な活動により実現されたのである[4]。このように、「住民の主体性」に基づくコミュニティの活動やオリジナリティの探求が、現在の奈良町に「リアリティ」を与え、魅力を形成していると言えるだろう。

本章では、地域のエートスと現代のリアリティが共鳴する観光形態として「生

活観光」という概念を提示し、奈良町を事例として論じた。「生活観光」は未だ一般的に認知されるツーリズム用語とはなっておらず、その定義も確定されてはいない。この概念を定着させるためには、観光者側からの研究、すなわち観光者が「生活観光」を通して何を獲得するのか、という視点からの観光社会学的な研究が必要になるだろう。「観光者の感動」をどう捕捉し理解するのかということが重要であると思われる。

このような研究が、歴史的観光地の地元学における基礎的な研究のひとつとして位置付けられれば幸いである。

注

(1) 「ならまち格子の家」の平成20年の入場者数は87,555名（前年比110%）であった。また同じく奈良町内の「なら工藝館」の入場者数も前年に比べ116%となっており、観光者の生活やものづくりに対する支持が読み取れる。

(2) 特定非営利活動法人「さんが俥座」のHPでは、その例を見ることができる。http：//www.sanga-kurumaza.com

(3) 奈良の歴史に対する論述は、主に永島（1963）、有安（2004）「奈良町の歴史とその価値」『まちづくりのめざすもの』に拠った。また第3節の論述は、片山（2009）に加筆修正を加えたものである。

(4) 奈良町の「まちなかバル」は2010年10月16日（土）に企画されたが、約3000セットのチケットが完売し企画としては成功であった。2011年度の企画も検討されている。—中山曜誠（奈良市東向商店街協同組合副理事長）講演「奈良の食と観光による活性化」第13回フードツーリズム研究セミナー（2010年10月23日、於：大阪市立大学梅田サテライト文化交流センター）より聞き取り内容を抜粋—

参考文献

有安美加（2004）：「奈良町の歴史とその価値」『まちづくりのめざすもの』（社）奈良まちづくりセンター

井口貢（2005）：『まちづくり・観光と地域文化の創造』学文社

上田恵美子（2003）：「まちづくりと観光地形成」『現代観光のアプローチ』山上徹・堀野正人編著　白桃書房

上田恵美子（2007）：「まちづくり型観光地の変化と課題—観光産業と「場」の概念を中心に—」大阪市立大学大学院経営学研究科博士論文

片山明久（2009）：「奈良町における生活観光の形成」第24回日本観光研究学会全国大会学術論文集

望月照彦（2002）：「人びとが喜んで集まり交流するまちづくり—観光力の時代が始

まった─」『新たな観光まちづくりの挑戦』国土交通省総合政策局観光部監修、ぎょうせい
奈良市地域ブランド向上3ヶ年計画策定委員会（2007）:「新奈良ブランド開発計画」
永島福太郎（1963）:『奈良』吉川弘文館

参考HP
ビデオリサーチ社HP：
http：//www.videor.co.jp/deta/ratedata/program/03taiga.htm
特定非営利活動法人「さんが俥座」HP： http：//www.sanga-kurumaza.com
アートと地域のまちづくりネットワーク委員会「アートで結ぶあわら温泉街─丘陵地─北潟湖の地域資源」（『全国都市再生モデル調査活動シート』国土交通省国土計画局調整課HP： http：//nrb-www.milt.go.jp/toshisaisei/sc/
奈良女子大学現代GP「古都奈良における生活観光─地域資源を活用した全学的教育プログラム─」：http：//www.nara-wu.ac.jp/gp2007/seikatsukanko.html

本康宏史

第10章 「金沢学」と観光文化

1 金沢学研究会の軌跡

1.1 創設と展開

　「観光文化」と地元学・地域学は、いうまでもなく密接な関係にある。地元学は、「観光」をめぐる文化資源の発掘、発信のいわば知的バックボーンともいえよう。また一方で、「観光」を主体とした地域振興や活性策に対する、一定の批判的な視座を確保する理性の枠組みでもある。こうしたアンヴィバレントともいえる「観光文化」と地元学の関係を、具体的な地域と地元学の事例から紹介したい。その際、地元学・地域学の比較的早い取組みとして知られる「金沢学」とその研究会の経験は、「観光都市」として知られる金沢市の文化的な状況と、どのような関係にあったのか。以下、まず①金沢学研究会の活動、②同研究会の観光文化に対する言説を紹介し、、さらに、③観光振興と「金沢学」に関する様々な視点・立場をめぐる若干の検証を試みたい。

　さて、「金沢学研究会」は、金沢の都市問題について、歴史を軸に学際的な研究を目的として設立された。第1回の研究会は1983年（昭和58）7月、十数名の地元研究者により市内石川県立郷土資料館にて開催されている。現在、全国で活発化している地元学・地域学の「嚆矢」とはいわないまでも、かなり早い部類に属するものといえよう。会の記録によれば、当初は研究者相互の学際的な交流の場であったが、1986年（昭和61）の12回目からは会場を金沢美術工芸大学に移して、一般市民にも聴講を開放するようになった。なお、以下の研究会の活動に関しては、事務局長であった丸山敦の整理とご教示に多くを依拠している（丸山2001、2005）。あらかじめ明記しておきたい。

設立者である田中喜男（金沢経済大学名誉教授、故人）は、会の主旨を次のように述べている。

> 「金沢の問題は日本の都市問題であるが、何れの都市においても歴史を背負わない都市は存在しない」「金沢にアプローチする方法として、歴史を機軸に各分野の研究者による共同研究こそ金沢の都市問題を解決しうる」。

この趣旨に賛同し、研究者有志が集った。メンバーは、大学教員や博物館学芸員など金沢在住の中堅研究者であり、専門分野は、歴史学をはじめ建築学、民俗学、美術デザイン、社会学、文学など、多岐に渡るいわば学際的な雰囲気の研究会であった。

1.2 例会活動と叢書「金沢学」の刊行

研究会活動の柱は、ほぼ毎月1回、年間約十回程度の例会の開催とその成果の刊行であった。例会活動は通算164回にのぼり、2004年7月の創立20周年記念例会をもって、その活動を終えている。当初、話題提供を研究会員の持ち回りで行ったが、途中から年間担当者とテーマを設定し、報告者の選定、ゲストスピーカーの招聘、見学会の開催などを一括して企画した。参加者は、毎回20～30名程度、テーマにより会員外聴講者数の変動があった。

また、当初より研究会の成果を刊行物の形で定着し、新たな発信の場とすることが希求され、幸い地元印刷業者の協力により、「金沢学シリーズ」として通巻10冊の叢書の出版が可能となった。以下は、いわば「会の財産」となった叢書（論集）の各タイトルである。

① 『フォーラム・金沢―伝統と近代化のはざま―』金沢学研究会編、1987年
② 『パフォーマンス・金沢―都市文化を読む―』金沢学研究会編、1989年
③ 『講座　金沢学事始め』八木正編、1991年
④ 『ホワットイズ・金沢―職人・作家・商人のルーツを探る―』黒川威人編、1992年
⑤ 『パースペクティブ・金沢―「金沢ビジネス」の功罪―』水谷内徹也編、1993年
⑥ 『マンタリテ・金沢―「遊び」からみえるもの―』丸山敦編、1995年
⑦ 『ポプラール・金沢―モノづくりと町づくり―』黒川威人編、1996年

⑧『イメージ・オブ・金沢―"伝統都市"像の形成と展開―』本康宏史編、1998年
⑨『トポス・オブ・金沢―伝統都市の場所性をめぐって―』櫛田清編、2000年
⑩『カラー・オブ・金沢―彩で繋がれた街―』山岸政雄編、2003年

　研究会の運営とリンクさせながら、各巻の内容や経緯を若干補足しておきたい。1巻目の「フォーラム・金沢」は、研究会の発足5年目にようやく刊行することができた。執筆者（メンバー）が専門分野に即して問題提起を行っており、発足当時の意気込みをよく伝えている。内容は、文学からみた住まい、色や年中行事からみた都市民俗、地場産業にみるデザイン、雪と北陸の住居の関係、城下町の歴史と開発、伝統工芸の現状、住民気質など。多様性はいうまでもなく、学際的な設定が特徴といえよう。2巻目（「パフォーマンス・金沢」）は、引続き初期メンバーによる学際的な論集。3巻目（「講座　金沢学事始め」）は、金沢大学教育開放センターの公開講座として開講された内容をまとめたものである。対談やパネルディスカッションが収録され、その分、メンバーの問題意識が鮮明になっている。4巻目（「ホワットイズ・金沢」）の段階で、研究会の持ち方と叢書の在り方に大きな変化が見られた。というのも、これ以降、年間テーマを設定、共通の話題を異なる分野から多面的に検討する方式が取られることになる。当時の責任者黒川威人は、「異なる立場の専門家を交互に配して発表オーダーを組んだ」。これは「毎回の研究会の議論を活発にする目的」と同時に、「会の雰囲気を本のなかに込めたいとの狙いもあった」からと回想している。この結果、「研究会での論議はこれまでになく深まった」という。こうして、5巻目（「パースペクティブ・金沢」）以降は、論集の編集責任者が年間のコーディネーターを兼ね、それぞれの設定したテーマに沿った報告者（執筆者）を選定して進行していく。いずれの叢書も、研究会での議論を踏まえたものであったし、議論を通して社会的立場や専攻分野の違いによる視点の違いを相互に認識できたことは、学際的な会のもたらす最大の成果であったといえよう。「地域学は、他地域との対比によって地域の特性（アイデンティティ）を充分認識した上で検討し、地域を通じて地域を客観的に見ることが必要である」との丸山氏の指摘は、今日の状況に照らしても正鵠を射ているように思われるが（丸山

2005)、前記のような学際的な方法論が、批判的精神の土壌として重要な役割を果たしていたものと評価されよう。

2 金沢学研究会と「観光文化」の視点

2.1 金沢学叢書の「観光文化」研究

さて、以下では、本書の主題である「観光文化」と地元学の関係について考察したい。その際、金沢学研究会の発会当初は、代表の田中氏の志向や創設メンバーの構成もあって、いわゆる「観光」や「観光行政」の在り方に対して、かならずしも肯定的ではなかった嫌いもある。たとえば、丸山が参加してまもなくの例会報告で、金沢市の「国際観光客誘致策調査」の結果を紹介したところ、「(観光行政・施策に対する) 鋭い質問が集中し、大いにとまどった」という。当時の「観光」に対する知識人や市民の雰囲気がうかがえよう。実際、「金沢学」の各叢書においても、論者によって「観光」や「観光行政」に対する評価はまちまちで、近年の「観光文化」研究の進展と認識に比べ、ある意味興味深い。以下、叢書のなかから関連する論考を紹介し、金沢学研究会の「観光文化」に関する言説を整理しておきたい。

まず、金沢学②『パフォーマンス・金沢』(1989)では、丸山敦「金沢名所考」が、金沢城下町の行楽・遊楽地＝名所について、「金沢八景」などを対象に分析している。その際、「都市景観やレクリエーションを考える上で参考になると思われる金沢の名所について、歴史的な変遷とその背景」を探る視点から、名所は「景観の時代に依る価値観を反映する場所」であると指摘。さらに、街づくりにおいても「単に観光のための名所ではなく市民が真に住みやすく快適に過ごし、楽しめる空間、生活の名所づくりも必要ではないだろうか」と提言している。この論考の背景には、観光リゾート法(「綜合保養地域整備法」)施行をめぐる当時の経緯があり、同法の検証を兼ねた報告でもあった。

金沢学③『講座　金沢学事始め』(1991)では、地井昭夫「金沢はどこへ行く」が、外国人観光客の増加を背景に、金沢は、「国際観光都市」とは言えるものの実態はいかがなものかと、疑問を呈している。当時話題となった「国際コンベンション都市構想」に対しては、「市民レベルの都市生活とは関係なし」

として、否定的な見解をとっていた。

　金沢学⑤『パースペクティブ・金沢』(1993) では、八木正「変貌する金沢・近江町市場」が、「グルメ観光の名所と化した」近江町市場をとりあげ、観光客向けのスポットとして「近江町はその性格を急速に変えていった」と指摘している。金沢の都市としての基本的性格は、「良くも悪くも、藩政期以来の伝統工芸文化と城下町に支えられた観光都市」である点を強調。折からの観光ブームに便乗する形で、行政当局と経済界は、観光施設の整備やイベント開発（たとえば、フードピア金沢）に力を入れ始めたことを紹介。その「目玉のひとつ」が近江町市場であったとする。かくして近江町市場は、「金沢市民の市場」から「観光客の観光市場」に変化したものと批判した。なお、同書では、本康宏史「産業・観光・博覧会」も、金沢の「観光文化」の歴史的経緯をあとづけている。同論考によれば、1932年（昭和7）の「産業と観光の大博覧会」が、「観光都市金沢」の原点であるとし、とくに、この博覧会で注目されたのは、博覧会の宣伝・広告に対する取組みであったと強調した。すなわち、この博覧会が、戦後の金沢観光の素材やパターンを基底において形作ったのだという。

　金沢学⑥『マンタリテ・金沢』(1995) では、共通テーマ「遊び」に関する論考を集め、「観光」との親和性を再確認した。なかでも、田中喜男「名所・行楽地の民衆化と料理屋」では、さきの丸山「金沢名所考」をふまえて、金沢城下のレクリエーションの場を具体的にあとづけ、江戸時代の人びとがどのようにレクリエーションの場を見つけ形成してきたかを示した。その際「金沢城下の行楽・遊楽地のレクリエーション化」が、民衆が求める身近な人間的豊かさの充足の願望に背景を持つと指摘している。同じく、本康宏史は「「モダン」な遊び場」で、「郊外遊園地の時代」を紹介。かつて「北陸の宝塚」と謳われた一大パラダイス「粟ヶ崎遊園」の分析を行っている。同遊園は、郊外電車の浅野川電鉄が経営を展開したもので、宝塚と阪急電鉄・阪急文化の地方版と目された。同論考では、北陸三県を対象とした「観光文化」の原初的な典型例として位置付けている。

　金沢学⑦『ポプラール・金沢』(1996) には、井口貢「旧城下町の文化開発」が掲載されている。同論考は、観光を直接対象としたものではないが、文化経済学の視点から「まちづくり」の実例を、とくに旧城下町の比較検討が有効で

あるとして分析した。その背景には、「都市の文化と経済のかかわり、そしてさらにはそれを梃子に文化開発、文化経営の問題を、市民の生活文化の視点を軸にしながら考察」しようとする認識がある。具体事例の長浜の黒壁スクエア、彦根のキャッスルロード夢京橋、近江八幡の掘割八丁堀の整備、金沢東山茶屋街の整備、フードピア金沢、越中万葉夢幻譚など、まさに今日の滋賀・北陸の都市型観光施設の分析を先駆的に試みたものといえよう。

　金沢学⑧『イメージ・オブ・金沢』(1998)では、本康宏史「イメージとしての都市金沢」が、金沢に冠された様々なネーミングから「都市イメージ」を類推する作業を試みている。そのなかで、「消費都市」というネーミングは、地域経済学のいう「内発的発展」論に通じるものがあると指摘。「観光都市」や「宣伝された都市」もこれに類したものと整理している。

　金沢学⑨『トポス・オブ・金沢』(2000)では、市川秀和「金沢とワイマール」が、金沢とワイマール（ドイツ）に見られる共通したイメージの多様性から考察を進め、伝統文化都市の形成にとって必然的に重要な歴史的要因について指摘している。そのなかで、「観光都市」のイメージを比較の対象としてとりあげ、「様々な都市イメージが豊かな魅力を醸し出し」て、「現在の観光都市としての立場を築き上げた」と指摘。都市の豊かなイメージの多様性は、そのまま「魅力的な観光資源なのである」と分析した。

　金沢学⑩『カラー・オブ・金沢』(2003)では、山岸政雄が「色彩都市「金沢」」で、「歴史都市金沢」が試みてきた、カラーコントロールと景観保全の歩みをあとづけている。検証対象が、旧四高本館、金沢城菱櫓、長町武家屋敷、東茶屋街のまち並み、世界遺産五箇山など、「観光地」における景観の諸策と事例であり、「環境色は都市の精粋をも左右する情報」として、「観光景観」についても示唆を与えた。これらはいずれも、地域の多角的な分析にもとづいたユニークな「観光文化」論といえるのではないだろうか。

2.2　幻の「茶屋町」文化研究

　この間、年間テーマと叢書の構想のなかで、かつて金沢美術工芸大学に勤務された森嘉紀氏の提唱により、金沢の「茶屋町」をめぐる研究が試みられている。まさに、「観光文化」の対象として恰好の素材であるといえよう。年間を

通じて歴史学・民俗学・文学・建築デザインなどの立場から、多角的な報告が重ねられた。このような学際的・総合的な形での金沢の遊廓・茶屋町の共同研究は、初めての試みではなかったかと思われる。残念ながら、この成果はいくつかの事情から「叢書」としてはまとめられなかったが、報告者各自の業績のなかで適宜公にしており、たとえば本康は、「茶屋町と観光文化」というテーマでのちに論稿化している（本康2002）。

3　様々な「金沢学」

3.1　市民の研究会から大学・企業へ

　その後、メンバーの固定化、平均年齢の上昇といったことによる活動のマンネリ化が生じ、金沢学研究会の活動は停滞。2000年代に入った頃から、これにとって代わるかのように、新たな「金沢学」が登場して来る。そのひとつが、地元大学による「金沢学」であり、さらに地元経済団体の主導による「金沢学」であった。前者は、国立大学の独立法人化にともなう、金沢大学の地域活性化プロジェクトの一環で、「いしかわ金沢学」というネーミングで活動を展開している（部分的に地元マスコミと共催）。これとは別に、県外出身者が学生の多くを占める事情もあって、総合科目「金沢学入門」を正規のカリキュラムとして2003年から開講した。歴史、方言、民俗、都市論など、学際的な講座内容で学生の人気も高い（以上「入門1」。「入門2」は自然科学中心。2011年度より『金沢入門』と改称）。

　ところで、振り返れば金沢学研究会の活動時期は、1980～90年代に至るバブル経済からその終焉の時代に重なり、大衆消費社会の成熟、文化生活の向上にともなう、市民の知的欲求や参加意識が高まった社会状況に呼応していた。研究会自体も、必ずしも反体制的とはいわないまでも、「新たな市民社会」の要請の上に、大学人などの知識人が一般市民との連携を模索していた時期にもあたろう。一方、2000年代に入ると、長期的・慢性的な不況のもと、新自由主義的傾向が台頭し、都市間競争のなかで、自治体・企業と大学・教育機関の連携が深まった。いわゆる「産学官の一体化」が、批判の対象ではなく、むしろ自明の戦略と認識されつつあるような状況が顕著になっていく。こうした時

代の変化に、「金沢学」の在り方は微妙にリンクしているようにも思われるのである。

3.2 金沢経済同友会の「金沢学」

こうした背景から、金沢大学の「金沢学」にもまして活発な活動と影響力を持つに至ったのが、金沢経済同友会主導による「金沢学」である。これは、同会の提案によって開催された「金沢創造都市会議」（2001年～）を契機に展開された運動で、第1回の創造都市会議では、「金沢の「記憶」を掘り下げ、提言していくこと」を目的とした「金沢学会」を創設する、との「金沢宣言」が採択された。翌02年には「金沢学会」の総会が開催され、記念対談には「東北学」の構築をめざしていた赤坂憲雄東北芸術工科大学教授と地域政策論を専門とする大内浩芝浦工業大学教授が、「都市の記憶と想像力」をテーマに論議を提起している。

その後、同友会は「金沢の個性を知り、個性に磨きをかけることは、まさにふるさと教育」と提言。これを受けて、NHK大河ドラマ「利家とまつ」の誘致、地元高校の「金沢学」授業の実践が推進された。後者は、県教育委員会が同友会の働きかけに応え、県立金沢向陽高校において県内で始めて「金沢学」の講座を設けたもの（2001年～）。さらに、「ふるさと教育」推進の一環として、地域検定の導入と企業参加が唱えられ、2007年より「金沢検定試験」が実施され回を重ねている。いわゆる「ふるさと検定」は、06年に京都商工会議所が「京都・観光文化検定試験」（京都検定）を実施し、1万人近い受験者を集めて話題となったもので、「観光」と「地元学」の結びつきが強いイベントとして全国に広がった。「金沢検定」は、取組みの早さ、受験者の多さと、問題の難易度（合格率の低さ）で全国的に知られている。

この間、同友会の周辺では、「かなざわ「まち博」」という、街中を「博覧会」に見立てた都市イベント（期間を限定した屋外中心の各種講座、見学会の集中開催）が10年目を迎え、ここでは、金沢市肝いりの観光ガイド「まいどさん」（観光ボランティア）も、イベント案内役等で活動を展開している。一連の「ふるさと顕彰」事業では、同友会と一体となった地元マスコミの広報活動が大きな特徴といえよう。

4 「観光文化」と地域学——金沢の現状——

4.1 「世界遺産」登録運動

　こうした経済界、地元マスコミの地域学に対する熱い取組みの背景には、長期的な不況下での都市間競争を、「観光文化」政策で乗り切ろうとする戦略が存在しているように思われる。その起爆剤と目されているのが、いうまでもなく「世界遺産」の認定であろう。とりわけ、「観光地」として一定の認知を得ている金沢では、隣県（富山・岐阜県）における、五箇山・白川郷の「世界遺産」認定に伴う観光誘客の急激な増加を横目に、いわば「悲願」のような様相を呈している。2006年には、石川県と金沢市が、金沢城址を中心とする「城下町金沢の文化遺産群と文化的景観」の「世界遺産暫定一覧表」への記載を共同提案、現段階では継続審議となっている。もちろん、この運動にも地元経済界・マスコミの積極的な関与がみられ、たとえば、「石川県に世界遺産を」推進会議が、金沢経済同友会を母体に設立されるなど積極的な運動を展開している。

4.2 城下町の「観光文化」と金沢学

　この間、相次ぐ史跡の文化財指定（金沢城址・野田山墓地・辰巳用水・ひがし茶屋街など）や城下町の景観再生（小まちなみの保存、金沢町屋の再生、旧町名の復活など）を目途に、様々な施策が行政レベルでも展開している。こうした甲斐あって、金沢市は、ユネスコの「世界創造都市」や経済産業省の「歴史都市」に認定されるに至った。さらに、2010年には、文化庁の「重要文化的景観」にも指定され、「世界遺産」推進運動に一定の弾みをつけている。

　いずれにせよ、現状では、その目的のひとつに「観光」を軸とした地域振興を掲げる「金沢学」が求められていることは否めない。その点において、一番発信力ある推進主体が金沢経済同友会の「金沢学」であるともいえるが、その意図は注意深く検証する必要があろう。なんとなれば、地元学・地域学には、地域を批判的に構築、推進する視点や役割もまた大切であり、それぞれの言説の背景を読み解くことが、地元学の在り方自身にとっても重要であると思われるからである。とりわけ、「観光文化」という多面的な対象にあっては、それ

ぞれの論者、政策立案者の意識・価値観が問われるのではないか。「真の観光振興は地域文化への波及効果、あるいは新たな地域文化の創造のための起爆剤」ととらえる本書の基調にあって、改めて自省を深めたいものである。

文献
井口貢（1996）:「旧城下町の文化開発―比較城下町論の試み　文化経済学の視点から―」黒川威人編『ポプラール・金沢―モノづくりと町づくり―』前田印刷出版部
市川秀和（2000）:「金沢とワイマール―日独の古都にみるトポフォリアの思想―」櫛田清編『トポス・オブ・金沢―伝統都市の場所性をめぐって―』前田印刷出版部
田中喜男（1993）:「名所・行楽地の民衆化と料理屋」水谷内徹也編『金沢学⑤パースペクティブ・金沢―『金沢型ビジネス』の功罪―』前田印刷出版部
地井昭夫（1991）:「金沢はどこへ行く」『講座　金沢学事始め』前田印刷出版部
丸山敦（1989）:「金沢名所考」『パフォーマンス・金沢』前田印刷出版部
丸山敦（2001）:「金沢学研究会が目指すもの」『北國文華』7号、「特集:「地域学」のすすめ」
丸山敦（2005）:「「金沢学」の成果と終焉―地域から世界を見る―」『地域開発』494号、「特集:地域学」
本康宏史（1993）:「観光・産業・博覧会―昭和7年金沢博覧会をめぐって―」水谷内徹也編『パースペクティブ・金沢』前田印刷出版部
本康宏史（1995）:「「モダン」な遊び場」丸山敦編『マンタリテ・金沢―「遊び」からみえるもの―』前田印刷出版部
本康宏史（1998）:「イメージとしての都市金沢―緒言にかえて―」本康宏史編『イメージ・オブ・金沢―"伝統都市"像の形成と展開―』前田印刷出版部
本康宏史（2002）:「茶屋町と観光文化―イメージでたどる金沢の『遊廓』―」井口貢編『観光文化の振興と地域社会』ミネルヴァ書房
八木正（1993）:「変貌する金沢・近江町市場」『パースペクティブ・金沢』前田印刷出版部
山岸政雄（2003）:「色彩都市「金沢」―その来たりしを見、行くを考える」山岸政雄編『カラー・オブ・金沢―彩で繋がれた街―』前田印刷出版部

安藤隆一

第11章 小京都という視座

――三重県伊賀市上野地区を事例に

1 小京都とは

1.1 小京都の定義

　小京都、なんと心地よい響きの言葉であろうか。

> 「飛騨の高山を、小京都という。このことは、印象としてまぎれもない。あるまち角では、ふと京都よりも京都ではないかと思ったりする。規模が小さいだけに、品格のある作りも、その磨き方も入念なのである。」（司馬 1987：357頁）

とは、作家司馬遼太郎の名作シリーズ『街道をゆく』の一節である。「飛騨は、室町時代、姉小路氏という京の公家が下向して国司となった。」（司馬 1987：313頁）とあるように、高山は京の公家が作ったまちとよくいわれるが、実際には

> 「高山の文化や風致の原形をつくったのは、（中略）豊臣期から徳川初期まで数代つづいた飛騨大名の金森氏だった。さらに正確にいえば、金森家がもっていた茶道美学だった。」（司馬 1987：357頁）

　日本各地には、様々な歴史的経緯を経て、ここに登場する「飛騨の高山」のような京都の風情（文化や風致）をもつまちがつくられ、これらを古くから小京都と称している。「みちのくの小京都・角館」、「山陰の小京都・津和野」などがそれであり、司馬遼太郎でなくとも各地のそれらへ1度は訪ねてみたいと思う場所である。

　こうしたなかで、この小京都という文化や風致を生かした観光やまちづくりの政策をすすめている例（前述の角館、津和野など）も多くみられる。旧国鉄

もこの小京都にあやかり、国民におおいに旅行をしてもらおうと 1970 年代にキャンペーンを展開した。

「70 年代に入り…（中略）…時あたかも、小京都ブームが起こり、旧国鉄がディスカバー・ジャパンと銘打った一大キャンペーンを展開しようとしていた。」（井口 1998：162 頁）

とあるようにこのキャンペーンと小京都ブームの相乗効果により、ブームはいっそうの盛り上がりを見せたのである。

小京都の具体的な定義としては、1985 年に京都市の呼びかけで発足した全国京都会議（以下、「会議」という。加盟市町は、京都市を除く、当時の 26 市町である。）の加盟基準もって、小京都とするのもひとつの考え方である。

会議では、1988 年の第 4 回総会で次の 3 つの加盟基準を定め、ひとつ以上が該当すれば、加盟を承認するとしている。

① 京都に似た自然景観、まち並み、たたずまいがある。
② 京都との歴史的なつながりがある。
③ 伝統的な産業と芸能がある。（京都市観光協会 1991：84 頁）

現在、会議に参加している市町は、京都市を除いて、北は弘前市（青森県）から南は知覧町（鹿児島県）まで 45 ある。

ちなみに、会議の発行する小冊子『小京都と京都ゆかりのまち』の冒頭にはこう記されている。

「小京都…。わずか三文字の短い言葉に、私たちは不思議な懐かしさと憧憬を覚えます。悠久の歴史と豊な自然に培われた伝統や文化、季節を彩る風物詩、そこに住まう人びとの暮らし…。そんな文化を守り伝える小京都を訪ねてみませんか。日々の暮らしのなかで忘れかけていた懐かしい日本の原風景にきっと出会えるはずです。」

しかし、会議には参加していないが、旅行雑誌、観光ガイドブック、鉄道雑誌この他にも観光宣伝などを目的として、小京都を自称、他称している市町は多く、100 以上あるともいわれている。それらは、会議に加盟している市町もあれば、それらの市町と遜色のない地域（会議に加盟していなくてもその基準を満たしていると考えられる）もある。また、単に観光宣伝のために自称しているものもある。本章では、会議加盟市町およびそれに遜色のない市町を小

京都と定義することにする。

1.2 小京都のはじまりと小京都戦略

　日本の地方都市は城下町がその起源であることが多い。そのためほとんどの小京都も城下町である。城を築き、その周辺に都市を築いた領主が、すべて京都に憧れ、京都を意識してまちづくりを行ったかどうかは、定かではない。

　しかし、明らかに京都に憧れ、京都風のまちを造ったと言い伝えられているのは、山口市である。このまちに残る「常栄寺雪舟庭」や「瑠璃光寺」は明らかに京都を意識している。室町時代の初期に周防・長門の守護であった大内弘世が京都に憧れて、当時の京の都を模したまちづくりを始めた。歴代当主がそれを引き継ぎ、「西の京」といわれるまちを築いた。これをもって、小京都の嚆矢とされている。多くの小京都はこれ以降、各地の領主や大名が京都に真似せてまちづくりを行い、それらが現在まで小京都として残っているものと考えられる。

　先にも述べたように小京都と称する市町は多い。地域資源を上手く生かしてまちづくりに成功している例も多く見られる。しかし単に観光で人を呼ぶためだけに、「京都」という名前、あるいは、ブランドを利用しているケースもあるのではないだろうか。観光パンフレットに○○の小京都と載っており、そのまちの個性ある風情を期待して行ってみて、がっかりするケースもある。

　それは年間観光客数5,000万人を超える巨大観光地「京都」に便乗したものと捉えられても仕方がない。京都は平安京が築かれて以来、長い間、日本の政治的、文化的中心であった。そして、そこに住む人びとによって、その中心にしかない伝統的な文化や産業が営々と営まれてきた。現在の京都にはそれらが多く残っており、それに触れることを目的に多くの観光客がやって来るのである。

　本章では、安易に京都という名前に依存することなく、小京都という視座から見た、地域の固有価値の源泉である文化資源を生かしたまちづくりについて、会議にも加盟している三重県伊賀市上野地区（以下、「伊賀上野」と略）を事例に考察する。

2 小京都としての伊賀上野

2.1 伊賀上野の地理

　伊賀上野のある伊賀市は、2004年11月1日に旧上野市、旧伊賀町、旧島ヶ原村、旧阿山町、旧大山田村、旧青山町が合併して誕生した。三重県の西北部に位置し、北は滋賀県、西は京都府、奈良県と接している。近畿圏と中部圏の2大都市圏の中間に位置し、それぞれ電車で約1時間の距離にある。直接京都と繋がっており、京都に最も近い小京都であるといえる。

　伊賀上野は三重県の旧伊賀国の北半分に位置しており、その面積は、194.55km^2である。北を柘植川、東から服部川が流れ、南からきた木津川と岩倉で合流する。市域はこれらの川の沖積平野である盆地と周辺山地からなっている。盆地の中央には、舌状に延びる上野台地があり、四方を見渡せる地形となっている。

　伊賀の地名が記録に初めて登場するのは、神奈川県藤沢市の清浄光寺の永享年間（1429-1441）と推定される過去帳である。また1473年の一条兼良の「ふち河の記」に上野という地名が見られる。

　交通をみると、古くは奈良を通して大阪への続く大和街道と伊勢へ続く伊勢街道の結節点として重要な位置にある。近代となり1897年に関西鉄道（現JR関西本線）が開通して上野駅（後の伊賀上野駅）が設置され、1899年には全線が完成した。1922年伊賀上野駅から西名張駅まで伊賀軌道（後の近鉄伊賀線）が開通した。1964年近鉄伊賀線は伊賀神戸〜西名張が廃止され、JR伊賀上野駅から近鉄伊賀神戸を結ぶ伊賀鉄道が市内（中心市街地）を縦断して走ることになった。

2.2 小京都・伊賀上野のはじまり

　1585年、大阪と伊勢を繋ぐ街道の重要な戦略であるこの地に最初に城郭を築いたのは、豊臣秀吉から伊賀の国を拝領した筒井定次である。定次は、盆地を見下ろす中央の高台（上野台地の北部）に三層の天守閣を築き、北に表門を

構えた。この築城の目的は、豊臣政権の中心の大阪城を守るためであった。
　その後1608年徳川家康が当時伊予国（愛媛県）今治の城主であった藤堂高虎に伊賀一円と伊勢の地で22万石を与えた。この時、まだ大阪城には豊臣秀頼がおり、大阪攻めの攻撃拠点を作るための高虎のこの地への移封であった。（高虎は黒田如水や加藤清正らと並んで築城の名手として知られ、近江の膳所城の企画、伏見城の石垣の構築、江戸城の企画などを手がけている。）高虎は、自ら縄張りを行うなど、従来の城を大拡張するなど、本格的な築城を行った。
　その時、城の正面を南側とし、その外側にいわゆる城下町が作られた。まちづくりに当たっては、「地割り」が行われ、城の堀の南に東西三筋の町屋が作られ、その南にはまた侍屋敷がおかれ、東は寺町、西は台地の端で終わっている。この様がまさに「碁盤の目」状の京都の景観を偲ばせ、「小京都」の由来ともなっている。

2.3　商都・伊賀上野の形成

　1615年大阪夏の陣が終わり、国内に本格的戦乱はなくなった。城下町の重要性は「戦さ」のための城でなく、「商売」のためのまちに移っていく。伊賀藩では、町屋に商売免許の特権を与え、商品は必ず上野問屋を通して「庭銭」を出すようにし、それ以外の商品流通を禁じた。
　この地は、奈良、大阪へと続く大和街道の伊勢神宮への伊勢街道の結節点であり、物流の中心としての役割を果たし、その担い手となった町人は商人として富を蓄積していく。このようにして、「町年寄」支配の町衆が形成されていく。この町衆が、きんつばや丁稚羊羹などの和菓子、伊賀焼、養肝漬（漬物）などを生み出していったのである。
　伊賀上野が、碁盤の目状のまち並みとともに、小京都の風情を感じさせるのは、菅原神社（上野天満宮）とその秋祭りである上野天神祭りである。この神社は筒井定次によって大和筒井から勧進されたとされているが、藤堂高虎のとき、堀の東南の外、現在の場所に移され、現在でもまちの人びとの信仰を集めている。
　この秋祭りの本宮祭は毎年10月25日に行われ、その歴史は400年余りを有し、国の重要無形文化財に指定されている。その古式豊かな行列は、神輿巡

行、鬼行列、そして9基の「だんじり」巡行からなっている。現在のような車輪付きの「だんじり」が登場するのは元禄年間（1688年～1704年）といわれている。中国の故事や偉人、霊鳥獣などを、金糸銀糸を用いて作られた「だんじり」は市内の9つの町内（町人町）に保管され、祭りの当日、賑やかなお囃子に乗ってまちを練り歩く様は正に京都の「祇園祭り」を髣髴とさせるものである。

3　固有価値としての文化資源を活かした取組み

3.1　忍者、松尾芭蕉を活かした伊賀上野の観光

　前節でみてきた伊賀上野の様々な文化資源のなかで、現在最も多く観光に生かしているのは、「忍者」である。伊賀上野観光協会の発行する観光情報紙『いがぐり第34号』（2010夏号）を見ると、「歴女な貴女に贈る伊賀の武将・偉人伝」中に登場する人物は、藤原千方、藤林長門、服部半蔵、百地丹波と10人中4人が忍者である。さらに、「第2回伊賀流・手裏剣打選手権大会」の記事が見開きの2頁、定番観光スポットの最初には「伊賀流忍者博物館」が登場する。

　まちなかの風情ある佇まいの「むらい萬香園」は、古くからの伊賀茶製造販売と茶道具の店である。代表の村井元治は、お茶や茶道具の販売に加え、忍者関係のグッズも販売、併設したカフェでは、時には自ら忍者の格好をして、お客にサービスしている。そのためマスコミにも多く取り上げられ、週末には、東は東京、西は大阪方面からのリピーターも多い。

図11-1　忍者列車（安藤撮影）　　図11-2　松尾芭蕉の生家（安藤撮影）

伊賀上野観光協会副会長の池澤基善は、「伊賀上野NINJAフェスタ」の実行委員長でもあり、忍者をテーマとしたまちおこしを実践してきた。忍者という、今や日本を超えてブランドである文化資源を、その知名度を生かして、市外、県外から人を呼び込み、交流人口を増やそうとしている。そうすることで中心市街地、とりわけ商店街の活性化を図ろうという試みである。幸い、碁盤目状のまちに古い町屋も多く残り、その小京都という名に相応しい風情の中心部は、週末には市外、県外からの観光客も増え、一定の成果を収めている。

　「草いろいろ　おのおの花の　手柄かな」の句碑が伊賀市上野図書館の正面玄関にある。この句は松尾芭蕉の作で、1983年に米国のレーガン大統領（当時）が来日し、衆議院での演説で引用した句である。

　芭蕉は1644年に伊賀上野で生まれる。藤堂良忠の近習として俳諧を学び、京都で北村季吟に師事する。その後、江戸で「芭風」という芸術性の高い句風を確立し、しばしば伊賀上野にも帰り、その影響で伊賀俳壇が形成された。

　地元では「芭蕉さん」と呼ばれ、親しまれている。市内には、芭蕉翁生家、蓑虫庵、芭蕉翁記念館、俳聖殿などゆかりの施設も多く、市民の間では、俳句も盛んである。池澤も「忍者」に加え、「芭蕉さん」をテーマにしたまちづくりも追求している。

3.2　その他の文化資源の活用

　前述の会議発行の『小京都と京都ゆかりのまち』の伊賀上野の部分は、「碁盤目状に整備された城下町は、現在でもその面影が残っており、その景観は1千年の都、京都をイメージさせます。」と記述されている。この視点では、景観のみで小京都を表現している。しかし、会議の加盟基準となっている「伝統的な産業と芸能」という小京都の視点からこのまちをみると、伊賀上野には先にも記したように、きんつばや丁稚羊羹などの和菓子、地酒、伊賀焼、伊賀組紐、養肝漬（漬物）、上野天神祭と様々な文化価値が存在している。

　このことは、このまちが大和街道と伊賀街道の結節点であり、京・大阪へ送る物資の集積地として、豊かな伊賀商人を生み出し、その富が伝統産業を栄えさせたものと考えられる。

　忍者、芭蕉さんと並んで、伊賀上野を有名にしているのは、日本三大仇討と

して有名な「伊賀越仇討」である。江戸時代、実弟を河合又五郎に殺された渡邊数馬とその義弟の荒木又右衛門が城下の鍵屋ノ辻で仇を討つという話である。これをテーマに伊賀越資料館が作られ、数馬茶屋、珈琲工房鍵屋の辻など飲食の店もできている。

　さらに交通という視点で見れば、市内の中心市街地を縦断する伊賀鉄道には見るべきものがある。第一はラッピング車両である。男性、女性を表した青とピンクで忍者を描いた車両は、忍者のまちに来たという印象を観光客に強く与える。車中にも、たとえば夏であれば七夕飾りや伊賀焼きの風鈴をつるした季節を感じさせる工夫が凝らしてある。また秋には、本棚を設置した「図書館電車」などのイベント列車を走らせている。

　忍者、芭蕉さん、伊賀越仇討、伊賀鉄道に加え、これらの伝統産業を地域資源として、総合的なまちづくりの展開が大いに期待できるところである。

4　小京都という視座をまちづくりにどう活かすか

4.1　京都から学ぶ小京都

　前述のとおり他称、自称している小京都は全国に100以上あるといわれている。そのすべてが、まちづくりに成功している訳ではない。それはあまりにも、京都という名前、あるいは京都の風情に頼りすぎているからであろう。会議の加盟基準である③の「伝統的な産業と芸能」をもっと重要視すべきである。

　京都市の工業といえば、友禅染、西陣織、清水焼など直ぐに伝統産業を思い浮かべがちであるが、実は日本の最先端を行く京セラ、任天堂、ワコールなどが市内に立地している。それぞれ清水焼の陶磁器、伝統文化である花札やトランプ、西陣の織物などの伝統産業がベースとなってこれらの企業が伸びてきたのである。

　この点で、小京都を見てみると、伝統産業を古くからのそのままの形で継続している例が多い。そして、その古さを小京都の売り物にしてはいないだろうか。本章でみてきた伊賀上野でも、確かに、先人の努力によって、和菓子、伊賀焼、伊賀組紐、漬物、地酒などの伝統産業が多く残っている。しかし、必ずしもこれらの伝統産業を担う小京都の企業が京都市のような創造的なイノベー

ションを行っている訳ではない。

　小京都が、単なる京都の模倣や「京都」という名前を使った便乗商法から脱して、地域の資源を活用して新た展開をするためのヒントがこの本家・京都の企業の創造性にあるのではないだろうか。

4.2　伊賀まちかど博物館の活用

　三重県では、全内全域で「まちかど博物館」という運動を展開している。「まちかど博物館」になるには、対象として「コレクション」「伝統工芸」「モデルショップ」「建物」の4項目、条件として「人、もの、場所があること」「熱意をもって説明できる館長がいること」「まちかど博物館マップへの記載や、統一サインの設置が可能であること」「公序良俗に反する展示内容でないこと」「観覧希望者に公開できること」の5項目を満たし、各まちかど博物館の推進委員会で認定することとしている。

　伊賀上野では、小京都といわれる旧城下町のなかには、24のまちかど博物館がある。これらのなかには、前述のお茶の「むらい萬香園」をはじめ、和菓子の「甘味手仕事博物館」、漬物の「養肝漬宮崎屋まちかど博物館」、組紐の「組紐工房　廣澤徳三郎」伊賀焼の「伊賀焼陶房　本荘」などがあり、伊賀上野の伝統工芸が網羅されているといえる。全国の小京都のなかでも、これだけの各種の伝統工芸が開かれた形で存在しているのは珍しい。そして「まちかど博物館」として一定のネットワーク化され、マップや案内書までできている。これはまさに地域資源の掘り起こしの成果といえる。

4.3　展開されるべき方策

　まず、伊賀上野における伝統産業のイノベーションが問題である。伝統産業の量的集積からみると、和菓子にしても、焼物にしても、組紐にしても全国的に相当量を供給する産地形成までは至っていない。観光客へのみやげ物、特定の需要者へのネット販売をひとつの戦略としてその終着点を考えてみる必要がある。京都のように世界的企業を目指したイノベーションではない。まさに身の丈にあった「小京都」というべきものであろう。

　まちとしては、まずは魅力ある観光地へのさらなる展開であろう。確かに現

在の歴史ブームを捉えての「忍者」をキーワードにした様々な取組みは一定の成果を生んでいる。しかし、さらなる前進のためには、池澤・観光協会副会長などまちのリーダーが提案する「忍者に芭蕉さんを付加する戦略」が重要である。「忍者」と「芭蕉さん」という荒木又右衛門ばりの二刀流に加え、更なる地域資源である伝統産業に着目する必要がある。

　これまでの伊賀上野は、忍者、芭蕉さん、伝統産業、伝統文化といったテーマをもとに伊賀流忍者博物館、芭蕉翁生家、蓑虫庵、芭蕉翁記念館、俳聖殿、伊賀信楽古陶館、伊賀くみひもセンター組匠の里、旧崇廣堂など多くの地域資源を活用した観光施設が存在する。そしてランドマークであり、1935年に復興された天守閣を中心に、日本有数の高さを誇る高石垣などを持つ伊賀上野城は市民の精神的象徴である。前述の民間の生活文化をみごとに表現した「まちかど博物館」群など、この街のハードの集積は全国の小京都のなかでも有数のものである。

　　「まちづくりとは、地域社会のなかで、住民が主体となって自らの生活環
　　境を向上させるために展開する、日々持続する営為・活動であり、ここに
　　おいてはハードウエア・ソフトウエア・ヒューマンウエアという3つのウ
　　エアが調和ある形で維持・発展・向上・成長していかなければならない。」
　　（井口2005：6頁）

この観点からいえば、これらのハードを池澤、村井らまちのリーダーであるヒューマンがどう動かしていくかの「伊賀流ソフト」の創出が重要となってくるであろう。

　ピーク時、京都市を含めて56であった全国京都会議の加盟都市は現在46に減少している。たとえば、「金沢が『小京都』の看板を借りる必要はない。歴史都市として、独自の観光戦略を進めたい」（金沢市観光交流課）として、金沢市は、2008年度末に会議を脱会している。同市は、兼六園や武家屋敷群といったまちの景観、加賀野菜や地元の魚介類を使った伝統料理、加賀友禅、金箔や九谷焼の伝統工芸、能などの伝統芸能などの地域資源を上手く生かしたまちづくりに成功しており、「京都」の名前に頼る必要はないのである。全国の小京都も「京都」の名前に頼ることなく、自分のまちの「お宝」、地域資源を上手く活用して「まちづくり」を図っていくことが重要ではないだろうか。

本章の脱稿に当たって、伊賀市在住の森喜駿君（同志社大学政策学部4回生在籍）には、資料提供や市内でまちづくり活動に取り組む人々への紹介の労など多大な面でお世話になった。市内の多くの人々と併せて、心よりの謝意を表したい。

参考文献
伊賀上野観光協会編（2010）:『伊賀上野観光情報紙　いがぐり　第34号』同会
上野市史編纂委員会編（1961）:『上野市史』上野市
井口貢（1998）:『文化経済学の視座と地域再創造の諸相』学文社
井口貢（2005）:『まちづくり・観光と地域文化の創造』学文社
「角川日本地名大辞典」編纂委員会編（1983）:『角川日本地名大辞典』角川書店
社団法人京都市観光協会編（1991）:『京都観光30年の歩み』同会
社団法人京都市観光協会編（発行年不詳）:『小京都と京都ゆかりのまち』同会
司馬遼太郎（1987）:『街道をゆく29』朝日新聞社
下中邦彦編（1983）:『日本歴史地名体系24巻三重県の地名』平凡社
松崎憲三編（2010）:『小京都と小江戸―「うつし」文化の研究』岩田書院

井口貢 / 中島智 / 大島康平

第12章 音楽文化が育む地元学と観光

1 地元学のひとつのカリキュラム、ジャズ文化の可能性

（井口　貢）

1.1 音楽とまちづくり観光

「人はパンのみに生くるにあらず」（『新約聖書・マタイ伝福音書』第4章）とはよくいったもので、普通の生活者として生きる人たちにとって音楽とはそのジャンルを問わず、パン以外の最たるもののひとつであろう。にもかかわらず、日々の喜怒哀楽とともに、それを慰めてくれたり、癒してくれたり、あるいは喜びを倍加させてくれたりするときに、とても大切な役割を果たしてくれるもののひとつが音楽である。

「音楽のあるまちづくり」に取り組む自治体も少なくないだろう。各務原市（岐阜県）などはそのひとつの例で、コンサートホールを彷彿とさせる市の斎場では、定期的にコンサートも開催されている。一方で、特定の音楽ジャンルにこだわって、まちづくりと観光に活かしていく試みをするまちも少なくない。そうした時にしばしば援用されるのが、ジャズの力である。筆者（井口）は、序章において「地元学」の多様な可能性と、また地元に根差しつつ新たなそれを創出することで、「カリキュラム」の豊かさを構築し、豊かな観光文化を創造していくことの必要性について述べた。

多様な音楽ジャンルのなかで、何故ここで一見どこにでもありそうで身近なジャズ文化とさらには若者文化をとりあげるのか。まずジャズ文化であるが、実際どこにでもあったわけではない。こだわりのあるまちでこだわりをもった人たちが、喩えていうならば、カウンターの片隅でそっと守ってきたのである。筆者の学生時代（四半世紀以上前だが）、ジャズを聴きたくなったときは、そ

んな市井の哲人のような、こだわりをもった人が営むジャズ喫茶に行くのが定番であった。

　昔ながらの大学のあるまちには、必ず学生街の一角や、まちで一番大きな商店街の路地裏には、必ずといっていいぐらいそんな店があったものだ。そしてとりわけ、1960年代から70年代にかけて、学生運動が高揚していた時期に、それと合わせるかのようにジャズ喫茶は賑わいをみせていた。そしてそこでは、即興の演奏をひとつの真骨頂とするジャズのように、政治から芸術文化、そして恋愛や身辺雑記に至るまで変幻自在な議論が、ジャズとコーヒーを肴に展開されていたものだった。

　「コーヒーハウス」の研究家であり、日本コーヒー文化学会会長を務める上智大学教授の小林章夫がいうように、「連帯の時代を映したジャズ喫茶」（NHKテレビテキスト『極める！　石井正則の珈琲学』日本放送出版協会2010：122頁）だったのである。

　しかし面白いもので、ジャズの本場であるアメリカには、そんなジャズ喫茶はないという（もちろん、ライブハウスはあまたあるであろうが、ここでいうジャズ喫茶とは、オーナーがこだわって収集してきたレコードでジャズを聴かせてくれる喫茶店という意味である）。

　移ろいゆくまちの世相をカウンターの片隅からみつめ続けてきた市井のジャズコレクター達は、間違いなくおらがまちのまちづくりに一家言もっていたはずである。そんな視点を、音楽（ジャズ文化）というフィルターを通して顕彰し、新たな「地元学」とすることで、まちづくり観光に活かしていく術はないものだろうか。

　またさらにいえば、こうしたこだわりのあるジャズ喫茶や喫茶店（チェーン化されたカフェではなく、文字通りの喫茶店である）そのものが、まちのなかから消えゆく危機にさらされている。それは、中心市街地の空洞化や商店街のシャッター通り化と併せ進行し、とりわけ地方都市のまちなか観光の愉楽を奪っているのではないだろうかという危惧を筆者は抱いている。

　そしてもうひとつの視点として、ジャズ以外のポピュラー音楽が若者文化と出会い、切磋琢磨するなかでの「地元学」の可能性と、とりわけかつての若者であった団塊世代の人たちのためのノスタルジック・ツーリズムを、大学のあ

るまちを背景に探ってみよう。もちろん団塊世代だけではなく、今を生きる若者にとっても何らかの指針となると信じつつ。

そこで本章では、岡崎市（愛知県）と高槻市（大阪府）、そして京都市を事例に、そんなささやかな考察を試みてみたい。

1.2 岡崎というトポス

「五万石でも岡崎様は、お城下まで船が着く」という江戸時代の俗謡がある。何故なのか。それは単に幕藩体制期において、三河湾を抱え東海道が走る交通の要衝地であったということだけに起因しているわけではない。

他ならぬ、徳川家康の出生の地、すなわち幕府にとっていわば聖地のひとつであったからである（市内でもっとも大きな商店街を有する中心市街地を「康生町」という）。そればかりではない。現在の人口約37万6千人強の岡崎市に〔2010（平成22）年12月現在〕、江戸期には正確にいうと、何と3つの藩が存在していたのである。江戸全期を通してというわけではないが、主だったところでいうと本多家（5万石）、大給松平家（1万6千石）、大岡家（1万石）がそれに当たる。本多家は徳川家にとって譜代の重臣、松平家の由緒はいうまでもないとして、大岡家はあの大岡越前守忠相を輩出した家系である。そして何より、幕末期で総数266藩を数えたうちの、56藩までがその藩主の出自は岡崎の三河武士であったことは驚愕に値する〔1865（慶応元）年〕。またそれゆえなのか、信仰心も厚く、寺社仏閣の数だけでいえば、京都に負けるとも劣らないという。

地域史の視点からみた岡崎の地元学は、これに尽きるといっても過言ではないのである。そして実際に、こうした信仰心と江戸文化の原型を生んだという暗黙の矜持にも似た市民感情が連綿と受け継がれてきたことによって、このまちのトポロジーとエートスが育まれてきたのであろう。

筆者にとってこのまちは仮寓の地ではあったが、徳川家の菩提寺のひとつである大樹寺の境内に立った時にそれを実感した記憶がある。松平家8代の墓と歴代将軍15人の等身大の位牌を祀る寺内の静謐な空気と、現代的建築が群居する今においても、三門（ママ）から遠望できる、直線距離にしておよそ7km先の岡崎城天守の姿にそれを感じた。

西三河地方において、大は豊田市から、さらにいくつかの中小の自動車工業を中心とした産業都市に囲まれるようにして立地するこのまちが、大手自動車メーカーの工場を擁するにもかかわらず、このエリアの「文化首都」の観を呈しているゆえんも、この歴史性によるのではないだろうか。（これもまたひとつの「地元学」の課題ではあろうが）

　現実問題として、今でこそ中心市街地である康生町地区とその商店街の停滞的状況は、他の多くの地方都市のケースと同様、例外ではない。しかしかつては、地元資本のレコード店や書店、ライブハウス、喫茶店などで時代の先端を行く文化を語っていたという。

　教育と文化が根付きやすい環境であり、子どもたちの合唱や吹奏楽などへの関心と情熱も高い。読者のなかに記憶に新しい人もいるであろうが、NHKの朝の連続テレビ小説『純情きらり』の舞台が岡崎であったということは、創作ドラマとはいえ興味が深く、このまちに住まう人たちにとっては、感慨深いものがあったに違いない。

　ちなみに今、コンテンツ・ツーリズムという観光の概念が人口に膾炙しつつあるが、『純情きらり』は2006（平成18）年の放映以来、まさに岡崎の観光のひとつの資源となっている。

1.3　歴史都市の現代の文化創造への挑戦（1）
　　――「ドクター・ジャズ」と呼ばれた男

　人すなわち人財も貴重な文化資源であり、観光資源となりうると常々感じている。本書第4章の執筆者であり、飯田型グリーンツーリズム構築の中心人物のひとりでもある井上弘司がよく語るところではあるが、「究極のグリーンツーリズムとは、地域のひとりひとりが、"この人に会いたい"と思わせる魅力をもつこと」とは、けだし名言といってよい（たとえば、『信州日報』2010年8月25日付記事などを参照されたい）。グリーンに限らずほとんど全てのツーリズムに通じるものといっても過言ではないであろう。

　岡崎が「ジャズの流れるまち」になるためにも「この人」の存在があったことを忘れてはならない。内田修（1929〜）である。岡崎市に生れ、名古屋大学医学部卒業後、1961（昭和36）年に郷里岡崎で外科医院を開業した内田には、

第 12 章　音楽文化が育む地元学と観光（井口貢・中島智・大島康平）

もうひとつの大きな顔があった。岡崎の人たちは内田のことを誰彼ともなく、「ドクター・ジャズ」と呼んだ。学生時代にジャズと出会い、傾倒していた内田は、開業から3年後に医院内に「ドクター・スタジオ」を開設し、多くの若手ジャズミュージシャン（このなかには、メジャーとなった人も少なくない）を育てることになる。また稀代のジャズレコード収集家であり、彼が外科医を引退し病院を1993（平成 5）年に閉院するときには、12308 枚を数えた。これと併せて、「ドクター・スタジオ」で録音されたテープなどを含めて、その年にそっくり岡崎市に寄贈されたのである。

市ではこれらを貴重な資料として保存活用する方策を模索し、2003（平成 15）年に JR 岡崎駅エリアの再開発施設である「岡崎市シビックセンター」内に資料室を開設した。そしてその後、2008（平成 20）年に岡崎城を望む中心市街地に「岡崎市図書館交流プラザ（愛称：Libra、りぶら）」（生涯学習複合施設）（図 12-1）を開館したときに、シビックセンター内の資料室をここに移転する形で、「内田修ジャズコレクション展示室」（図 12-2）を開設したのである。外科医としても名プロデューサーとしても、市内外から慕われ続けた内田ならではであり、彼とその業績及びコレクションをまちにとって固有で貴重な有形無形の財産ととらえることのできる市民性・エートスを物語るエピソー

図 12-1　岡崎市図書館交流プラザ（りぶら）（井口撮影）

図12-2 内田修ジャズコレクション展示室（井口撮影）

ドではないだろうか。上述したように、『純情きらり』そのものは創作ドラマではあっても、それが生まれる土壌は、こんなところにも象徴されているのではないだろうか[1]。

1.4 歴史都市の現代の文化創造への挑戦（2）―OKZAKI JAZZ STREET

奇しくも、『純情きらり』放映の年から始まったのが、「岡崎ジャズストリート（OKZAKI JAZZ STREET）」（以下、「岡ジャズ」）である。すでに記してきたような岡崎のジャジーな文化的環境はいうに及ばず、歴史文化的環境や市民性、エートスによって、暗黙のうちに共有されていた、「まちを元気にしたい」という想いがひとつの形に現れたものであった。

「岡崎は人の層が厚い」とは、現在「岡ジャズ」の二代目実行委員長を務める白井宏幸の言である。「内田修ジャズコレクション展示室」を整備したのは行政の力によるところが大きいが、「岡ジャズ」は民間と市内の財界を中心に運営されている。本来、文化はあるいはフェスティバルという祭りの文化は、民が中心主体となるところに理想も醍醐味もあるはずであるが、そのために必要なものは人の層の厚さなのかもしれない。

初回から4回目までの「岡ジャズ」実行委員長を務めた同前慎治は市内中堅メーカーの社長である。そして、「岡崎ジャズを楽しむ会」という民間団体（会長は市内の医師）や商工会議所などが中心となって実行委員会（事務局は商工会議所内）を組織して企画し、岡崎信用金庫など市内に本社・本店を置く企業から、JTB中部など市内に支社・支店を置く企業まで、計100に及ぶ企業や組織、団体の協賛を受ける形で実施・運営されているのである。

開催されるのは、毎年11月の第1土曜日・日曜日の2日間（金曜日が前夜祭として用意されているので、実質は2日半。ちなみに、2009年の前夜祭は、大樹寺の本堂で「奉納ジャズコンサート」としてとり行われた）。しかし、全国から100名近いプロのミュージシャンが集い、この2日間にわたって中心市街地の各所で演奏を繰り広げる（延べ演奏者数は、約300人）。ちなみに2010（平成22）年は、16会場（有料）及び大型店舗の広場や商店街の駐車場3会場（無料）から市内の空にジャズのサウンドが響き渡った（図12.3）。会場についてはミュージシャンと聴衆が一体となれるライブ感覚の実現を企図して、有料会場についても、寺院や金融機関、ホテルのロビー、喫茶店などに設定されているのは興味深い。もちろん初期の頃は市民会館の大ホールも会場としていたのであるが、ジャズのファン層の裾野を広げるためにも、熱狂的ファンではない普通の市民が身近で楽しく思ってくれれば、ということでこうなったのだという（裾野を広げるという意味で、アマチュアバンドの出演も認めている）。まさにこれは、「地元学」の着想に通じるコンセプトでもある。熱狂的な郷土史マニアではない、普通の市民が、自らの住まうまちを楽しく学び感じ取ることによって、誇りと生甲斐をもつことができるようになるために資さなければならないのだから。

そして有料会場は、フリーパス制を採用し何会場回っても単日券が3500円、両日券は6000円（ともに当日券の場合、前売り券はそれぞれ500円安くなっている）である。来場者数は両日で約2万人、その3分の2が市内から、残りの市外からの来訪者のうちおよそ5分の1が県外からであるという。この比率の差は、市の外部の人たちへの認知度増のための努力が問われるかもしれないが、「稼ぐためではなく、市民の人たちにまず楽しんでもらう」という発想から始まっているということをここで確認しておきたい。

図12-3　岡崎ジャズストリート（背後は「りぶら」）（中島撮影）

　これは、筆者たちが考える「自らの地を自らで観光することから地域の観光は始まる」という、いわば観光の原点にも通じる着想である。

1.5　市民主体・参画の「岡ジャズ」

　多くのまちで、活性化の手段としてジャズを活用するケースが最近増えてきていることは事実である。ただ、「他市はコンベンションビューローや行政的色彩が強いが、岡崎の場合は本当に民間主導であり、それが独自性のひとつです。」と前出の白井宏幸は胸を張る。

　すでに記したように、事務局は岡崎商工会議所内におかれている。そして200名に及ぶ実行委員会付の運営サポーターは、全員市民ボランティアである。このサポーターは、広く毎年公募するわけであるが、愛知県立岡崎商業高校をはじめとした高校生世代からリタイア・熟年組に至るまで幅広い年齢層が集まるという。ちなみに、岡崎商業高校は空洞化する中心市街地にある商店街、康生町の空き店舗活用を通して2002（平成14）年以来、チャレンジショップとしての「OKASHOP」を運営し、地域と一体となってまちの活性化のために貢献してきた実績を有している（井口2007）。

3千万円超という規模に基づくこの事業であるが、市内のある財界人にいわせれば、企業としてならば、5千万円でも受けたくないという仕事だという。裏返していえば、それだけ市民スタッフのノウハウ・ボランティアに関わるスキルの高さを証明した言葉であるのかも知れない。実際にこうした都市のイヴェント事業にありがちな、大手コンサルタント会社の参入ももちろん一切ない、いわば「内発的」な文化イヴェントである。

このことは、37万人という程良い都市規模が、良質な社会関係資本を育んできたことの証でもあるのではないだろうか。そして良質な社会関係資本は、さらに良質なそれを育てていく。「岡ジャズ」を通して人が育っていると白井はいい、サポーターに対する満足度は、出演者間でも来訪者の間でも極めて良好のようだ。

若干資料は古くなるが、実行委員会による「第2回岡崎ジャズストリート感想とまとめ」（第2回岡崎ジャズストリート実行委員会2007）という冊子が手元にある。ここには、観客（市民、来訪者）と出演ミュージシャン、サポーター（ボランティアスタッフ）の主だった感想の声が収録されている。いくつか取り上げてみたい。（全て、ママ）

「このフェスティバルの実行委員会さん達の試行錯誤による努力には頭が下がる。これだけのイヴェントを成功させるには並大抵のことではダメだと思うのだ。」（岡崎の住民：1頁）

「少し歩けば演奏が聞こえてくる♪そんな空間。散策しながらお気に入りのミュージシャンの演奏を聴くことが出来ちゃうわけです！　のんびりとお散歩しながら過ごしているご老人がいたり、小さなお子さんを連れてじっくり聞き込んでいるご夫婦、友人とビールを飲みながら聞いている若者と様々。それぞれの聞き方をしている自由な空間。なんだか幸せになりました。」（FM AICHI パーソナリティ NAITO SATOSHI：1頁）

「岡崎の街中がジャズ一色！徳川家康生誕の地である岡崎城や、数々のお寺、岡崎信用金庫や野村證券、日本生命の会議室までジャズのライブをしてしまうというのもすごく楽しいイベントです。」（Ko's Style：3頁）

次に、こんなプレーヤーの声を拾ってみた。

「今年も沢山のお客様に会えました。この岡崎ジャズストリートの魅力は

なんといっても、まち全体がジャズライブの会場になってしまうこと。いろんな場所を提供してくれる岡崎市の企業、自治体、住民の皆さんたちの協力的な姿勢や心意気に感動します。信用金庫、証券会社、岡崎城の中の能楽堂、その他、お寺などなど、眼科の待合室まであるのです。ほんとうに、ええ？と思うほど、あらゆる場所がライブ会場。実行委員会のアイデア、行動力にも頭が下がります。」（平賀マリカ：ジャズヴォーカリスト：16頁）

平賀のいう、眼科の待合室や市民の心意気については、あるスタッフのこんな声を紹介してみたい。「酒屋さんのジュース、お茶がど〜んと250本、星野眼科玄関に届けられ、星野先生が「全部、来た人みんなに配りなさい。」もう、この先生の寛大なる志のドリンクサービスにいったい何人のストリートに訪れた人達の心が潤わされたことか。4日の朝にも先生から何本追加？　と聞かれて、じゃあ150本でみたいな会話に始まって。」（星野眼科より、愛をこめて……会場責任者23-24頁）

「星野先生」とは、実は「岡崎ジャズを楽しむ会」の会長ではあるが、彼に代表されるような篤志家の市民が多く支えているのも、この「岡ジャズ」の特徴である。

この日ばかりは（という表現は、好ましくないかもしれないが）勢いのある康生通り商店街を目指す、とりわけ中高年の人たちの表情に豊かさを感じ取った商工会議所の職員で「岡ジャズ」の事務局担当者でもある山本京子は、第1回目からすでに「たった2日間でも価値ある2日間」を実感し、「まちに人がいるだけでも嬉しかった」という商店主たちの声を聞き及び、「精神的波及効果にお金を使うことの大切さ」を再認識することができたという。

1.6　内発的な文化創造が豊かにする観光文化

社会学者の鶴見和子は、その独自の内発的発展論で著名である。彼女はかつて自身が考える内発的発展論について、次のように定義した。

「内発的発展とは、目標において人類共通であり、（中略）目標を実現するであろう社会のすがたと、人びとの生活のスタイルとは、それぞれの社会および地域の人びとおよび集団によって、固有の自然環境に適合し、文化遺産にもとづき、歴史的条件にしたがって、外来の知識・技術・制度な

どを照合しつつ、自律的に創出される。」(鶴見 1996：9 頁)
　この理論を、「岡ジャズ」に当てはめるのは大仰であろうが、しかし中心市街地を活性化したいという人たちの想いが、ジャズという外来の文化を手がかりにしながら、まちの文化資源を活用し、岡崎というまちの歴史性のなかで育まれてきたエートスの高揚とともに開花したと捉えるときには、あながち無視することはできないであろう。
　「岡ジャズ」が持続可能な地域イヴェントであるためにも、当然高揚するエートスの維持と社会関係資本充実のためのさらなる人財育成が必要であろう。そうすることで、イヴェントはその域を超え、「ジャズのあるまち岡崎」が日常の新たな「地元学」となるに違いない。
　そしてそのためにも、公共施設としての「りぶら」及び「内田修ジャズコレクション展示室」が日常において果たすべき役割への期待も否がおうにも高まるのである。

2　地元学としてのジャズフェス
　　―高槻ジャズストリートを事例に　　　　　　　　　(中島　智)

2.1　ストリートの思想とジャズフェス

　市民の時代といわれて久しい。1995 年に起きた阪神大震災とオウム真理教事件は、私たちに地域コミュニティや知のあり方、生活と文化・芸術のかかわりを改めて考えさせるきっかけとなった。そして同年を前後する頃から、考えるばかりでなく、身近なまちから普通の人びとが行動を起こし始めたのである。市民主導の音楽イベント、本節で取りあげる予定のジャズフェスティバル（以下、「ジャズフェス」と略）もそのひとつだ（表 12-1 参照）。ジャズフェスが行政主導でも企業による興行でもなく、市民の手で行われるようになったもうひとつの背景は、情報の受発信を飛躍的に簡易化させた IT 機器の広がりである。やはり同じ 1995 年、「Windows95」日本語版が発売され、インターネットが急速に人口に膾炙してゆく。さらに、携帯電話の普及にともない、通信・移動の利便性が高まることになる。他方、仮想空間に情報・知識が遍在することは、逆説的に現実の都市空間への関心を喚起することにもなったのである。

表12-1 高槻ジャズストリートの交流イベント（2010年現在）

初回開催年	イベント名	場所	2010年の開催日程
1987	帝塚山音楽祭	大阪府大阪市	5/29（土）・30（日）
1991	定禅寺ストリートジャズフェスティバル	宮城県仙台市	9/11（土）・12（日）
2000	室蘭ジャズクルーズ	北海道室蘭市	8/21（土）
2002	西院ミュージックフェスティバル	京都府京都市	8/7（土）・8（日）
2009	吹田ジャズ・ゴスペルライブ	大阪府吹田市	10/16（土）・17（日）
2009	びわこJAZZフェスティバル in 東近江	滋賀県東近江市	4/18（日）
2009	大津ジャズフェスティバル	滋賀県大津市	10/16（土）・17（日）
2010	茨木音楽祭	大阪府茨木市	5/5（祝）
2010	すみだストリートジャズフェスティバル	東京都墨田区	8/21（土）・22（日）

注：「室蘭ジャズクルーズ」は10年目を迎えた2010年をもって「プロジェクト活動終了」（http://www.jazzcruise.net/）。
（出典：高槻ジャズストリート実行委員会『高槻JAZZ STREET 2010』を基に、ウェブサイトを参照しつつ筆者作成）

　毛利嘉孝（2009）は、海外のカルチュラル・スタディーズの影響を受けつつ我が国で1990年代以降に行われた文化・社会運動を踏まえ、未来の対抗的な政治の可能性を論じている。すなわち、「徹底した討議を通じ政治的な議論が形成される場」である公共圏に言及し、「2000年代は、それまで狭義の政治にかかわったことのなかった人びとが政治に参加し、政治の領域を拡張した時代である」と指摘し、「その時、人びとを惹きつけ、「群れ」を組織していたのは、伝統的な知識人でも政治的な指導者でもなく、ストリートに根ざした様々な文化の実践者たち、「ストリートの思想家」たちだった」というのである（毛利2009：216頁）。

　この毛利の「ストリートの思想」[2]は、大都市部における若者を担い手とする政治運動に焦点をあわせているが、公共圏の変容とそれが促す自律に言及している点で、大都市および中小都市において異世代交流・協働が見られる市民主導のジャズフェスを、地元学の観点から読み解く上でも有効だ。こうした取組みのひとつの典型的なものとして本節では、1999年から大阪府高槻市で始まった「高槻ジャズストリート」を見ていこう。

2.2 高槻ジャズストリートの開催経緯と概要

京都と大阪のほぼ中間に位置する高槻市は、JR大阪駅から約15分の距離にある人口約36万人の中核市（2003年に移行）だ。戦後の高度経済成長期に多くの工場が進出すると同時に、急激な人口増加を経験した典型的な郊外都市でもある。JR高槻駅から阪急高槻市駅の間は、1980年代に再開発が実施されているが、百貨店や飲食店、服飾関係の店舗が集中し、近年、若者中心に人びとが集まるようになっている。この高槻市のまちなか（中心市街地）を主なエリアとして高槻ジャズストリートは誕生、活動を展開していったのだった。

さて、今のまちなかの賑わいからは想像しがたいが、高槻ジャズストリートをめぐる言説において、しばしば耳にするのは「昔の高槻はゴーストタウンのようだった」というものである。1990年代初め頃、まちなかの商店街は"シャッター通り"と化し、特に年末年始や5月の連休など行楽期間は、まちから人びとが消えてしまったような印象を与えていたようだ。"失われた10年"を象徴するまちの風景がそこに佇んでいたのかもしれない。

90年代末、高槻市内で飲食店を営む北川潤一郎は、仲間とともにどうすれば、まちが元気になるのかを考え、語り合った。北摂のベッドタウンとして環境整備、市街地の再開発が進んできた一方で、まちに対する人びとの関心は失われてきたようにも見える。「自分たち市民にできることをしよう」「人が集まってくるようなイベントはどうか」。ジャズ愛好家が集まっていたわけではなかったが、北川らはジャズフェスを行うことに決めた。

この構想を具体化すべく結成したのが、市民ボランティアで構成される高槻ジャズストリート実行委員会である。そこでベッドタウンのイメージが強く、地域ブランドが確立していない高槻において、いかにイベントを行うべきかをじっくり検討した。結果的に、全会場を無料にする、ゲストミュージシャンとして著名なプロを招待する、といったスタイルで実施することになった。しかし、たとえば初めからプロとの人脈があったわけではなく、スケジュールを調べライブなどに足を運び、直接会って出演の交渉をしたくらいだった。

高槻ジャズストリートが始まってから、実際には運営資金の不足や騒音、開催規模を拡大するにつれ、大量に出るゴミ処理といった困難な問題にも出遭った。しかし市民ボランティア主体の企画運営を基本に知恵を出し合い、創意工夫を重ねながら徐々に体制を整えつつある。

高槻ジャズストリートは、2010年に12回目を迎えた。開催期間は5月のゴールデンウィーク連休の2日間。ステージ数は、第1回の10ヶ所（野外4ヶ所、屋内6ヶ所）から、第3回には18ヶ所、第6回に24ヶ所、第7回には39ヶ所となっている。現在の観客数は10万人以上、演奏者数約3000人に達している。また市民ボランティアは、初年度1999年には150人近く集まり、2年目から口コミで急増、現在は約1500人以上が参加するようになっている。高校生から80代まで高槻のまちを愛する商店主や飲食店主、会社員、主婦、学生、そしてミュージシャンなど幅広い年齢層の、実に多彩多様な人びとが参加している。

　実行委員会では民主的な運営を徹底している。有志によるフラットな組織となっており、毎週日曜日にミーティングが行われ、全体多数決で討議している。市民ボランティアは約100グループが存在するが、会場ごとにリーダーが置かれ、参加者の主体性を生かしつつ運営されている。その結果、ゴミ問題に対応して分別を工夫するエコ班が活躍したり、お寺で檀家の人びとがまかない食をつくったり、次々と新たな企画が登場してきた。いわゆる作業マニュアルが存在せず、現場での経験を深めていったのが実情のようである。

　運営資金については、オリジナルグッズとしてTシャツを制作し、これが主たる収入源となっている。また当日の飲食ブースや全国からの募金も挙げることができる。さらにスポンサー協力を求めているが、大幅な赤字を計上した年もあり、運営資金の確保が課題となっている。ただ、運営が必ずしも安定していない状況であるがゆえに、他地域も含め様々な個人や団体がボランティアとして協力しており、活動が成立しているようにも見える。いわば贈与経済的な要素を持ちあわせているといえよう。

2.3　高槻ジャズストリートがもたらしたもの
2.3.1　市民主体の運営
　高槻ジャズストリート（以下、通称である「ジャズスト」と略）の活動運営の特徴としてまず挙げるべきは、市民主体の運営がなされている点だ。繰り返しになるが、市民ボランティアからなる実行委員会が組織され、民主的な運営が貫かれていることは重要である。中でも、身銭を切ってまちと向き合い始め

た市民の存在は、ことのほか大きい。ジャズフェスを点から線へと地道につなげていった努力は、有志市民のネットワークと情熱によるところが大である。一般的にジャズフェスには膨大な運営費用がかかるため、単発のイベントとして実施されても継続的運営は容易でなく、ましてや市民主導であれば、なおさらハードルは高くならざるを得ない。しかしジャズストでは有志市民がリスクを背負いながらも、参加者自身が主体性を発揮して楽しんでしまうことで活動が10年以上継続されているのである。

2.3.2 まちづくり観光イベントの展開

また、単なる興行イベントではなく、まちづくり観光イベントとして展開している点を見逃すことはできない。いいかえれば、一部のジャズ愛好家による彼らのためのフェスでは決してないということだ。ジャズストを通してまちづくりを進めることが大きなねらいであり、広く人びとに開かれていることに意味がある。ここでいう人びととは、観光者を包含するものであり、ジャズフェスは都市観光の一翼を担うことにもなる。この点について、第12回ジャズストのパンフレットにある、次のような記述から考えてみよう。

> 「楽しむために必要なのが、お互いのコミュニケーションです。ミュージシャンが素晴らしい演奏をしたら、盛大に拍手をしてください。トイレを掃除しているボランティアを見つけたら、「ご苦労さん」と声をかけてください。Tシャツを買う時は、売っているボランティアに「売れてるかあ」とかいって、世間話をしていってください。同じジャズTを着ている者どうしすれちがった時には、にっこり笑いかけましょう」（高槻ジャズストリート実行委員会 2010：2頁）

広井良典（2006）は、「関係性の組みかえ」という用語で、都市型コミュニティにおけるコミュニケーション様式の見直しを提起している。上に引用したジャズストでのコミュニケーションに関する言説は、その関係性の組みかえに連関するものではないか、と考える。

広井は、現在の日本社会の「ごく日常的な場面に表れる、人と人、あるいは人と社会の関係についての事柄」を例示し、「"自分の知らない（なじ

図 12-4　阪急高槻市駅コンコース　（中島撮影）

みのない）他者に対してはほとんど全く顧慮せず、またコミュニケーションをとらない"といった傾向なり行動様式」が共通して示されている、と述べる（広井 2006：204-206 頁）。

一方、「それぞれの社会は、その自然的・風土的環境、そこから派生する生産構造、社会構造を背景にして、それにふさわしい（適応的な）人と人との『関係性』を進化させてきた」との見解を示し、「高度成長期が終わり、「関係性の組みかえ」という課題――「集団が内側に向かって閉じる」ような関係性ではなく、独立した個人と個人がつながるような関係性への進化――にはじめて直面しているのが現代の日本（人）ということができるだろう」と述べる（広井 2006：242-243 頁）。

そして、こうした「関係性の組みかえ」という課題は「"私利の追求を最大限（うまく）活用した"システムとしての資本主義がその発展の極において変容し、「市場経済を超える領域」が今後新たに大きく展開していく、という大きな時代状況とも重なっている」と指摘する（広井 2006：244 頁）。

「市場経済を超える領域」とは、「それ自体が自己充足的であるような、コミュニティや自然、スピリチュアリティ、公共性といった領域」のことである（広井2006：140頁）。

ジャズストは商業主義ではなく、市民の相互交流を地道に積み重ね、さらに観客（観光者）を巻き込むことで、まちの一体感を感じさせる都市観光のすぐれた機会を提供できる。まちの一体感とは、ホスピタリティといいかえることもできるが、これは「市場経済を超える領域」に生成されるものだ。つまり、ジャズ演奏のもつ魅力に加えて、興行イベントとは異なる市民主導、異世代協働による運営は、「関係性の組みかえ」を促進しやすいと考えられる。そのことが都市の魅力を創出するとともに、観光資源および観光文化の考え方を更新していくことにもつながるだろう（図12-4）。

2.3.3 地域全体への波及効果

さらにユニークなのは、イベントそのものの集客力だけでなく、地域全体への波及効果が見られる点である。ジャズストが始まってから、まちなかの商店街では空き店舗が減少してきており、普段も活気を感じ取れるようになってきた。とともに、まちづくりの機運が地域住民の間に醸成されてきた点を見落としてはならない。近年、高槻市では市民活動が活発化しているが、特筆すべきは実行委員会で出会った人びととの出資により「高槻まちづくり株式会社」（以下、通称である「まち株」と略）が2005年に設立されたことだ。資本金は1000万円。株式会社にしたのは、行政やスポンサー（企業）に依存することなく、自律的な経済基盤をもって市民主体で活動を展開することが大切と考えられたからである。

まち株ではジャズストへのPA機材提供のほか、高槻の知られざる名店の紹介や高槻ブランドの発掘、地産池消の食育などを目的にした「食の文化祭」（2009年〜）、交通社会実験、衆議院議員選挙大阪10区全候補者による公開討論会など多様な事業を展開している。ちなみに、事務所はまちなかのカフェにある（図12-5 高槻市城北町1-2-8）。役員も社員も非常勤であるが、お互いの信頼関係を深め、まちづくりへの想いを温めながら新たな可能性に向かっている。

図 12-5　JKカフェ　（中島撮影）

　西垣通（2009）は、「有効な社会的組織においては、参加メンバーそれぞれの身体があたかも「組織という、より大きな身体の一部」のように感じられることが大切なのだ」と述べ、こうした組織を「生命的組織（vital organization）」と呼び（西垣 2009：113 頁）、「あたかも人びとをつつみこむ大きな身体が存在するように、とくべき課題や周囲状況にたいする「気づき（awareness）」が共有されている」とした（西垣 2009：154 頁）。
　まち株の設立に象徴されるように、ジャズストからまちづくりの具体的な動きが生まれてきたのは、まさに地域の課題に気づき、それが共有されていったということにほかならない。日常生活のなかに埋め込まれた政治性について自覚すること。このような人びとの経験が生み出す知恵こそ必要だ。仮にそれをストリートワイズと呼ぶならば、そのワイズは、社会的な風潮やシステムを揺さぶる"ノイズ"として機能する。それは生活者の感覚を拠り所にするのであって、ある種の体系化のようなものになじむものではない。むしろ、それを拒む性質をもつものなのだ。ここに、ジャズフェスと地元学の接点を見いだすことができるのではないだろうか。

2.4　ジャズフェスと地元学、観光文化としての音楽文化

　それにしても、なぜ今ジャズフェスなのか。市民主導の音楽イベントは各地で展開されているが、中でも"ジャズ"を冠したものが目立つように見受けられる。たぶん、それは本章冒頭で井口が少し触れているように、日本人にとってのジャズ体験を軸にしながら、ジャズ文化とは何かを問う、精神史的課題としても検討されるべきなのであろう。ここでは、文化人類学者で元文化庁長官の青木保の言葉を手がかりに少し考えてみたい。1981年、『音楽の手帖ジャズ』に掲載された評論家の相倉久人との対談で青木は、次のように述べている。

　「ジャズ的というのは、どっちにしても現状を変革するとか、体制や組織とかいうものを引っくり返すとか、そういうものではないと思うんですね。むしろ内部にあって、構造的なものをいわば溶かしていくような、あるいは構造のなかで反構造として存在するようなひとつの契機なんですね。そのためにコミュニタスだとか、そういうことばを使うわけです。つまり社会構造のなかにはめこまれた、祝祭だとかカーニバルとかいった、反構造的なものがあるといわれるけれども、ジャズ的なものは、そういう要素としてあるわけで、その点では非常に基本的なものであると同時に永遠の問題でもあるというふうに思うのです」（相倉・青木 1981：192頁）

　続けて青木は、「ジャズはどうも人間の基本的な部分に組みこまれている何かであって深層的なレベルにおける欲求というものと、ジャズは密接に結びついている」とも語っている（相倉・青木同上）。

　いささか偏った読みではあるかもしれないが、本節で取りあげた高槻ジャズストリートの試みを見る限り、青木の言葉は首肯できるものと考える。それは、ジャズという音楽とフェス（祭り）という非日常的なハレの場、そこを軸にして展開される自律としてのまちづくり観光とが人間の情動、身体的共感とともに、避けがたく結合しているからである。

　たとえば、政策エリートによる社会システムの変革など一朝一夕に叶うものではないが、文化交流の機会を通して個人の意識をゆるやかに変容させていくことは、ある程度可能であろう。そのような認識の深まりとジャズフェスの広がりは、相関しているのではないだろうか。

以上の高槻ジャズストリートについての考察は、主に北川潤一郎から聞き書きしたノートと、2010年5月3日に筆者自身がボランティアとして参加し、まちなかを歩いた経験に基づくものであるが、開かれたアイデンティティの涵養と地域コミュニティの再構築とストリートワイズの創造、地元学の観点から導出できるものは、大きくこの3点である。

　最後に、あえて音楽文化とまちづくりとの関係について一言しておきたい。考えてみれば、古来、人間は音楽とともに生きてきた。そして音楽と社会は表裏一体ともいえる不可分の関係にある。福井一（2010）は、そのことを音楽するヒト＝「ホモ・カントゥス」ととらえている。そもそも音楽は集団のなかで生まれたものであり、他者とのかかわりのなかで、その機能を発揮する存在であるという。それを個人によって消費されるものにしたのが、現代の音楽のひとつの姿であることは否定できない。マスメディアを通じて宣伝され量産される音楽、あるいはカーステレオで、またヘッドフォンをつけて閉鎖空間で聴く独りの音楽は、その傍証といえよう。それは、私たちにとっては紛れもなく生活の豊かさを実感できる、ささやかな娯楽の獲得だった。けれども、そうした音楽の広がりの背景には、ただちに解決しがたい困難な問題が少なからず存在することも事実だろう（たとえば、自律的な文化創造と商業主義の狭間で生じる根源的な問題については、次節で大島が論じる「関西フォーク」を考えるうえでも避けて通れない論点であり、参照されたい）。

　福井は、「音楽はヒトをつなげ絆を深める。私たちの祖先は、長い間、そうやって社会をつくってきたのだ。社会の崩壊が危惧される今こそ、音楽を社会の再構築の中心に据えるべきである」と提言している（福井 2010：250頁）。音楽を政治的に"利用"したかつての負の文化政策の失敗を乗り越えて、チャレンジするに値する大きな課題でもあると思う。

　そしてそれは、いわゆる仲良しクラブの結成ではなく、むしろ異質な他者が発する声を聴くという行為から始まる、といわなくてはならない。そこには、私たちの社会の未来が奏でられることになるだろう。

3 フォーク文化と京都青春紀行 （大島康平）

3.1 関西フォークとは―その文化史的考察
3.1.1 関西フォーク前史

　いかにして関西の地にフォークミュージックが訪れ、根付いていったのか。また、どのようにして独自のフォークミュージック、つまり関西フォークと呼ばれるジャンルを確立していったのか。案外、その歴史的過程は体系化されていない。直近の時代における出来事であるがゆえに見落とされがちな事例ではないだろうか。本節は、その経過をまとめることにより、観光文化の創造と地元学のあり方に関して示唆を得ることを目的としている。さらに、京都市の事例に基づきながら、大学のあるまちにおける若者文化の意義について考察するものである。

　周知のように、戦後日本における若者の音楽文化は、終戦後すぐに米軍によって設置された進駐軍放送（WVTR）[3]の大きな影響を受けている。日本に進駐してきた米兵またはその家族を対象とした進駐軍放送は当時、アメリカで流行していた音楽、たとえばカントリーミュージックや当時のポップ・ミュージックなどを放送していた。当時の日本人は、リアルタイムでアメリカの音楽文化に触れていたのである。1950～60年代のアメリカのミュージック・シーンといえば、「フォーク・リヴァイヴァル」を挙げないわけにはいかない。ミュージシャンたちが、従来のようにプロが作曲した楽曲ではなく、古くから伝わる民謡（フォーク）を歌うようになった現象がそれである。こうした時代の流れのなかで、進駐軍放送にもカントリーミュージックに混じって、フォークミュージックが流れるようになった。そのなかでも代表的なミュージシャンだったのが、サンフランシスコ近郊で結成され、1958年にデビューしたキングストン・トリオである。キングストン・トリオが日本のフォークに与えた影響は大きく、1961年に来日を果たし、日本のフォークミュージックは徐々に盛り上がりを見せ始める。

　こうした状況下、東京を中心に流行したのがカレッジ・フォークと呼ばれるフォークミュージックである。その名の通り、大学生を中心とした若者から

発生したジャンルである。アメリカのフォークミュージックが日本で流れるようになり、若者たちが少しずつフォークギターを手にしていった。しかし、カレッジ・フォークは後の関西フォークのようなメッセージ性は有しておらず、プロテストソングとしての側面を見ることはできなかった。この時点でのフォーク・ソングはむしろファッションのひとつといったほうが適当である。つまり、当時アメリカで流行していた音楽が、日本の若者にとって"かっこいいもの"として受け入れられたということになる。日本最古のライブハウス、coffee house 拾得(じっとく)のオーナーであるテリーは「アメリカにおけるフォーク・リヴァイヴァルのヒット曲の上澄みが日本に入ってきたこと。それが日本におけるカレッジ・フォーク」と、当時のカレッジ・フォークを表現する。この時点では、日本の若者はアメリカから入ってきたフォークミュージックを、そのまま英歌詞を用いて歌っていた。このカレッジ・フォークというムーブメントから産まれたスターが、1966年に日本のフォークミュージックシーンにおいて、日本人による最初のヒット曲である「バラが咲いた」を発表したマイク眞木である。彼のデビューがきっかけとなり、東京におけるカレッジ・フォークはさらなる盛り上がりをみせていった。しかし、一方で関西においては、独自のアンダーグラウンド路線へ進むきっかけになったともいえる。

3.1.2 関西フォークの誕生

60年代中期、先に述べたように東京ではカレッジ・フォークと呼ばれるフォークミュージックが流行していた。しかし、関西においては、さらに独自のフォークミュージックが形成されていく。それが関西フォークと呼ばれるフォークミュージックである。しかし、当時は関西フォークという言葉はなく、むしろアングラフォークと呼ばれるほうが普通であった。アンダーグラウンドな音楽であった関西フォーク。この関西フォーク誕生にあたり、大きな役割を果たしたのが、大阪労音と片桐ユズルである。

関西という土壌のもと、独自に形成されていったこの関西フォークが生まれるにあたり、まず大きな役割を果たしたのが、うたごえ運動の流れを汲む勤労者音楽協議会、通称、大阪労音である。50年代、日本では、共産主義運動の流れから、うたごえ運動という社会運動が発生し、若者は歌声喫茶に集まり、

労働歌や反戦歌などの社会性、メッセージ性を持った歌や、ロシア民謡（当時はソビエトの民謡といった認識）を歌っていた。その流れから発生した大阪労音により、関西フォークの土台が形成されていく。日本のフォークシンガーのさきがけである雪村いづみのリサイタルを企画するなど、それまで東京で流行していたフォークミュージックを関西に浸透させるのに、大阪労音が果たした役割は、決して小さいものではなかった。そして何より、東京で流行っているものを関西に取り入れるだけでなく、関西フォークが独自の方向に進むにあたり、大阪労音は、東京で流行っているようなカレッジ・フォークを歌うミュージシャンだけでなく、より社会的メッセージ性の強いミュージシャンを呼ぶようになっていった。社会的メッセージ性の強いミュージシャンを関西に浸透させたということは、当時の東京で流行っていたカレッジ・フォークとは異なるフォークミュージックが形成されるうえで大きな影響を及ぼした。

　「大阪労音の"フォーク路線"は、その後六五年五月にオデッタを呼ぶ。それはフェニックス・シンガーズの招へいにつながり、フォーク・ソングといっても、東京で盛んなカレッジ・フォークとは違うものであることもわかり、これらの影響もあって、大阪のフォーク状況では、ブラザーズ・フォー、キングストン・トリオ、といったものより、黒人のフォークシンガーやグループ、あるいは社会性の強いシンガーたちが注目されることになる。それはまた、どんどん盛んになっていく東京のカレッジ・フォークへの"対抗"という側面も強い」（田川 1982：17l9 頁）。

　また、拾得のテリーは「大阪労音が主催したコンサートは値段が安く、ピート・シーガーなどのライブを格安で見ることができた。外国の音楽とともに、その文化を知るうえで重要なメディアであった」という。つまり、大阪労音の存在が、うたごえ運動の要素とフォーク・リヴァイヴァルの要素を結びつけ、社会的メッセージ性をフォークミュージックというツールを用いて人びとに届けるという手法を例示したといえるのだ。

　大阪労音が、関西フォークが生まれるにあたり、表面的な、いわばひとつの象徴としてのメディアの役割を果たしたというならば、一方で関西フォークを人びとの草の根まで浸透させるうえで大きな役割を果たしたのが、片桐ユズルである。

「関西フォークが生まれるにあたって、アメリカの留学から帰ってきて、ピート・シーガーなどを紹介してまわっていた片桐ユズルの"企み"があったといえる」
と関西フォークのメッカ、ほんやら洞のオーナーである甲斐扶佐義はいう。

ピート・シーガーとはアメリカにおけるフォーク・リヴァイヴァルムーブメントの中心人物で、1960年代にはプロテストソングを歌うことで、社会問題を訴える活動をしていたフォーク・ミュージシャンである。彼の影響を受けた片桐は、大阪労音が大きなイベントを催す一方で、小さな集会や、詩の朗読会を、関西を中心に各地で企画、開催した。また、中川五郎とともに、関西フォークの機関紙ともいえるミニコミ新聞"かわら版"を発行し、関西フォークを活字媒体に載せて、人びとに届けた。これらの活動により片桐は、若者に対してフォークミュージックを単なる娯楽としてではなく、社会に対して自ら問題提起をするうえでの手段という要素を知らしめた。甲斐は、「関西フォークのブレーンともいえる片桐ユズルが、その種を蒔き、大阪労音がそれを大きくしていった」と表現する。

このように大阪労音と片桐が仕掛け人になったことで、関西フォークの土台は作られていったといえる。次いで、高石ともやの登場が、関西フォークをさらに盛り上げることになる。

大阪労音と片桐が作った関西独自のフォークミュージックシーンが、"関西フォーク"としてひとつのジャンルとして成立するにあたり、その仕掛け人となったのが、大阪国際フェスティバル協会に勤めていた秦政明であり、彼が高石ともやをたてて設立した高石音楽事務所であった。アメリカのフォーク・ソングのなかでも、メッセージ性、社会性の強い楽曲をとりあげ、それを日本語に訳して歌っていた高石が、秦の手により世に出たこと、また大阪労音が、その肥大化がゆえに運営が行き詰まりをみせたことで、シーンの主導権が高石事務所に移ったといえる。大阪労音によって、うたごえ運動のもつ社会的メッセージ性、大衆性がフォーク・リヴァイヴァルと繋がったといえるが、それを関西フォークとして確立させたのが高石音楽事務所なのである。実際に、この音楽事務所には関西フォークを代表する多くのミュージシャンが在籍していた。

この高石音楽事務所が果たした役割として、それまでと異なっていたのが、

フォークミュージックを労音のように社会運動的側面で捉えるだけでなく、商業的要素を反映させた点である。これにより、関西フォークはひとつの企業ブランド的側面を持つようになり、事務所に在籍していた岡林信康の登場により、その盛り上がりはピークに達する。

そして、秦が高石音楽事務所の次に設立したのが、アンダーグラウンド・レコード・クラブ、通称URCレコードである。日本発のインディーズレーベルともいわれるURCレコードであるが、画期的だったのが、会員制のレコードクラブだった点である。会員は会費を払うことによって、定期的に送られてくるレコードを手にすることが可能になり、またURCが主催するリサイタルのチケットを優先的に手に入れることができた。このURCレコードは関西フォークを人びとに届ける上で重要なメディアであった。

さらに、特に重要な点が、インディーズレーベルであったことにより、メジャーでは発売できないような社会的メッセージ性を持った楽曲の流通を可能にした（たとえば、フォーク・クルセダーズの『イムジン河』など）。これにより、関西フォークの持つアンダーグラウンドな性質を失うことなく、人びとに楽曲を提供することを可能にしたのであった。

3.1.3　関西フォークと学生運動

関西フォークが、ひとつの時代を象徴する音楽文化として成立した大きな要因として、学生運動との関係性を見逃すわけにはいかない。学生運動の盛り上がりと、関西フォークの動きは常にリンクしていた。

もともと高石ともやはフォークミュージックの持つ社会的側面に注目していたし、実際にそのような楽曲を残している。また、フォークの神様と呼ばれる岡林信康も社会的問題を取り上げた多くの楽曲を世に残している。これらが、学生運動に取り組む若者にとってひとつのアンセムとなったことにより、関西フォークと学生運動の関係は切っても切り離せないものになったのだ。実際に、岡林の登場とともに関西フォークと学生運動の盛り上がりは頂点に達したといえる。しかし、その衰退も、両者の関係によるところが大きい。

岡林の登場で最高潮に達した、関西フォークの盛り上がりも徐々に下降線をたどっていく。もともとアンダーグラウンドな音楽であったものが、人気がで

るにつれてメジャー化してしまったのである。関西フォークは、秦政明と高石音楽事務所によって、商業的要素が強くなり、それらの要因が急速な盛り上がりのための大きな一助になった。しかし、それにより、もともとアングラフォークと呼ばれていたはずの関西フォークがアンダーグラウンドな要素を失った。また、人気が出たことによって関西で活動していたミュージシャンがメジャーレーベルに"青田刈り"をされ、その多くが東京に行ってしまったことも、大きな要因といえる。そして、もうひとつの理由が、先に述べた学生運動の衰退である。関西フォークが盛り上がった要因に、それが持つ社会的メッセージ性が、若者に必要とされたことが挙げられるが、その衰退によって、若者の関心が離れてしまったのだ。

3.2 京都の音楽文化と関西フォーク

さて、京都は、関西フォークを語るうえで、その中心地域といっても過言ではないし、現在に至るまで京都の音楽文化は、その礎のもと成立しているといえる。では、今に残る京都の音楽文化の魅力とは一体何を指すのだろうか。それは、関西フォークがどのような経緯で誕生し、いかなる理由で若者に受け入れられたかを考えると容易である。つまり、関西フォークはアンチメジャーの要素があり、売れるか売れないかというような商業的側面より、いかに自分たちが歌いたいことを歌うか、表現したいことを表現するかという側面が重要視されていた。しかし、関西フォークは先に述べたように社会的メッセージ性が強く、当時の学生運動との相関性もあったことで、ある種の"とっつきにくさ"があったと考えられる。それでも、関西フォークは学生運動を行う者だけにではなく、より多くの人びとに受け入れられた。では、その要因は何なのだろうか。

実は、関西フォークだけでなく、京都において現代に続くアンダーグラウンド文化の礎をつくったのはフォーク・クルセダーズである。東京で流行していた、いわば商業主義側面を持つカレッジ・フォークに対して、関西フォークは社会的メッセージ性を有していた。しかし、関西フォークが持つアンダーグラウンドな要素は、それだけでなく、どこかナンセンスであり、社会に対してどこか皮肉めいた色合いが強かった（たとえば、中川五郎の『受験生ブルース』など）。この場合の社会とは、中央（東京）やそこに集中するメジャーなミュー

ジック・シーンを指しており、それらとは違う独自の方向性を進んだことが、関西フォークがかつてアングラフォークと呼ばれた要因である。そうした独特のセンスをもたらしたのが、67年秋に発表されたフォーク・クルセダーズの『帰ってきたヨッパライ』である。

「フォーク・クルセダーズが持つ、ナンセンスでアナーキーな要素、それが後々の京都のアングラ文化、カウンターカルチャーに大きな影響を及ぼしたといえる。フォーク・クルセダーズが出した『帰ってきたヨッパライ』は、関西フォークが持つ社会的メッセージ性を有していなかった。しかし、この曲の持つ無意味さ、馬鹿馬鹿しさは、京都にアングラ文化を根付かせた」と、拾得のオーナーであるテリーはいう。

関西フォークが持つ社会的メッセージ性は、もちろん大きな影響力を持っていたが、テリーのいうようなフォーク・クルセダーズがもつアングラ要素は人びとに、それ以上の衝撃を与えた。また、テリーは「当時、アマチュアだったフォーク・クルセダーズが作った"帰ってきたヨッパライ"の持つ赤塚不二夫的なお笑いの要素を、庶民が共有したということは、それまでのようなプロの作曲家が作った音楽を庶民が享受するという流れを、庶民が自ら生み出した音楽を共有するというものに変えたといえる。よって、京都のアングラ文化は庶民発の文化ということができるのではないか」と述べている。

フォーク・クルセダーズ以降の京都の音楽文化、アングラ文化、若者文化は、ほとんど全てその礎のもとに成立しているといっても過言ではないのである。

庶民から生まれた京都のアングラ文化。それゆえに京都は今でも、若者が音楽などの芸術活動を行う上で、それに取り組むための環境が残っている。たとえば、日本最古のライブハウスと呼ばれる拾得のように、ミュージシャンにチケットノルマがかからないシステムを持つライブハウスが京都には多く存在しており、ミュージシャンが音楽活動を行う上で金銭的な負担が小さい。これは、関西フォークが時代を席巻したときの名残であり、当時を知るライブハウスのオーナーが多々存在しているからだと考えられる。当時のように歌いたいことが歌え、表現したいことが表現できる、そのような風土が今でも京都には残っているのだ。

3.3　喫茶店文化―インターネット文化との共通点と違い

　2000年以降、外資系のチェーン店が全国的に広がり、喫茶店ブームが訪れた。今でも、喫茶店やカフェといった場所は、若者たちが集う、ひとつのスポットとして人気を博している。しかし当時の若者にとって、その存在の大きさは、今日のそれとは比べることができないほどであった。「ある意味で自分の部屋の延長、ある意味で外に広がる大きな世界への架け橋。そのような具体的な「手の内」感覚にある最初の外界」（州崎2010a）と、州崎一彦は当時の喫茶店を表現する。当時の若者たちにとって、喫茶店という場所は、まさに青春の日々を象徴する場であり、喫茶店に出入りをすることが、まさに大人の階段を上ることであった。

　現在のように、インターネットもパソコンも無かった時代、下宿にテレビを置いている若者も、ごく少数であった。そのような彼らにとって、喫茶店という場所は、まさに、あらゆる情報が行き交う刺激的なスポットであった。噂や口コミから、自分のお気に入りの喫茶店を探し出し、そこに通うことによって自分にとって有益な情報を手にするのだ。つまり、当時の若者たちにとっては、街自体がインターネットであり、そこを歩くことによって、お気に入りの喫茶店というホームページを探し出すことが、情報を得るうえでの大きな手段であった。単に喫茶店といっても、お店によって様々なキャラクターが存在した。たとえば、音楽関係の喫茶店でいえば、戦前から存在していた名曲喫茶、戦後に流行った、うたごえ喫茶。これらの多くは60年代に姿を消していったが、かわってジャズ喫茶が登場、フォークミュージックの盛り上がりとともにフォーク喫茶が、60年代後半からロック喫茶が現れてゆく。喫茶店といってもあらゆるジャンルのお店が存在していたのである。

　以上のように、たとえばフォークが好きな若者はフォーク喫茶に集まり、そこで情報を交換しあっていたのだ。京都でライブハウスを経営する、NEGA POSIのオーナーである山崎ゴローはいう。

　　「案外茶店の飲食メニューは関係無かった。どこどこの店のなになにがおいしいから、という理由で茶店に行く事はほぼ無かった」（山崎2010a）。

　あやしい雰囲気の喫茶店に勇気を出して入り、最初は入り口付近のテーブルに座り、別に吸いたいわけでもない煙草を手にして、飲みたいわけでもないコー

ヒーを注文し、店内の様子を伺う。そして、周りの客や、マスターの話に耳を傾ける。そのお店を気に入ったら、次は足繁く通う中で、少しずつお店の奥へ席を移していき、いずれはカウンターでマスターと話すまでになる。その過程のなかで、若者たちは自分にとって有益な情報を手にしていくのであった。

　もちろん、フォークミュージックと、当時の喫茶店文化の関係も見逃してはならない。学生は、喫茶店に通い、お気に入りのレコードをリクエストして、音楽を楽しんだ。また、そこで居合わせた客や、マスターから新たにお勧めのレコードを教えてもらい、その知見を深めていった。もちろん、多くのミュージシャンも喫茶店に集まり、そのなかで多くの交流が生まれ、お互いの情報を交換していた。今日でも、京都を拠点に活躍するミュージシャン豊田勇造は以下のように当時の様子を語る。

　「下鴨にあったロック喫茶 MAP で聴いた音楽が今でも自分のなかにある。ウエストロードのメンバーなど、京都の多くのミュージシャンが出入りしていた。たとえジャンルが違ったとしても、ミュージシャン同士の交流が存在していた」「お金の無い学生がコーヒー一杯で何時間も、喫茶店に粘ることができた。コーヒーを注文したあとに、いったん外にご飯を食べに行き、銭湯に行って、また喫茶店に戻り、お水だけをもらって時間を過ごしていても許される空間であった」。

　まさに、若者にとって喫茶店とは、家ではないが自分のスペースが在る特別な場所であった。そのスペースで若者たちは青春を過ごし、悩み、考え、モラトリアムな時間な時間を送っていた。その貴重な時間のなかで若者たちは成長していったのであった。

　つまり、60年代から70年代にかけての若者たちにとって、喫茶店という存在は、現代におけるインターネット上のホームページのようなものだったといえる。先ほども述べたように、街全体が、情報の溢れるインターネットの世界であり、そこを歩くことによって、自分にとって有益な情報を持つホームページにアクセスしていったのだ。そして、そのホームページのカラーは、そこに集まって来る人びと次第で様々な色を見せた。

　当時の喫茶店文化と現代におけるインターネット文化のあり方は類似している。結局、若者が何を両者に何を求めていたかというと、情報という刺激なの

だ。情報を得るために、当時の若者は街に出て、喫茶店に入り浸ることにより、交友関係を広げた。そして、自分にとって必要な情報を得ていた。それに対し、現代の若者はインターネットにアクセスし、あらゆるウェブサイトを閲覧することにより情報を仕入れ、ソーシャル・ネットワーキング・サービスを用いて交友関係を広げているといえる。では、両者の相違点とは何なのだろうか。

　両者の相違点とは、利便性である。当時に比べ現代では、何かしらの情報を得るためにかかる時間が圧倒的に短縮されている。喫茶店文化において、何かしらの情報を得るためには一日がかりの労力が必要であった。たとえば、知人にアポイントメントをとるためには、一日かけてその人が出入りしている可能性のある喫茶店を何軒か周らなければならなかった。しかし、今では携帯電話により一分もあればアポイントメントをとることが可能だ。結果、現代においては一日にいくつもの予定をたてることが可能になった。

　しかし、それにより現代の若者は、スケジュールから情報を得ることよりも、そのスケジュールを処理することで満足感を得ていると考えられる。それに比べ、当時の若者は、一日かけてたどり着いた情報に対して、そこに至るまでにかけた時間のぶん本気で取り入れることができた。また、現代ではあらゆる情報を素早く入手することが可能なぶん、多くのことに取り組む多趣味な若者が増加したが、当時は、本当に自分が取り組みたいことに集中せざるを得ない環境であった。

　以上のような、やりたいことに"一点集中"で取り組むことしかできなかった状況のもと、当時の若者はフォークミュージックやアンダーグラウンドな芸術活動、学生運動に情熱を傾けていた。そして、現代の京都におけるアングラ文化、音楽文化もそのような当時の影響が色濃く反映されている。それは、関西フォークのメッカといわれるほんやら洞などの老舗の喫茶店が今でも多数残っていることや、拾得や磔磔などの関西のミュージック・シーンを語る上で欠かすことのできないライブハウスが残っていることからもわかる（拾得の正式名称は coffee house 拾得であり、もともとライブハウスは喫茶店文化から生まれたものである）。このような場所がまちのいたる所に存在しており、その独特の風土の中、今でも京都は独自のミュージック・シーンを産みだし続けているのだ。

3.4 京都の特殊性―若者文化に光を観るということ

　京都が関西フォークの中心地として盛り上がったことや、今でも独自のミュージック・シーンを形成していることには、京都の特殊性が強く関係している。では京都の特殊性とは具体的に何を指すのだろうか。

　まず、第一に京都が学生のまちといわれるように、学生（若者）が多く存在していることが挙げられる。もちろん、東京も大阪も大学の数だけでいえば多くを有しているが、京都がそれらと異なる点は、京都の中心地周辺という限定的な狭い範囲にそれらが集中している点だ。さらに、今では立命館大学が琵琶湖草津キャンパスを作ったり、同志社大学も京田辺キャンパスを作ったことにより、多くの学生が市外に移ってしまったが、当時はそれらの大学もすべて市内に集中しており、その熱気は今の比ではなかったと考えられる。特に、当時の河原町御池から河原町今出川にかけてのスポットは、若者が出入りする喫茶店などが多々存在し、その盛り上がりは今日の比ではなかった。まさに、京都は若者の街であった。京都に多くの学生がいたことは、学生運動や関西フォークの盛り上がりとも大きく関係しているといえる。また、この学生数の多さはまちに大きな経済的効果を与えており（たとえば、同志社大学が京田辺に学生を移転させるにあたり、今出川の周辺の商店からは反対の声があがった）、必然と京都が学生に優しいまちといわれるにいたる。これらも、京都において若者が独自の音楽活動や芸術活動を行いやすいといえる要因である。

　そして、学生のまち京都の重大な特殊性として挙げられるのが、大学に入った若者が4年間でどんどん入れ替わっていくという点である。京都といえば神社仏閣などの伝統的文化のまちとしてのイメージが強いが、60年代70年代にかけて若者たちの憧れの場となった要因は、常に若い人たちの血が入ってきて、かつその入れ替わりの速さにより新しいものを吸収していくという風土が存在していたからだ。そして従来からあったものと新しく生まれたものの融合が常々おこなわれているのが京都の特殊性ではないかと考える。

　これらの事象は、京都が関西フォークの中心地であったことや、独自のアングラ文化を形成した要因を表していると筆者は考える。今まで積み重ねてきた歴史の上に新しいページを加えていき、それを厭わないところが、京都が千年

図 12-6　拾得の店内。酒蔵を改造した店内は独特の雰囲気を持つ（大島撮影）

の都といわれる所以であるのではないだろうか。たとえば coffee house 拾得をとっても、かつて酒蔵であった建物を、音楽を演奏できる場所にしたという点が、もともと京都にあった文化の上に新たなページが加えられているように考えられる（図 12-6）。

　以上のような京都の特殊性のもと、若者たちによりさらに新たな文化が形成されていくのだろう。このような関西フォークやフォーク・クルセダーズから続く京都のアングラ文化、若者文化の魅力を再確認し、これからもその京都独自の風土を保持保全していかなければならない。

　それこそノスタルジック・ツーリズムへの扉なのであり、若者と団塊世代の連帯を促してゆく可能性を秘めた、まさに現代の"フォークロア"を実践する地元学なのだから。

注

(1) NHK 連続テレビ小説として放映された、このドラマは岡崎において江戸期以来の伝統的地場産業でもある八丁味噌の蔵元が舞台となっており、宮崎あおい演じるヒロインの桜子は、ジャズピアニストになることを夢見る少女として登場する。

(2) 毛利嘉孝は、ストリートの思想の特徴として、①点と点とをつなぐ「線」の思想である。それは、常に過渡的な思想のあり方であって、その体系は事後的にしか把握できない、②ボトムアップ型の実践から生まれる思想、③複数の無名の

人が作り出す思想、④伝統的な思想のように書籍や論文、活字テキストによってのみ表現されるわけではなく、音楽や映像、マンガ、あるいはダンスカルチャーなど非言語的実践を通じて表現されることも多い、の4点を指摘している（毛利 2009：20-21）。
(3) WVTRとは、第二次世界大戦後、米軍によって日本に駐留する占領軍のために設置された放送局であるが、1950年代初頭にFar East Network（FEN）と改名された。

参考文献

相倉久人・青木保（1981）：「対話「見えない音楽」としてのジャズ」『音楽の手帖ジャズ』青土社
五十嵐洋之（2010）：『雲遊天下　101』ビレッジプレス
井口貢編（2007）：『まちづくりと共感、協育としての観光』水曜社
井口貢編（2008）：『観光学への扉』学芸出版社
NHKテレビテキスト（2010）：『極める！　石井正則の珈琲学』日本放送出版協会
岡崎市・岡崎商工会議所他（2010）：『人生に役立つ観光ガイドブック―江戸の故郷おかざき』
岡田芳枝・安田洋子・中嶋桂子（2007）：『新版　京都音楽空間』青幻舎
加藤和彦・松木直也（2009）：『加藤和彦　ラスト・メッセージ』文藝春秋
酒井順子（2009）：『都と京』新潮社
桜風舎（2007）：『らくたび文庫［No019］京の学生文化を歩く』コトコト
州崎一彦・山崎ゴロー（2010a）：『月刊ロマンの友　No193』office field　ロマンの友編集部
州崎一彦・山崎ゴロー（2010b）：『月刊ロマンの友　No194』office field　ロマンの友編集部
高槻ジャズストリート実行委員会（2010）：『高槻 JAZZ　STREET　2010』
田川律（1982）：『日本のフォーク＆ロック史』音楽之友社
鶴見和子（1996）：『内発的発展論の展開』筑摩書房
なぎら健壱（1999）：『日本フォーク私的大全』筑摩書房
西垣通（2009）：『ネットとリアルのあいだ　生きるための情報学』（ちくまプリマー新書）筑摩書房
広井良典（2006）：『持続可能な福祉社会―「もうひとつの日本の構想」』（ちくま新書）筑摩書房
福井一（2010）：『音楽の感動を科学する　ヒトはなぜ〝ホモ・カントゥス〟になったのか』化学同人
増淵敏之（2010）：『物語を旅するひとびと　コンテンツ・ツーリズムとは何か』彩流社
宮入恭平（2008）：『ライブハウス文化論』青弓社

毛利嘉孝（2009）：『ストリートの思想　転換期としての1990年代』日本放送出版協会
M. モラスキー（2005）：『戦後日本のジャズ文化』青土社
M. モラスキー（2010）：『ジャズ喫茶論』筑摩書房

参考 HP
高槻ジャズストリート HP　http：//www.0726.info/

　本章の脱稿に当たって、第1節においては、岡崎ジャズストリート実行委員会委員長の白井宏幸氏及び岡崎商工会議所就職情報室のひとづくりコーディネーターの山本京子氏には、フィールドワーク時の聞き取り調査や資料提供において、一方ならぬお世話になった。ここに改めて謝意を表したい。
　第2節においては、高槻まちづくり株式会社の北川潤一郎氏に聞き書きや資料提供等で多大なるご協力を頂戴した。北川氏の御厚情なくして本稿は在り得なかったであろう。また、筆者（中島）が2010年5月3日、高槻ジャズストリートにボランティアとして参加するにあたっては、大津ジャズフェスティバル実行委員会メンバーにお世話になった。その日、ともに活動した人たちの名前を全て挙げることはできないが、あわせて謝意を表したい。
　第3節においては、coffee house 拾得の店長テリー寺田氏。ほんやら洞のオーナーであり写真家の甲斐扶佐義氏。山城国一揆国人列伝の著者である作家の東義久氏。Irish pub field のオーナーである州崎一彦氏。ミュージシャン豊田勇造氏、西野やすし氏、山田晴三氏、小林エミ氏。以上の御方の多大なるご協力により、当時の音楽文化若者文化を知るための聞き取り調査やフィールドワークが実施することができた。ここに改めて謝意を表したい。

井口 貢

第13章 産業観光とモノづくり地元学

1 オールタナティブ・ツーリズムと産業観光

1.1 マス・ツーリズムからオールタナティブ・ツーリズム、そして地元学へ

　マス・ツーリズムという観光の形態が緒についたのは、近代観光の歴史という視点からいうならば、19世紀半ばのイギリスにおけるトーマス・クックによる「禁酒大会参加ツアー」の企画運営に始まる。それ以降のおよそ100年の観光史はマス・ツーリズムの時代として彩られることになる。しかし一定のピークを経て、それが抱える様々な矛盾と弊害が可視化されていく過程のなかで、とりわけ環境問題への関心の高まりとともに、1980年代半ばごろより提唱されるようになったのがオールタナティブ・ツーリズムであった。

　つまりマス・ツーリズムが、観光の大衆化とそれに基づく膨大な経済効果の裏で、観光の乱開発と自然環境の破壊、地域環境の安寧さに対する危惧、貴重な動植物に対する多様な被害などをもたらせたことへの反省の機運がその頃より急速に高まってきたのである。

　「もうひとつの観光」と訳出されることの多いオールタナティブ・ツーリズムであるが、それではまさにもうひとつ意が解しにくい。この概念自体には、具体性があるわけではなく抽象的な意味合いが強いせいもあるだろうし、"alternative"という語自体が日本語に一言では明確に訳しにくい。同じ抽象語ではあっても、たとえば「boy―少年」というわけにはいかないのである。既存の英和辞典の訳はどれをみても大方歯痒いばかりである。

　そうしたなか、『広辞苑』(岩波書店、第6版、2008年)は、一語でではないが明確に説明してくれている。その一部を引用しておきたい。

Ⅳ部　風土と産業のための地元学

「既存の支配的なものに対する、もうひとつのもの。特に産業社会に対抗する人間と自然との共生型の社会を目ざす生活様式・思想・運動など」

　この解説文を導きの糸として考えれば、オールタナティブ・ツーリズムが意図するところも一定氷解するのではないだろうか。そしてここで新たに確認しておきたいことは、「地元学」もまさにオールタナティブな思考方法と思想であるということだ。

　マス・ツーリズムを全否定するのではなく、その矛盾と対峙しながらそれを解消することで、より良き新たな観光の形態の実現を模索するのがオールタナティブ・ツーリズムである。

　地元学は、いわゆる官製アカデミズムと対峙しながら住民ひとりひとりが地域に根差した思想家として思索し発言し、実践することを期待する。机上の空論や文化の中央集権化やマス化・画一化と対峙しつつ、自律的・内発的に地域を捉えその固有の歴史的、社会経済的、文化的価値を活かし継承していくことを企図するものでもある。

　地元学や地域観光の振興が、地域の蘇生のために寄与し得るとすれば、それは両者の間に共通するようにして内包される、このオールタナティブなミッションともいうべきものが大きな生命線となるのではないだろうか。

1.2　オールタナティブ・ツーリズムとしての産業観光

　オールタナティブ・ツーリズムとは、抽象的な概念であるということについては上に記した。それでは、その具体的でかつ代表的なものとして何が挙げられるかというと、まずはエコツーリズムやグリーンツーリズムが念頭に浮かぶ。そしてこのふたつの観光の形態ほどは著名なものではないが、ヘリテッジツーリズムと呼ばれるものがあるが、これもまたオールタナティブ・ツーリズムの一形態といえる。

　ヘリテッジツーリズム、すなわち直訳すれば遺跡観光（遺産観光）ということになるのであろうが、昨今ではユネスコの世界遺産登録の話題性ゆえにか、「著名なものではない」と記したものの、登録されることで世間の耳目を集め観光客が押し掛けるという現象をしばしば生んできた。わが国においても、白川郷の合掌造り集落や石見銀山遺跡の文化的景観などはその典型であろう。

産業観光は、その対象となる資源を産業遺産だけに限定するならば、ヘリテージツーリズムのひとつの形態例といえる。しかし、地域と産業の「過去・現在・未来」という文脈で語ることのほうがより産業観光の厚みが増し、旅の愉しみも豊かになるということは付記しておかなければならない。しかしいずれにしても、産業観光のベースとなる考え方、思想について考えるときも「地元学」の存在意義を無視しては、それはあり得ないと筆者は考えている。

1.3 産業遺産・産業文化・産業観光と地元学

産業観光の定義については、人によっても国によっても差異が存在することは否定できない。産業遺産を観光資源と認め観光対象化とするという点において、先進的な取組みを行ってきたのは欧米諸国（とりわけ、米英豪）であるが、主に産業革命期以降の重工業、とりわけ鉱山遺産が中心となってきた観が強い。ゆえに、現代のわが国の観光政策の下においても、工業・モノづくりがその対象の中心と考えられがちである。

しかし産業とは、人びととその人生の舞台となってきた地域の（そして一国の）生業の歴史的集成であり、産業構造というときに大きく分類しても第1次産業、2次、3次産業と称されるように多様である。

ゆえに農山村においても都市においても、あるいは棚田のある光景やホフマン窯と煉瓦煙突の景観に佇んでも産業観光は可能であり、稼働する真っ只中の自動車工場に身を置いても、さらには繁華な盛り場や商店街を闊歩することもまた産業観光につながる可能性を含んでいる。

そして、当然のことではあるが産業とは担い手がいなければ動かない。担い手とは、もちろんひとりの農夫や漁師から工場労働者に至るまで多様であり、積み重ねられた生業の歴史のなかで、彼らと領主・地主や資本家との関係性、国家と地域との関係性、都市と農村との関係性など重層的に錯綜する関係性が存在してきた。現代社会において進行中の産業社会においても、領主・地主がいなくなって時代や組織やシステムがいかに変容しても、それは例外ではない。生業を挟んで展開される人と人、人と組織、人と地域、組織と組織、地域と地域等の関係性が、産業文化を形成してきたのである。

産業遺産と産業観光に関わる現代の労作ともいえる著書を通して加藤康子は

いう。
　「産業文化を考えることは、日本の「現在」に真正面から取り組むことでもある。（中略）産業遺産を「歴史をつくってきた産業文明の仕事、それに関わる人びとの全人生」と定義する。（中略）もっと重要なことは、歴史の教科書に登場してこない人びとの存在である。働く人、産業を興す人、いろいろな側面から産業を支える人びと―彼らの汗で築かれた生活文化や知恵こそが、本当の意味での産業遺産なのである」（加藤 1999：3-10 頁）
　地域が有する固有の歴史性への照射なくして、真の地域観光政策はあり得ない。産業観光においてもそれは決して例外ではないであろう。そして地域に住まう普通の人びと（第 2 章でも記したが、常民という概念を想起してほしい）が喜怒哀楽とともに地域社会の日常のなかに確かに刻みこんできた歴史を確認し、それを未来に活かしていこうとする視座の援用において、「地元学」は間違いなく産業観光に資するのである。

2　産業観光と名古屋圏

2.1　名古屋圏の取組み

　わが国でいち早く産業観光に取り組み始めた地域は、東海地方・名古屋圏ではないだろうか。大都市圏のなかでも、相対的に「観光」のイメージが稀薄であったこの地域において、2005（平成 17）年という年は、エポックメーキングな、そして稀薄なイメージを払拭する大きな機会でもあった。すなわち両者とも賛否両論・紆余曲折のなかという観が免れなかったものの、愛知万博「愛・地球博」の開催と中部国際空港「セントレア」の開港をこの年に迎えたのであった。そのために、早くより中部財界は一丸となってアッピールできる地域の宝物さがしを始めた。そして当時 JR 東海の会長であった須田寛らが中心となって提唱したのが、「名古屋圏の産業観光」であった。
　そしてそれは、わが国のモノづくりを牽引してきたという地域の矜持を再確認し、時折り文化不毛の地とも揶揄されたこのエリアに存在するモノづくり文化・産業文化を顕彰しようとする試みでもあった。この頃に、産業観光のコア施設ともなる産業技術記念館とノリタケの森も相次ぐようにして開館してい

図 13-1 ノリタケの森（井口撮影）

る。前者はトヨタグループがその発祥の地ともいえる場所に、赤煉瓦造りの豊田自働織布の第一号工場〔1911（明治44）年築〕の建物を保存修景型で活用し現代に蘇らせた企業博物館である〔1994（平成6）年開館〕。

後者は、わが国を代表する洋磁器メーカーであるノリタケの創業の地に、現存している赤煉瓦造りの第一号工場〔1904（明治37）〕の景観美を活用しながらつくった複合的な産業観光施設である（企業博物館、体験コーナー、製品のアウトレットショップなどを併せもつ。2001（平成13）年開館、図13-1）。そして両者は指呼の距離に立地し、JR名古屋駅からも徒歩可能圏内である。

こうした環境整備及び、予想以上の来訪者数に賑わった愛知万博（かつて大阪千里丘陵で開催された世界万国博覧会には及ばなかったものの）と開港当初大きな話題性を呼んだセントレアの効果とが一体となって、「産業観光」のイメージの定着を促進したようだ。今では若者を対象とした旅行雑誌・ムックの類にも産業観光は登場するようになった。

2.2　華やかなイメージの陰で

話題となった観光は、華やかなイメージを伴う。そのせいか、この頃の名古

屋ブームや名古屋メシブーム（味噌カツ、味噌煮込みうどん、ひつまぶしなど）は、かつての揶揄の対象（言い過ぎか）が一転した観も否めない。実際にセントレアには、名古屋メシの飲食店が街をなし、この地方発祥といわれるスーパー銭湯（ちょっと高級だが）まで備わっている。

　ある意味、都市観光の愉しさと巧みに融合した産業観光が、名古屋の観光に華やかさを付加したように思われる。

　しかし私たちは、名古屋の産業観光の華やかなイメージが一朝一夕でできたと思ってはいけない。とりわけ、「地元学」の視点から注視しておきたいのが「中部産業遺産研究会」である。この研究会は、前身となる組織が1973（昭和48）年の発足以来、中部地方の産業遺産の調査研究に従事してきたことを踏まえ、まさに「産業遺産の地元学」を追求してきた。

　当会の設立の経緯をHPから引用しておきたい。

　「中部産業遺産研究会のルーツは、1973年に技術史を工業教育に取り入れようと活動していた愛知技術教育研究会（愛知技教研）に始まった。愛知技教研の活動が大きな広がりを見せた1984年「愛知の産業遺跡・遺物調査保存研究会」が愛知技教研を母体として発足しました。その後、産業遺産の調査研究は年を追う毎に盛んになり、会員も増えてきました。研究活動を愛知県と限定せずに中部圏域に範囲を広げ1993年に「中部産業遺産研究会」が設立されて今日に至っています。中部産業遺産研究会は、そのルーツからすでに25年余の歴史を持ち、この地域の産業遺産研究の草分けです。」（すべて、ママ）

　研究会の会員は、高校教員や博物館の学芸員もいるが、多くはプロの研究者ではなく本職を別にもつ市民研究家であるという。とりわけ工業高校などの教育に活かしていこうという初期の動機が示すように、地域を調べ教育的実践に活用することで、郷土のモノづくりとそれが育んできた文化に誇りをもつことができる後継者としての市民を育成していこうとする視点は、まさに「地元学」の試みのひとつである。そしてこうした地味で地道な知的探求心を風土のなかにもつ地域であったがゆえに、新たなオールタナティブな取組みとしての産業観光の試みも可能となったに違いないだろう。

2.3　中心と周縁の産業観光論

「華やかなイメージ」という表現を上に採った。そこで連想するのが、第3章で安藤隆一が課題として取り組む「中心と周縁の観光論」である。そもそもが、観光という枠組みのなかで、とりわけマス・ツーリズム隆盛の温泉・神社仏閣中心型の観光の時代は、産業観光自体も周縁に置かれた存在であっただろう。ただ、オールタナティブ・ツーリズムへの関心が高まり産業観光にも注目が集まるようになると、この観光の形態もオールタナティブなカテゴリーのなかで、中心の役割を演じるようになる。しかし忘れてはならないことは、絶えず華やかな中心には周縁が存在するということだ。周縁は場合によっては不可視な部分で、地味で地道に中心を支えている。政治・制度的側面からそのことを指摘した識者は決して少なくない。ただ、観光という文化的側面においてもそれは妥当する部分があるに違いない。ゆえに前項では「中部産業遺産研究会」を例として紹介した。

名古屋圏の産業観光というときに、中心としてのイメージは名古屋・トヨタ・セントレア、あるいは焼き物のまち瀬戸などが中心として意識されるかもしれないが、多くの観光客がその存在すら知らずに通り過ぎる地域の知的バックボーンのひとつ「研究会」があったり、産業観光という地域の取組みに共感しそして賛同して、来訪者の見学を積極的に受け入れることになった名古屋市西区で工作機器をつくる小さな町工場の存在があればこそ、ということは決して忘れてはならないのである。

瀬戸というまちの名を記したが、それに対して常滑は同じ愛知県内の陶磁器産地として勝るとも劣らぬまちであるものの、全国的な知名度としては瀬戸に一歩譲ってきた観があり、むしろ「競艇のまち」として知られていた。筆者の住む滋賀県の東北部ではとりわけ一定以上の年齢の人は、陶器の食器や雑記を「せともの」という。（実は、瀬戸・常滑はともに中世六古窯のひとつ。他に、越前・信楽・丹波・備前）これとは別の余談となるが、富山県の西部（呉西地区）を歩いていたとき、陶器製品を「からつもの」という老婆と出会ったことがある。瀬戸や唐津の製品の流通の歴史に遡れるようで楽しい話ではある。

常滑の人たちは、瀬戸に対して超越したライバル心をもってきたのかもしれない。筆者が親しくしている常滑のある製陶会社の社長が「瀬戸は芸術家のま

ちだが、私たちの常滑は職人のまちなんだよね。」と語ってくれたたことが印象に残っている。

これも若干の余談となるが、芸術家が「中心」としたら、職人は「周縁」なのかも知れない。しかし、職人の存在が芸術家のそれを支えさらに輝かせているのではないだろうか。そして、私たち生活者の日常に実質的な潤いを与え輝かせてくれているのは、良質な職人の心こもった仕事であるということを忘れてはならない。

3　文化的景観と産業観光

3.1　常滑の試み

常滑の人たちは、セントレア開港の10年も前から大きな危惧を抱いていた。

それは一言でいえば、観光開発による原風景の喪失である。さらには、窯業のまちとしての危機感もそこにはあった。安価な輸入ものの圧迫による、生産環境と経営環境の悪化である。行政と市民・市民団体（「タウンキーピングの会」や「あすとこねっと」「散歩道の会」など）、商工会議所などは協働の輪を広げ、「やきもの散歩道」の整備やそのマップづくりに力を注ぎ、さらには2004（平成16）年から「一木橋あっちべたこっちべたフェスタ―常滑産業観光まつり―」（以下、フェスタ）を始めた。フェスタは、その後毎年10月の最終土・日曜日に開催されていくことになる。

一木橋とは、まちのほぼ中央を走る産業道路の上に、大正年間に架橋された陸橋であり、橋の向こう側の人もこっち側の人もともに垣根を超えて協働し合おうという想いが、このフェスタ名には込められている。そしてこのフェスタは、行政や民間企業の後援は得ているものの、市民主導で構成される実行委員会が主体となって運営されている。

後援する民間企業は、地元の中日新聞社や名古屋鉄道、そしてこのまちが生んだ世界的企業ともいえるINAXのタイル博物館などが名を連ねている。

実行委員会で示されたコンセプトでは、「地元学」という言葉はどこにも使われていないが、まさに「地元学」の視座からの試みであり、改めて地域の歴史に立ち返ることの大切さを読み取ることができる。紙幅の関係もあって全文

第13章　産業観光とモノづくり地元学（井口貢）　　223

の引用はできないが、一部分を紹介しておきたい（「第4回実行委員会レジメ」より、2004年9月20日、常滑市陶磁器会館にて開催）。

> 【趣旨】かつて窯屋と呼ばれる陶器工場が立ち並ぶ丘の一角をくりぬいて、大正11年に一木橋ができました。この橋をくぐる街道が整備されてから沿道にはさらに多くの窯屋が立ち並び、常滑の窯業が一大地場産業として大変栄えました。現代も続く窯屋さんもあり、またその当時のシンボルでもある煙突がたくさん残っています。<u>この繁栄があったからこそ、常滑で生まれ育った私たちが、今あるといっても過言ではないと思います。</u>（中略）<u>今も生きる歴史の遺産を、残していく努力だけでなく、将来に向けて活かしていくことが重要</u>（中略）
> 当まつりはこの街道エリアを広く告知するための（中略）継続するおまつりと位置付けていきたいと思います。中部国際空港が開港すれば、世界と知多半島の玄関口となる常滑こそ、空港がある町ではなく、「空港もある知多半島の要所の町」となるべきと考えます。（中略）
> それは、窯業という大きな柱で栄えたエリアを、新たな繁栄のエリアとしていくことが、先人に恥じない後世に生きる我々の役目であると考えるからです。（下線、引用者）

3.2　文化的景観と世間遺産

　2005（平成17）年開催の第2回フェスタでは、さらに興味深い展開をみた。実行委員会では市民に対して広く「世間遺産」を募集し、それを発表し次の世代に伝えていこうとする試みがそれである。「世間遺産」とは「世界遺産」をもじった洒落のように聞こえるが、実は単にもじっただけではなく、奥がある。
　1992（平成4）年から、世界遺産選定部門に「文化的景観」が付加された。わが国では、2006（平成18）年に「景観法」が制定され、それと併せて「文化財保護法」が改定された。そのなかにおいても、「文化的景観」は保護対象として明記された。
　誤解を恐れずにいうならば、「世間遺産」とは「文化的景観」の重要な一部をなす「生業のある景観」だといっていいだろう。常滑というまちにとって、

図13-2　土管坂（井口撮影）

煉瓦煙突と窯のある風景はまぎれもなく文化的景観である。ただそれだけではなく、確かに人びとが生きてきた証をもっと広く顕彰していこうという運動、常滑の文化的景観を多様なところで確認しようという市民からの提案、それが「文化的景観」としての「世間遺産」探しだったのである。そしてこの作業は、まちの記憶を辿る優れた地元学の営為であるということも付記しておきたい。筆者はこの第2回フェスタの際にも常滑を訪れ、まちの古老の方がたと話をする機会を得ることができた。その時の様子は、『都市の記憶を伝えるモノを活かすまちづくり』（社団法人・日本建築学会東海支部　都市の記憶委員会編）という学会誌に記載されているが、ひとつ興味深いエピソードを紹介したい。

「土管坂」と称される坂道が常滑にはある（図13-2）。今や観光パンフレットにも登場する常滑のランドマークともいってよい場所だ。筆者は、この由来をある古老から聞かされた。すなわち今から半世紀以上前に、この坂の多いまちのある家に嫁いでくる新妻の輿入れの際に、滑って転ばないように、使い終えた土管を埋めたという。そのような生活史のなかの事実を、多くの観光客は知ることもなく、しかし独特の景観に感銘を受けながらこの坂を登ったり降ったりするのであろう。ただここにも確かに「常滑地元学」の一頁があることを忘れてはならない。それが集客目当ての打算や目論見ではない、本物で本当の観光の強さをつくっていくのである。

あえてもう少し記しておこう。

　土管は常滑の定番のひとつである。このような大振りの器があればこそ、それらが原型をほぼとどめながら、風景を彩る土管坂も形成された。「中世六古窯」のなかの他の産地にはない大振りの製品が、それではなぜこの常滑でつくられるようになったのか。それは、他の五つの場所とは違い臨海のまちであったという自然環境がどこかで関係してくる。すなわち大きなものを流通させるに極めて便宜的な場所なのである。そうすると、今日も坂の途中に残る「廻船問屋　瀧田家」（市指定文化財）の意味もクローズアップされてくる。

　ちなみに、臨海のまちであるということが土質に影響を与え、常滑焼のもうひとつの定番である独特の朱泥塗（の急須）を産むに至った。

　「世間遺産」という、生業とそれを彩る風景とが紡ぎだす「地元学」を知ることで、産業観光という旅は本物の輝きを増すのである。

4　地元学という枠組みからの産業観光の評価と課題

　地元学というフィルターを通して産業観光をみつめることで、期待される大きな効果は、やはり地域教育的効果であるといわなければならないだろう。そして、その一番のゲストこそが実は地元のこどもたちなのだろうと思う。

　地域の経済を支え、文化を創造してきた人たちへの共感と尊敬の念を、観光の形態を通して涵養することで、自らの地域に対する矜持の念が育まれ、次の時代の地域を支える人財の育成へとつながっていけば、それは理想的な循環となるであろう。

　地域遺伝子、地域DNAという言葉がときとして使用されるが、それはこの循環のなかで継承され、地域を動かすエートスに転化していくのである。こうして紡がれるまちに魅力を感じた人たちが、来訪者、観光者となってそのまちを訪うことで生まれる交流の輪が、地域をより良きものにしていく。オールタナティブ・ツーリズムの一角を担う産業観光の醍醐味をここに見いだしたいものである。

　先に、名古屋圏の産業観光ということで記述を展開してきた。この圏域には

なぜそうした文化資源が豊穣であるのかを考えることも、地元学にとってはひとつの課題となるのかもしれない。たとえば、この圏域のとりわけ魅力ある例として、次のふたつのまちを示しておきたい。（もちろん他地域での、豊かな取組みも少なくないが）

わが国のまちづくりという文脈のなかで一躍その名を著名なものとした足助町（現、豊田市）から生まれた「まちづくりと観光に関わる3つの命題」[1]（筆者命名のはずである）も、このまちの「地元学」的な営為と産業観光への取組みの成果であり、そして精華である。また郡上八幡（郡上郡八幡町。現、郡上市）で10年以上にもわたって取り組まれてきた「達人座」[2]という産業観光の試みも、根源にあるのは地元学である。

ただ産業観光というときに、地域に立地する企業や自治体との関係性に左右される場合も往々にして存在することは事実である。経済情勢の悪化、財政状況の緊迫化などは、観光という文化に深く関わる営為は、その負の影響を受けかねない。「人はパンのみに生くるにはあらず」とはいっても、厳しい現実と一方で対峙しなければならないからである。

たとえば、企業が「パン」には該当しない部分としての「企業博物館」などを閉鎖してしまったら（噂レベルも含めると、昨今そのような話題を耳にすることがしばしばある）、そのまちの産業観光を巡る状況も大きな変貌を余儀なくされるかも知れない。企業そのものが撤退してしまうほどの影響を、文化活動の部分では、地域にもたらさないという声もあがるであろうが、地域文化の活性化にとっての大きな課題であることは否定できないだろう。

次の第14章、そしてレクチャーでは、「地域、産業、企業」という関係性のなかで築きあげられた地域の文化的位相を視点の中心に据えながら、考察を進めてみたい。そこからは、企業の「パン」以外のものに対する持続する意思や、「文化」と対峙する姿勢がいかに立地する地域にとって大切かということが、自ずと浮き彫りにされることであろう。

注
(1) 詳細は、井口（2005）を参照されたいが、3つを示しておく。
　　①保存することも開発である。
　　②観光とは地域文化の創造である。

③福祉とは観光である。
(2) これについても、上掲書を参照されたいが、清流のまちが育んだ生業とそれを支える職人技の顕彰とそこに寄せる地域の人びとの共感と敬意の念が行き着いたのが、これだった。

参考文献
井口貢（2005）：『まちづくり・観光と地域文化の創造』学文社
井口貢編（2008）：『観光学への扉』学芸出版社
加藤康子（1999）：『産業遺産―「地域と市民の歴史」への旅』日本経済新聞社
須田寛（1999）：『産業観光』交通新聞社
二宮哲雄編（2002）：『東海地域の社会と文化』御茶の水書房

参考 HP
中部産業遺産研究会　http：//www.tcp-ip.or.jp/～ishida96/index_csih-2008.html

今井真貴子

第14章 まちのホスピタリティーとその源泉
── 「まちのホスピタリティー」からみた倉敷──

1 イギリスの詩人を魅了したまち

　「誰でも倉敷を見なくてはならぬと、大ざっぱにいってもよいと思う。ここには、戦争が皮をはいだり、粉にしたり、そのほか戦争の好んでやるもの一切をのがれた古い傳統の町があるのだ。その家は幻でなくて、十分成熟している。町全体がよくまとまっている。
　それはもともと必要な資源と合体しているからだ。……町の発展にはあわただしさはなかった。物資が十分にあったのだ。
　　これだけでも、倉敷は京都と同様、見る理由がある…（中略）…　彼らは変化とか死のような永遠の抽象作用と争わない。その街路は落ちついていて、しかも同時に活発だ。実際私は倉敷に住んで見たいと思う。それはケントの私の古い市場の町に似ている。それは高い藝術でもない。また巨万の富でもない。その外見をつくろうのでもない」（ブランデン 1950：111-112 頁）
　1950 年に倉敷を訪れたイギリスの詩人、エドマンド・ブランデン（1896-1974）の著書『日本遍路』の一節「美術館」の一文である。第一次世界大戦の従軍体験を題材にした詩でも知られる彼の来倉に至る経緯は、戦争で傷ついた日本の各地を慰問する任務によるものであったが、この詩人を感動せしめたものは瓦屋根の民家を中心としたまちの佇まいと大原美術館の創立者大原孫三郎の理念であった。
　第二次世界大戦後の 1947 年よりブランデンは日本各地を旅し、東京には数年間居住の経験もあるが、この詩人に「住んで見たいと思う」と表現させたの

第 14 章　まちのホスピタリティーとその源泉（今井真貴子）　　*229*

は、倉敷のみであった。
　再びブランデンの言葉を引く。
　　「倉敷ではピカルデ風の塀と住宅の間に、高い門が来館者に開放されている。大胆な円柱状の門だ。実にすばらしい想像力ではないか…（中略）…これは当時奮闘して産をなした大原氏が、そこに建てた美術館の入り口である…（中略）…この富豪が汲我心と想像の力を込め自己の富を挙げてすべての人に提供した遺産のことを日本人に知らせたいということだ。要するに倉敷へ行って遺産を受けよということだ」（ブランデン 1950：112 頁）

図 14-1　大原美術館（今井撮影）

　倉敷民藝館の蔵の二階の窓から、彼は自らの肉眼を通しこの町並みの「美」の発見者になり得たことに誇りと喜びを感じたのであろう。「美は観察するものが示す力に他ならない」（ブランデン 1950：29 頁）という一文が、「美」の存在を発見する機会は、能動的に「美」を追求する心にのみ与えられることを教示している。
　まちに潜在あるいは顕在する「美」の発見者であろうとする人びとが、いかに多いかがそのまちの「観光の質」を決定付ける。それは住民と、旅人である来訪者、両方の目線を必要とする。両者を繋ぐ高性能な装置（ソフトとハード両面）で常にコラボレートさせることによりまちの固有の文化は成熟し、文化資本としての価値は高まり、次なる文化を創出する活力となるのである。

2　「民」主導の風土

2.1　倉敷の歴史的風土

　倉敷は、日本唯一の内海である瀬戸内海沿岸に位置し、「瀬戸内式気候」の

温暖で雨量の少ない地域であり、晴天を利用した塩業や、稲作、綿作り等の農業が盛んであった。また、沿岸部においては、水深が浅く干潟が広がる内海が魚介類の最良の生育場であり、入漁する他地域の漁民たちへ伝えられ各地へ伝播された漁法は、江戸初期にはすでに先進的であった。また、まちの西部を北から南に流れる一級河川高梁川（総延長111km、流域面積2,670km^2）の水運による物資の集散地としての拠点性は繁栄をもたらしていた。

　このような地理的な好条件は、恵まれた気候とも連鎖し、風土となり歴史的に続いていく。

　関ヶ原の戦いの後、備中国倉敷村は1642年から徳川幕府の直轄領、1683年から瀬藩領、その後丹波亀山藩領、幕府領、駿河田中藩領、幕府領と変遷し幕末に至る。「これを契機に代官所（陣屋）の設置が決まり、延享三年（1746）に完成した。代官所が置かれたことにより、倉敷は備中南部の政治、経済の中心地のひとつとなった」（小野2005：19頁）。幕府の直轄領は、後に「天領」の呼称に変わるが、「天領という言葉が初めて用いられたのは、旧幕府直轄地をそのまま明治新政府の直轄地とすることを宣言した『農商布告』のなかでのことであった」（兼田2009：100頁）とある。倉敷においては「天領倉敷」、「天領まつり」等、「天領」という名称は違和感なく使われている。

　美観地区の中心を流れる倉敷川は「物資のみならず、文化の動脈であった。京大坂、あるいは江戸などへ、商用や遊山に旅立つ人が倉敷川を下り、彦崎などで大型の船に乗換えて大坂までという紀行文もあり、当然その逆もある」（小野：29頁）とある。倉敷川の交通の拠点としての要因によりまちは繁栄し、倉敷人の気質の基盤となる町人文化が展開された。「各地から文人が訪れ、長逗留して塾まで開く人もいた。彼らを厚遇するパトロン的な豪商・豪農が多く存在したからである」（小野：32頁）との記載もある。

　「天領」は冥加金等が軽く、その結果、商人は財を成し海路で米、綿を大坂へ送ることにより発展したと伝えられているが、「冥加金が軽かった」ということについては疑問もあり研究途上である。いずれにせよ、当時の繁栄は史実として伝えられており、これに伴い富を蓄積した商家は十数軒あり、後述の大原家もそのひとつである。白壁と掘割の風景は、入船の往来の名残でもあり、この時代の人びとの暮らしと営みの証である。

2.2　外来者を受け入れる風土

　そして、西の鴨方、笠岡、北の山陽道からの来訪や、四国への渡海のための往来も頻繁であったと考えられる。異文化である外来者を受け入れる倉敷の精神性の土壌はこのような地理的風土と「天領」の歴史的風土の両面が影響している。外来者と住民の関係性において、住民は居住地域への関心を持ち、それは危機管理の必要性に伴う、守るべき居住地域の再認識から派生したものであろう。

　外来者の受け入れに直面する共同体においては、受け入れによる秩序の乱れを原因とする滅亡の危機に晒される危険性が生じる。その危険回避のための外来者に対する歓待は必然的に慣習ともなり、知識の流入や物品の贈与交換も含めた異文化との交流の起源となったのであろう。そして多くの商人や文人や知識人の来訪に誘発され、外来者を保護すると同時に共同体内のリーダーシップの強化を図ることは必至であったと推察され、民間の自主的な機構が生まれたと判断することができる。この歴史・風土的遺伝子が、江戸期「天領」時代の自治組織、そして明治以降の共同体によるまちの形成の核となり、それは現代に至る「民」主導をその体質とするまちの形成に作用しているのではないだろうか。

3　まち並み保存と先人のホスピタリティー

3.1　「民」によるまち並み保存

　「民」力による共同体組織の発生は佐渡、石見、生野、京、伏見、飛騨高山、日田、長崎等の天領や小藩あるいは飛地における社会的政治的必然性に依るところが多大であると考えられるが、「民」主導型にみられる精神風土は、中央の権力に支配されない独立心となって現れ、後世の、まちの在り方に深い影響を与えるものとなった。

　天領時代の繁栄は、民力による経済性の発展のみならず、文化交流の動脈として賑わいをもたらした。物資の集散地に集う旅人と住民は情報交換し商売に活用する一方、文人墨客の来訪を楽しむ住民たちもあり、茶の湯や俳句をとも

に嗜むなど文化芸術交流の風土が培われた。

　このような風土を背景に永い年月にわたる先人たちの努力で倉敷は文化のまちと称されるようになるが、それは美観地区のまち並みや日本初の西洋絵画の殿堂「大原美術館」、生活の美の結集である「倉敷民芸館」などが代表する顕在化した文化資本のみならず、そこに内包された、人を愛し、自由を愛し、美を愛する精神性の顕れである。

　倉敷の文化資本であるまち並みの存在意義の証明は、戦後の衣食住も切迫したなかでまち並み保存等に目を向ける余裕のない時代であるにもかかわらず、1948年には民家の土蔵を改築して倉敷民芸館をたち上げ、翌年には倉敷都市美協会を設立し、まち並み保存活動に着手するに至った住民たちのこころの佇まいに見ることができる。そして、保存されたまち並みは日本の精神風土を象徴し、アイデンティティーを証明するものである。

　このまち並みは、「民」の先見性により保存の道が選択されたのであるが、それは、まちの原点である歴史を重んじ文化を尊びそれを楽しむ自由な気風が、伝統的なまち並みに含有される「美」の存在を人びとに気付かせたからである。民家と路地の織り成す「美」が語りかけることは、その場所の連続性（民家の連なりが象徴するような、自然に集い合う中で自己主張することなく川や木々や風と調和すること、また歳月の今への繋がり）のなかで美しく生きることである。つまり、生きている場を与えられた環境として受けとめ、そのなかで美しく生きようとする姿こそ「美」であると示唆している。そして、次代のまちを担う子どもたちは郷土の文化に気付き親しむことを通して郷土愛を育み、人を受け入れる寛容さを養うであろう。

　同様に、倉敷のまち並みに佇んだ旅人は大きな包容力に包まれ、その印象は「懐かしくてほっとするまち」となる。人の回帰願望を叶える倉敷というまちの魅力の源泉のひとつは、生活の生気が醸す静かで控えめな息遣いのなかにあるホスピタリティーである。雨に濡れた瓦屋根の美しさなどは、その下で暮らす人びとの「生活の美」そのものであり、それは文化の根本である。

　このまちに生きる者はどの様なこころの佇まいであればよいのか、つねに民家と路地のまち並みから問い正されているのである。

3.2 「懐かしさ」のあるまちの魅力

　倉敷美観地区のまち並みは、歴史や文化に裏打ちされた「懐かしさ」を保持している。「懐かしさ」は都市の「美」の要素である（五十嵐 2002）。

　詩人エドマンド・ブランデンも郷愁を抱いた一人であるが、1954年のバウハウス運動の盟主ワルター・グロピウスの来倉における「貴重な景観をなす民家の群れ」への「独自の特性をもった前時代の町の心情を感じさせ…それを文化的遺産の認識によって持ちつづけてゆく住民の真の意欲を感じた」（倉敷都市美協会 1990：21頁）との称賛は、まち並み保存への住民の関心を高める好機となった。同年、朝日新聞社発行の「アサヒ写真ブック」に倉敷が掲載され全国へ、また1956年にはアンソニー・ウエイトが雑誌「ニウヨーカー」に来倉の感想を送り、海外へも倉敷のまち並みの美しさが伝えられた。

　住む人が見慣れた風景のなかにあっては見出せないものも、遠来の視点からは見えるものである。外来者の視点は、まちの固有の価値を住民自身が認識することを促すものとしての効用は顕著である。冒頭の「懐かしさ」はまちの魅力のキーポイントであるが、日常的な目線では感じられ難い。ノスタルジックな心境は旅人ならではのもので、そこにおいて旅人は主人公になり、まちは舞台となる。再度そのまちを訪れた際、すでに来訪者は懐かしさを感じるのであろう。記憶に残る「また行きたい」まちの条件のひとつである。

4　倉敷のホスピタリティーとその根源

4.1　芸術という至上のホスピタリティー

　まちの偉大なる先人、大原孫三郎（1880-1943）の人道主義者であり社会企業家としての精神が反映された、まちの各所で現在も息づいている数々の社会貢献事業こそ、倉敷固有のホスピタリティーである。その孫三郎の最後の社会事業といわれる大原美術館は、日本の画学生が西洋絵画の本物に触れる必要性を児島虎次郎の提言から受け、児島の渡欧先での絵画購入を承諾、それを蒐集した美術館である。それは、狭義の郷土愛を越えた、世界と繋がるこのまち、この国への大いなる期待であった。

　美術館は市民の誇りであり心の拠りどころであるが、単なるまちづくりの拠

点であるという見解からは程遠いものである。

　「絵はそれを見る人に、自然をいかに見るべきかを教えるものだと思う。絵は自然のなかにひそむ美の法則を発見して、それを見る人に伝えるものである。…芸術は万人に接する機会が与えられなければならない。個人の所有が多くの人びとにその機会を失わせる結果になることは、よくないことだと思う。できれば、美術館だとか、美術品だとかいうこだわりさえも超克できるようでありたい」（大原 1954）

と大原總一郎は語っている。

4.2 「ライブ」で本物をコラボレートするホスピタリティー

　大原美術館は、芸術の持つ自由平等とボーダレスで普遍的な魅力を市民のみならず日本中の人びとに与え、生活者自身が日々の生活のなかに楽しさや快適さを見出すための契機をもたらした。

　展示された絵画、彫刻を、美術館というひとつの「空間」において人びとにライブで見せることにより、絵画は自ら無意識の光を放つ。そしてそのような美術館のあるまちが醸し出すホスピタリティーを旅人に感じさせることができれば、「良質の観光」の実現は可能になるのである。

　また、西洋絵画という異文化をいかにも日本らしい風情の倉敷の歴史的なまち並みのなかに置いたことは意義深い。異文化の導入は、従来からそこにあった文化を刺激し、双方を活性させる。「本物」同士であれば、不協和音を発する惧れはなく、異質であればあるほど却ってそれぞれの本質は際立ち、そのコンプレックスの様相は、まさにコラボレーションの醍醐味になるのである。

　「本物」とは、広義には「実物」の意もあり、実物とは、手で触れる距離にあるということ、すなわち「ライブ」であると理解する。「本物」の基準は特定し難いが、「ライブ」を体験することは「本物」を現そうとする純粋な努力の姿に触れるチャンスに違いない。

　そのチャンスを長年に渡り提供し続けている「くらしきコンサート」は、音楽を愛好しクラシック音楽の普及に努めた大原總一郎亡き後の 1983 年に氏の親族により設立された。「大原美術館が美術ファンを魅了してきたように、音楽分野でも楽しさを伝えたい」（中国新聞 1983 年 4 月 27 日）との思いで、

世界一流の音楽家を倉敷に招いて年3回のコンサートを開き、市民のみならず全国の根強いファンを創造している。そしてそれらの音楽の素晴らしさとこの活動に感銘を受けた地元の有志による基金で、郷土の中高校生にクラッシック音楽をプレゼントする「クラプレの会」が設立された。一公演につき100人〜200人の子どもたちをコンサートに招待し、その数は8,000人を超えている。

　2009年秋、くらしきコンサートとクラプレの会は2010年10月8日開催のドイツのブッパタール交響楽団の公演の決定を機に、こども特派員二名を、交響楽団が核となって文化が深く根付いているブッパタール市へ派遣するプロジェクトを企画した。同市で音楽総監督・指揮を務めこの企画の中心でもある上岡敏之（かみおか）を訪ね、楽団メンバーや市長へのインタビュー、定期演奏会やリハーサルの見学そしてホームステイ先や演奏会に足を運ぶ市民との交流などを通して、まちが文化を支える仕組みを学ぶことをねらった。「町と文化のひとつの形を未来の倉敷市民である若い世代に身をもって体験し、報告し、ながく記憶してもらいたいと願って」（ブッパタールプロジェクト企画提案文書）市内在住の中学生に呼び掛けた。公募に際して「私の夢、この町と音楽」をタイトルとする1200字程度の作文提出と面接が実施されたが、面接における子どもたちの「答」に、このまちのアイデンティティーが次代へも伝承される兆しを見ることができた。

　子どもたちの夢や将来就きたい職業は必ずしも音楽家ではない。しかし、別の職業に就いても「倉敷に音楽を広めていきたい」、「倉敷が音楽でいっぱいのまちになるために力を尽くしたい」という頼もしい返答であった。帰国報告は倉敷ケーブルテレビ（コミュニティーメディア）の出演を通して放映され、「ブッパタール市民が支える文化の力を強く印象付けられた」、など「まちと文化」の関わり方についての体験を通しての学びが報告された。

　先人の残した文化的スピリッツが子どもたちに根付いている証ではないかとの希望を抱かせたと同時に、「本物」をライブで体験させることの教育における重要性をも立証したのである。

　それは音楽の持つホスピタリティーと異文化と触れあうための旅に子どもたちの未来を託すことに他ならない。

5 「旅館」のホスピタリティー考

5.1 ホスピタリティーとの出会い

　個人の一生にとって大切な旅の機能について「旅することで異質な文化と出会う。そこで再生と復活が行われる」とインタビュー「日本人の旅」で鶴見和子は語っている（鶴見 1998：358 頁）。自らが漂泊者になったとき、異文化にどう受け入れられるかの体験は、個人を成長させる。旅することの真意は「他火にあたらせていただく」であると理解するが、そこにおいては友好関係を構築するために相互にアメニティー（快適さ）を作りだすホスピタリティーが醸し出される。

　ここで筆者は、自身の旅における最高のホスピタリティーとの出会いを紹介したい。

　1977 年 2 月上旬、中華人民共和国、内モンゴル自治区を旅した。この旅が、ホスピタリティーとの出会いの瞬間であったことは後に気付いたことである。

　国交が開かれて五年目の民間人の入国はまだ制限される時代であった。大学の比較文化研究の調査団として、北京経由でフフホト（呼和特浩）市街に入り、積雪のなか、走行中に窓ガラスが外れるような四輪駆動車で丸一日かかり遊牧民のパオに辿り着いた。睫毛も凍る厳寒のなかでその一家は素朴な「おもてなし」の真髄を見せた。6 歳の男の子は上手に駱駝に乗って見せ、7 歳の男の子は宝物の玩具のピストルと独楽を自分の引き出しから慌てて持って来て見せてくれる。お母さんはモンゴル語でホーミーを高らかに唄い、凍える我々に暖かいスープをつくる。

　深夜の外気－40 度に対する恐怖心は睡眠を不可能にし、過酷な旅の疲労も伴い体調を崩す者も出始めた我々のパオに、近くの人民公社から積雪の中を歩き、何度もおさげの娘がストーブに駱駝とヤギの糞を固めた燃料を足しに来る。その都度赤く燃え上がる炎に安堵し、何時しか我々は眠りに就いた。おさげに人民服は一家の娘さんに違いないがパオの戸を開けるたびに見せる笑顔は天使のように美しく、対価を期待した「サービス」ではないものを彷彿させた。モンゴル語も、命が危険に曝されるこの地の自然の厳しささえも解さない身の

程知らずの来訪者達は彼女の笑顔と奉仕で護られたのであった。彼女の、サービスやおもてなしについての机上の理論など無縁である「素」の人間としての人道的なその行為の背景には、この地が未だ開けていないがゆえに人びとが人間性において純粋無垢であることや、移動民族であることに起因する他の民族との共存のために身につけた知恵の賜物であろうという議論もあるかもしれない。しかしそれを超える人類愛、すなわち最高の「ホスピタリティー」の存在を教示したのである。

5.2　ホスピタリティーの喪失

　内モンゴル自治区でのホスピタリティーとの出会いは、帰郷し、いわゆる「サービス業」のジャンルに分類された旅館業に就くことになった筆者の、「業務」や「ビジネス」を越えた地域に生きる「旅館」そのものの存在を考察する上での原風景となる。幼少から魅力を感じることができなかった旅館業への微かな夢と希望を抱かせたのは、かの一夜であった。

「旅館」は日本の近代化、西洋化のなかで残存する伝統文化を保持する数少ない業種として、また、地域文化を伝承する場としてその存在価値を与えられている。

　旅館業界において1980年代は、いわゆる、大型旅館、高級旅館イコール「旅館」との認識が定着する傾向にあった。それは1960年代ごろから欧米で始まったマスツーリズムが、1980年代に最高期を迎えたことが背景にあり、その間に急激に増大した日本国内の宿泊客数を旅行ニーズと捉えたことに起因する。大型化、高級化のためのリニューアルは、全国で次々と展開された。同時に絢爛豪華な高級旅館に憧れる人びとの中からはそれこそが「旅館」であるとの曲解も生じ、小規模旅館へのニーズに変化が起きた。たとえば夕食の料理は、十品以上の会席料理が所望され、その供し方は本膳の懐石料理の流儀とは異なる「一度に全部並べ、豪華さで勝負」方式で、客の目の前で「お座敷天麩羅」のパフォーマンスなども繰り広げられた。その旅館に代々伝わる地元の作家や職人の作品であるお膳は、料理全てが並ばず、業界で流行の「大名膳」なるものを新たに購入した。古式な旅館の「もてなしの表現」であった「伝統的な民芸の場」は、「新しい旅館像」が創出した画一的な「新型旅館」の増殖により消

滅する傾向となった。さらに、求められる「サービスニーズ」には「女将の宴会場での挨拶」も登場する。和服でのそのパフォーマンスは人びとを喜ばせ新しい宴会文化と「明るい旅館」像を創り上げた。それは 40 数年前のテレビドラマ「細うで繁盛記」で象徴的に描かれた女将の逆境に耐え忍ぶ姿すなわち「旅館」の暗いイメージを払拭したのである。

　そもそも地味な裏方で、黒子に徹し決して表には出ないのが女将であった。ところが、この頃から「笑顔で元気に活躍する女将」との交流を旅の目的のひとつにする旅行客が増加した。建物、調度等のハード面に、「女将」というソフト面における固有の価値が加わったのである。女将の存在如何が旅館の存続の決め手ともなり得ることを、繁盛している多くの「女将旅館」が物語る。

　しかしここにおいて問題となることは、"右へ習え"を暗黙のうちに要求されたことである。顧客ニーズという錦旗に、マニュアル化していったその様相が、全ての旅館の本来の在りたい姿やサービスのかたちを表現したとは限らない。むしろ、伝統的なまちに潜在する、古風な旅館のもつ静かでさりげないホスピタリティーとは異質のものではないだろうか。

　各々の旅館には地域性や歴史に育まれた固有の文化があり、経営者の個性や経営におけるポリシーが表現される個性的なホスピタリティーこそ日本固有の文化である「旅館」の存在価値ではなかっただろうか。

5.3　地域における旅館の役割

　旅館は、その起因は様々であるが、宿泊を目的に建築したものは少なく、一般の家屋が所在地の地域的要因に対応し宿屋と化した場合が多い。その多くは、開港や鉄道敷設に伴うものである。一般家屋から宿屋への転換の発想は、旅人の利便性と安全性を図る思いやりであり、それは、ホスピタリティーの語源であるホスピスの精神性と類似している。すなわち、旅館誕生の瞬間には、すでにホスピタリティーが潜在していたはずである。それゆえかつて旅館の軒数の多かったまちは、ホスピタリティー潜在率が高かった、とは過言であろうか。

　風情のある佇まいや「らしさ」を残存した設えは、玄関の石畳や庭、磨かれた柱や廊下、床の間のさりげない一輪の野花、一夜を安心して過ごして頂くためのセキュリティー、そして、その日一番の素材で供する料理に心を込めるこ

と等でホスピタリティーを発揮する。そしてそれらの舞台となる客室の床は、日本独自の文化である畳である。近年、生活様式の変化により「座敷」を保有しない家屋が増える一方、畳の効用は、人の健康や精神衛生上の側面からも見直されつつあり、畳文化の象徴である旅館は癒しを享受できる場としての役割も全うしている。

そして、「仲居」（近年は「客室係」や「接待係」と称される）が接遇し料理等を供する伝統的な人的サービスは現代も欠かせないものとして、また地元の風土に根差した祭りごとの一端を担う場を提供するものとして活かされてきた。

地域の固有の文化を継承する場としての旅館は、まちの根底にあるホスピタリティーを認識し伝承する役割を担う。そのホスピタリティーは地域のこころである文化の肌触りを、旅館を通して来訪者に感じて頂く役割の実践のなかにある。

5.4　「リフォーム・アンド・リインカネーション」という使命

旅館は、地元の文化や産業、経済構造の歴史的要因に即しての営みが、経営の成立の根本であることから、顧客の創造についても、顧客層の特定は比較的容易であったので、昨今とは違い顧客数の減少に対する危機感は少なく、顧客獲得のための営業活動を能動的には行なわない有難い時代が続いた。修繕以外の設備投資の頻度が低いことが理由となり建物の原型を留め維持されてきたことからもその特異性が認められる。

しかし、1970年代、建築基準法、消防法等の強化により、運よくスクラップ・アンド・ビルドは免れた場合も、多くの旅館は「再生」という言葉でニュアンスが和らげられた改築を余儀なくされた。

1988年、瀬戸大橋の開通で浮足立つ倉敷の小さな旅館にも増改築ブームの波は押し寄せた。経営の存続を左右する法的な規制が実行する要因となったのであるが、女性陣の抵抗の甲斐なく150年程前に建てられ、明治の後半からは接待の場として活用された約五百坪の二階建て一部三階建ての木造の屋敷は、庭と客室4室を除いて取り壊された。一瞬にして瓦礫と化す幼少から親しんだ縁側や柱や部屋の設えを目の当たりにし、深い悲しみと同時に焦燥感

と罪悪感に苛まれた。壊すのは一瞬である。しかし、経営の存続は、かけがえのない固有の文化を破壊することだったのか。文化を守るべき経済発展ではないのか…思いは巡った。

新しい建物は鉄筋の構造体であるが、デザインは可能な限り地元色すなわち漆喰の白壁と黒い張り瓦のなまこ壁にこだわった。しかしそれはいかにもの「倉敷風」であればあるほど限りなく「本物」から遠ざかった。そして、建物の近代化に伴うソフト面の劣化の可能性はないとの楽観視に反して、社員のなかには物理的環境が合理的に変化すれば「サービス」も合理化できるであろうという錯覚が生じ、旅館の近代化における諸問題はますます深化の様相を呈していた。

「旅館」もまち並みと同様にまちの歴史を記憶するため役割を持つ。

本書の編著者である井口貢は、『文化経済学の視座と地域再創造の諸相』のなかで、「ソフトとハードの両面でストックされてきた文化を、古くなったからといって安易に排していいのか」と問いかけているが、それはまさに当時の旅館の継承者が持つべきであった「修復することによって蘇生させ、その風景のなかで保存のための強い意志をもちながら、美しく暮らしていく」（井口1998：72頁）という哲学にうったえるものである。

井口は、これをスクラップ・アンド・ビルドと対峙するものとして「リフォーム・アンド・リインカーネーション」（井口：同上）と名付けているが、この発想は旅館業においても援用しなければならない。すなわち、修復→蘇生→保存しながら美しく暮らすことを「良い日常」として提案することに、街並みと共生し地域文化の残存を重要な価値とみなす旅館の使命があるのである。

近代化の波がまち並みへも幾度となく押し寄せた時代にも、倉敷の先人達はこのまちが「本物」で在り続けることの意義を唱え、破壊から回避させることに情熱を注いだ。その努力を垣間見るために訪れる旅行客はこのまちの持つ役割の理解者となり得る。その貴重なゲストを迎えることを生業とする旅館自らが文化の破壊計画に加担したパラノイアのような時代を謙虚に反省し、まちと共生する真に進化した旅館像を模索しなければならない。

5.5 ホスピタリティーの真髄

旅館はまさに「他火にあたる」場であり、そこにおいて家人は包容力を以って、旅人は順応性を以って、お互い心地よく過ごすための信頼関係を築く。そしてユートピアに向かう最善の方法としてお互いの優しさを囲炉裏の暖かさの下に持ち寄りそれを惜しみなく出し合うのである。まちを訪れ他火にあたる人びととまちに住む人びと（旅館の従事者も含む）が絶妙のコラボレーションを繰り返す場として旅館は活かされてきた。「人びとが優しさを惜しみなく出し合う」ことこそホスピタリティーの真髄であるとの理論は個人的な価値観に基づくものであるが、「サービス」の余剰価値を高めるアイテムとして語られるホスピタリティー論とはその視座を異にする。「サービス」とホスピタリティーの概念についての比較論をここでは目的としないが、ホスピタリティーを「サービスする心の佇まい」と捉え、日本看護協会における渡辺和子の講演内容を紹介したい。

　修道女である渡辺和子は、アメリカの修道院生活のとある夕方、自分たちの賄いの準備でいつものようにテーブルセッティングをしていた。そのいかにも流れ作業を見たある先輩の修道女から注意を受ける。「やがて夕食に、どなたがそこに座るかわからないけれども、お座りになる方のために「お幸せに」と祈りながらそのお皿を置きなさい、とおっしゃいました。愛を込めて仕事をしたらどうですか、機械的にロボットがしたのと同じような仕事をするのではありませんよ、ということを教えていただいたと思います」（渡辺 1989：18頁）。

　愛を込めたとしても、他人の目に判るものではなく誰も気づかない。「サービス」の質の向上には直結しないのかもしれない。しかし、「サービス」する本人にとっては密かな満足の瞬間である。それは自己満足にほかならないが、外的要因に依存しない、自立した、確かな満足である。「きっと喜んでいただける」という想像力がもたらす自信が、相手に迎合することなく、サービスマニュアルに支配されない自立した接客を促し、仮に相手に喜んで頂けない場合も、落胆することなく自発的に別の方法を模索する自由を与えるのである。

　「見えへんところをするのが掃除」。修業先の京都・柊家旅館のかつての「女中」お今さんの教訓である。持ち部屋を二人で掃除するのであるが、たとえば、設えの鏡台や家具の引き出しは全部抜いて底の裏まできれいに拭き、家具は二人がかりで持ち上げ底の面まで拭き上げる。毎日である。「拭くは福、お客様

に福を差し上げる」という愛に裏付けされた信念であるが、お客様の「福」を願うこころの状態を持続させることは並大抵なことではない。日々の小さな決心が必要である。その決心を続けても報われるという約束はないが、「この部屋にお泊りになったお客様はお帰りになってからもしあわせにお過ごしのはずである」と信じるこころの豊かさと強さこそ老舗の名に甘んじない背筋の伸びたホスピタリティーである。

「ホスピタリティーは、各個人が溢れ出る気持ちでやるとスムーズに発露される。また、お客の側も心理的な負担なく受け止められる」のである（松坂 2005：183 頁）。受ける側への心理的負担をかけない配慮がなければホスピタリティーとはいえない。そして、その配慮が無意識に為されれば、そのホスピタリティーは本物であるといえるだろう。

6 「音楽ライブ」とホスピタリティー

6.1 旅館ライブ

幸いにして、過去に山陽新幹線や瀬戸大橋の開通、チボリ公園の開園等の外部要因による経済効果がもたらす富が一過性であることを知らしめられたこのまちの住民たちは、常在する固有の文化を認識し、その質を高め、それを住民自らの手で守り、活性化させることのみが「良質の観光」を存続させる要因であることに気付き、それぞれの領域で次々と「仕掛け」を考案し事業として展開している。なかでも観光に深く関わる旅館においては、バブル期の観光の劣化から「良質の観光」へ回帰の一端を担うべく、生き方の転換、つまり従来の姿を再生保存しつつ、そこにおいて新しい文化を創り上げていく、ソフトにおける「リフォーム・アンド・リインカネーション」が急務であった。

筆者の営む旅館で開催している音楽ライブなども、その実現のための実験工房的な役割の一端を担っている。

「なぜ旅館で音楽ライブを」という多くの質問に対して「必要だから」と答え得るのは、「進化するためにかつての姿に戻る必要がある」旅館の「かつて」にも、三味線や琴の音色がその場の空気を良質に変えていたことを知っており、現代にあって、「いたずらにハードに手を加え先端を伝える」より、生音楽の

第 14 章　まちのホスピタリティーとその源泉（今井真貴子）　　*243*

図 14-2　旅館でジャズライブ（今井撮影）

そもそも持つ文化力に力を借りることこそ進化すなわち新文化創造の必要十分条件であると確信したからである。

　幼少の頃から美術館、民藝館、考古館は身近に存在していた。そして、旅館の顧客は、概ね三館の見学のためか、あるいは主に神戸大阪から市の南部瀬戸内海沿岸に広がる水島工業地帯に支社としての工場を設立するためにレジデンスする企業の経営者に限定されていた。つまりいずれも都市圏からの人びとの流入であり、その来訪目的は「文化と経済」の両面であったのである。この2つが混在する地域風土は、倉敷の異文化を受け入れる古くからの風土文化と相まって、「混在するまち」特有の言い知れぬ魅力を呈していた。

　「蓄音器とレコード、それは物的福音のなかで、私にとっては最大のものであったかもしれない」（大原1966）との言葉を残した大原總一郎は、資本家であり企業家でありながら音楽をみずからの心の拠りどころとした。そして、音楽を奏でる人の純粋で真摯な姿勢を通して人びとに生きる素晴らしさと喜びを伝える美術館でのギャラリーコンサートは、美術と音楽の融合を試みるものでもあり、何よりも当時の美術館の世界に於いては異例の取組みであった。

　文化と経済が混在するこのまちは、ありふれた凡庸さを好まず、常に進化す

ることを求め、敢えて異質の文化を対峙させる、それは各々の本質を見抜くための手段としては有効なのではないだろうか。

　旅館でジャズは異質な者同士のコラボレーションである。24年前の「畳でジャズ----ミスマッチのおもしろさ」は、言い得て妙なコピーであると自負するところであった。

　当時、倉敷では音楽ライブは日常的ではなくレコード音楽を流すいわゆるジャズ喫茶が2軒あるのみで、市内で時折のイベントとしてのライブは催されていたが、ライブハウスが定着していた京都とは異なりまちのなかに生の音楽は響いていなかった。旅の途中、夕暮れ時に音楽に触れたい旅人の存在は、オペラやジャズのシーンを活気づけ、都市観光の魅力を深化させる。欧米諸国においては昼間より、むしろトワイライトからの観光でまちの魅力度をアップさせ、経済効果も上げていることは周知の事実である。

　ライブハウスは近隣では岡山にあったが、倉敷にもジャズファンは多く、それならば旅館の大広間がある、とはじめたのである。

　常に表現の「場」を模索するミュージシャンの感性を、畳というミスマッチな世界へいざなったことは冒険であり実験でもあった。彼らはその未知の世界に逡巡しながらも魅かれ、リピーターとなった演奏者達は毎年ライブに訪れ、それは有難くも次々と仲間のミュージシャンへと伝播され、異国で活動するミュージシャンへと繋がった。今日に至るまでライブの開催は約250回を超え、世界の大御所といわれるプレイヤーの再来、ニューヨークで活躍するコンテンポラリーダンス、ヨーロッパ諸国の国立オペラ、詩と音楽と絵画とのコラボレーション等々、ジャンルに拘らないジャジーなスピリッツで住民と旅人は交流し自由に同じ時を楽しんでいる。

　都市観光におけるアメニティー実現の背景には、住民との交流の質的な満足度の高さが由縁する。旅先で何を素材にどのような交流ができるのかは、知的観光にとっての重要なポイントである。音楽を媒体として地元と他地域のミュージシャンが、あるいは聴衆同士が、あたかも日本古来の「桟敷」のように座し、肩の力を抜いて、自由にライブを満喫するのである。そして、そこには「他」を受け入れる精神的よりどころ、すなわちホスピタリティーが存在するのである。

第 14 章　まちのホスピタリティーとその源泉（今井真貴子）

6.2　進化するまち、共鳴するホスピタリティー

　この地は「良質の日本と世界の出会う場でありたい」とは大原美術館理事長・大原謙一郎の言葉であるが、倉敷は先人たちの努力によりその場を演出するポテンシャルを与えられており、その実現は「民」の使命である。現実的には市民、教育機関、企業、マスメディア、行政等のコラボレーションで文化事業を展開している。いずれも文化や芸術を意識したものであり、伝統行事を復活させる意味合いが強く、倉敷らしさの面で内外の評価は高い。たとえば2002年より毎年秋の阿智神社の大祭の二日間に開催する「倉敷屏風祭」は美観地区の町家が「我が家のお披露目祭」と題して屏風や家宝を玄関先に飾り、一般に公開するものである。文化・文政年間（1803-1828）に京都の祇園祭の宵山での催しの一面を模倣することからはじまり、何時頃からか途絶えていた町人文化を復活させたものである。

　門戸を開いた家々による「おもてなし」は画一的ではなく各々に個性的で、展示物は家伝の屏風のみならず、骨董品や嫁入りの際の衣装や道具、また、子どもたちの図画工作の作品や趣味で学んだ陶芸作品等の見学者に庶民的な人情を感じさせるものである。実行母体として住民による「倉敷屏風祭の復活を願う衆」が結成され、年に一度の開催は二日間で約5万人以上を集客し継続している。この盛り上がりは「おもてなし」精神の士気を高め、楽しさを知った住民たちは、湧きあがる「おもてなし」の気持ちを様々なコラボレーションで表現しようと動き始め、「花七夕」、「倉敷春宵あかり」など「民」主導型のまつりが次々と企画開催された。いずれも公共財と認識されるべきである美観地区を活用し、その景観の美しさを際立たせることにより、観光客を魅了している。「良質の観光」の実現である。

　このまちは常に進化しなければならない。それは大原氏三代が取り組んだように、常に人びとの幸福にとって何が必要か、足りないものはなにか…を希求していく過程において、本物に向かうことができるからである。

　その意味において、新しい取組みが「倉敷インスピレーション～詩と音楽のコンサート～」である。倉敷は歴史の流れのなかで絵画と音楽の似合う町になったが、「ではこの町に言葉はどう響くのか」というひとつの投げかけである。

出演者は、東京芸術大学の音楽専攻の学部生と院生の「現代詩研究ゼミ」の有志と指導教授であり詩人の佐々木幹郎、詩人の谷川俊太郎、ジャズピアニストの谷川賢作、フォークソングの小室等であった。実験的でもあるこのコンサートは、まちに感じたアーチストの新鮮な発想を期待するものであり、それによる聴衆からの反応もまた期待されるところである。実験的アートライブでの出演者と参加者と主催者におけるホストとゲストとキャストの立場が、会場内では区別がつかなくなるようなライブコンサートを目指して5年間継続開催、8回公演した。対象者は市民であるが、年ごとに市外へも楽しさが伝えられ、入場チケットは常に完売であった。

　次回からは、「詩」と音楽をコラボレートさせる意義を確かめると同時に、出演者の定着率が100%であることに着目し、来訪者のリピーターとして位置付けることにより、アーチストの定着するまちとしてイメージがもたらすあらたな顧客創造に繋げる可能性を見出すことができる。言葉と詩の特性を生かし美しさや芸術性への追求を加味したものとして発展させるため、小規模でストーリーに連続性を持たせた内容に変化させ、入場者「数」に事業開催の意味合いすなわち「事業の成功」と呼ばれる主催者側の満足度を求めることになりがちな従来のまちのイベントとは一線を画したものとすることで、より進化した事業にするための計画が進められている。

　ライブイベント開催の重要性は、同じ時間を共有する人と人が、お互いのホスピタリティーを表現し合うことができる希少な「場」であるということにある。ライブの出演者と鑑賞者の立場は対等であり、双方の協力のもとにその「場」の空気を快適なものに作り上げ、幸福な時間を共有する。そこに於ける主催者の役割は、双方が発信するホスピタリティーのコラボレーションを可能にするためのデリカシーあるコーディネートを目指すべきである。

　イベントが多くのファンを創造すればする程、事業規模は拡大するが、文化的イベント、特に人の生の声や言葉の美しさがテーマである場合、その芸術的価値を最大限に活かし、そしてライブの貴重なる意義を失わないために、小規模に収めることがこの事業のホスピタリティーを伝播する上で重要である。

　小さなホスピタリティーの表現であるライブイベントを、繰り返し丁寧にまちの各所に繋いでいく。その楽しさは隣まちへも伝わり、やがて限りなく遠く

へ静かに伝播していく…。

そして倉敷の源泉にある人の幸せを願う先人たちのアイデンティティーは、市民の意識のなかに息づいている。2008年末に閉園となった倉敷チボリ公園は現在跡かたもないが、園内の劇場「カルケバレン」で日々演じられ、子どもたちに愛されたミュージカルは、復活を強く望む多くの市県民の力により、2011年春、岡山と倉敷で上演される運びとなった。スクラップされた過去の公園に落胆するいとまはない。公演の開催に向けて、次代を担うこどもたちへ、ゆっくりと、着実に、まちのホスピタリティーを伝えていくことは決して失われることのないこのまちのアイデンティティーが健在であることを内外に知らしめることであり、市民の使命である。

良質の文化にはホスピタリティーが存在すること、そしてそれを歴史的伝統・文化芸術・経済・社会・自然と融合した固有の価値としてすべての人びとが守り育て享受し合い、訪れる旅人に感じさせることこそ、このまちのミッションであると筆者は確信している。

参考文献
ブランデン・エドマンド（1950）:『日本遍路』富山茂訳　朝日新聞社
五十嵐敬喜（2002）:『美しい都市をつくる権利』学芸出版社
井口貢（1998）:『文化経済学の視座と地域再創造の諸相』学文社
鶴見和子（1998）:『鶴見和子曼荼羅Ⅳ土の巻』藤原書店
渡辺和子（1989）:『現代の忘れもの』（株）日本看護協会出版会
松坂健（2005）:『ホスピタリティー進化論』柴田書店
兼田麗子（2009）:『大原孫三郎の社会文化貢献』成文堂
大原總一郎（1954）:「美術館の絵」心編集委員会編:『心』7月号　平凡社〔再録（1981）:『大原總一郎随想全集3 音楽・美術』福武書店　293-303頁〕
大原総一郎（1966）:「私のレコード音楽遍歴」『レコード芸術』11月号　平凡社〔再録（1981）:『大原總一郎随想全集3 音楽・美術』福武書店　27-39頁〕
倉敷都市美研究会編（1990）:『実録倉敷町並物語』手帖舎
倉敷市史研究会編（2000）:『新修倉敷市史第三巻近代上』山陽新聞社
小野敏也（2005）:『倉敷という町』岡山文庫
北上建次・関太郎・高橋衞・印南敏秀・佐竹昭編（2007）:『瀬田内海辞典』南々社

レクチャー｜地域文化を紡ぐ人と風土と歴史

大原謙一郎

1 倉敷とここで生まれた事業の姿

1.1 倉敷とはどういう町か

　倉敷市は、岡山県西部の瀬戸内海沿岸にある人口50万弱の中核都市である。昭和30年代から日本の重化学工業の牽引車のひとつとなった水島コンビナートや、日本のジーンズ発祥の地で学生服の全国シェアが50％を超える繊維産業集積地の児島、なだらかな丘陵を利用したモモやマスカットなどの優れた果実の生産で知られる玉島・船穂、古代日本構築の立役者吉備真備の故郷である真備などが市域に含まれている。

　そのなかで、倉敷の名のもととなった旧倉敷市街は、江戸時代の町並みを大切に保存してかつての商業都市の面影を残す美しい街である。その中心を流れる倉敷川は瀬戸内海に通じる運河として全国につながる物流の大動脈だった。その両岸に並ぶなまこ壁の倉庫群は、日本を代表する都市景観として、かつてイギリスの桂冠詩人ブランデンが美しい詩にうたった風情を今もそのまま見せている。ここは、哲学者サルトルやボーヴォワールが散策し、オペラの華とうたわれた名ソプラノ、キリ・テ・カナワがひと時を過ごし、バリトンの王者フィッシャー＝ディースカウやチェロの貴公子ヨーヨー・マ、それに、世界文化賞受賞を機に訪れたアカデミー賞女優のソフィア・ローレンなどが口々にたたえた、魅力あふれる小宇宙である。

　そのような街並みから旧倉敷は「歴史の町」などと呼ばれるが、この町の歴史自体はそう古いものではない。初めて倉敷の名が歴史に登場するのは16世紀半ば以降とされているから、せいぜい400数十年の歴史である。周辺の古

墳群や古代城郭の遺跡、いたるところに残る吉備真備や弘法大師空海の足跡、日本書紀や古事記に言及されていた児島や源平合戦の故地である藤戸や玉島など、近隣の市町村や今は倉敷市域のなかに含まれる各地と比べても、旧倉敷の歴史は決して長いとはいえない。

　それにもかかわらずこの町が「歴史の町」と呼ばれるのは、ここでは歴史の重みが日常のなかに生き、生活のなかに感じられるからだろう。

　江戸時代から伝わる倉敷の商家の街並みは、決して作り物の張りぼてでもなければ、生命を失った塩漬けの「歴史遺産」でもない。それは、商人たちが商売し、ヒトやモノやカネが行き来した仕事の場であり、いまも人びとが生き、暮らしている生活の場である。歴史は、ここでは、生活の一部となっているのである。

　倉敷は、水島コンビナートと児島の繊維産地を擁し全国有数の工業製品出荷額を誇る工業都市であると同時に、様々な歴史の物語と文化的集積に裏打ちされた美しい都市景観を守り、そのなかで日々の生活が営まれている個性豊かな町である。

1.2　都市景観と調和する美術館等の文化施設群

　その倉敷のなかで「美観地区」と呼ばれる旧倉敷市街の倉敷川沿いの一帯は、国指定の重要伝統的建造物群保存地区の最も早い例のひとつである「倉敷川畔伝統的建造物群保存地区」を中心に多くの伝統的建造物を擁しており、その美しい町並みは日本の都市景観の代表例として高く評価されている。そして、この街で、注意深く保存された江戸時代の商業都市の街並みのなかで市民たちの日常生活が営まれていることは前述のとおりである。

　その歴史的景観のなかに大原美術館、倉敷民藝館、倉敷考古館などの文化施設が並び、町並みと調和して多くの鑑賞者に親しまれている。

　大原美術館は、近現代の西洋美術の精華を展示する私立の美術館としては日本で初めて1930年（昭和5年）に開館し、今も日本を代表する美術館として広く世界に知られている。世界の近代美術館の嚆矢とされるニューヨーク近代美術館（通称MOMA）が開館したのが1929年だったから、大原美術館は、MOMAのひとつ違いの弟ということになる。

　コレクションはモネ、ルノワール、ゴーギャンからピカソ、マチス等のヨー

ロッパ近現代美術を核としているが、それだけにはとどまらない。西洋美術の分野ではバロックの巨匠エル・グレコの受胎告知から現代ヨーロッパ・アメリカの最先端の美術作品まで多岐にわたっている。また、日本美術では、明治以降の油彩画の代表作を多数網羅すると同時に、現在活躍中の作家たちの支援も積極的に行い、現代日本の美術創造のメッカのひとつとなっている。

　そのような活動と並行して、近年、日本美術の源流を探る活動も始まり、奈良時代の仏教美術や室町時代の水墨画、江戸期の文人画等の中から著名な秀作を、国宝や重要文化財を含めて広く展観に付し、多くの鑑賞者に感銘を与えた。

　コレクションの充実と同時に、大原美術館は日本の美術館の幼児教育活動のパイオニアとしても知られている。また、昭和25年から連綿と続く音楽活動もさらに充実の度を加えており、コレクションの面でも、活動の面でも、日本の私立美術館のフラッグシップ館としての地歩を揺るぎないものとしている。

　これに加え、倉敷民藝館や倉敷考古館等の施設も、規模的には大原美術館には及ばないが、それぞれに個性と主張を持った姉妹館としてその道の愛好者たちに高い評価を得て、倉敷に知的いろどりをもたらしている。

　これらの文化施設のほか、西日本有数の病院として、医療の質の高さと様々な気配りで高い評価を受けている倉敷中央病院、長い歴史のなかで培われた独特の思想と志で学齢期前の児童の養育に大きな成果を上げている保育園「若竹の園」等、質の高い医療・福祉機関も倉敷に本拠を置いている。

　倉敷市域にある水島コンビナートや児島の繊維産地が倉敷の経済活動を支える産業装置だとすると、これらの文化・芸術・福祉・医療等に関わる諸機関は、倉敷の人間的側面をサポートする公益装置だといえるだろう。

　また、倉敷にある様々な「観光のための装置」もそれなりの個性と主張を備えている。個々の施設については詳説しないが、たとえば、あるホテルは、建築学会賞受賞者の設計になる建築のなかで、棟方志功の代表作と言うべき巨大な版画をロビーに掲げて地元らしさを主張している。他にも、宿泊施設だけをとっても、200年以上続いた商家の面影を残すところ、様々なイベントで固定客の心をつかんでいるところ、産業勃興期の工場の近代産業遺産の雰囲気をそのまま残したところ等、多彩である。

1.3 倉敷生まれの事業群とその活動について

　倉敷は市民がつくった町である。江戸時代、天領として栄えたこの町の自由闊達な空気のなかで新時代に挑戦し新天地に雄飛しようとした商人や職人たちが町の基礎を築いた。その経緯は後に触れるが、そのDNAは明治以降も衰えることなく生き続けた。この町は、大名や代官等の「お上」が築いた町でも、町を牛耳る特定の個人がつくった町でもなく、市民たちが共同でつくり上げた町なのである。

　そのような倉敷の今を語るとき、いわゆる「大原関連事業」と呼ばれる事業群を抜きにすることはできないだろう。先に触れた大原美術館や倉敷中央病院、倉敷民藝館、倉敷考古館、若竹の園保育園等はその例である。

　大原家は元禄時代に児島から倉敷の地に移り住んだ商家で、代々児島屋の屋号で商売を営んでいた。幕末には五代目大原壮平が倉敷村の庄屋を務めるなど地元のリーダーとして活躍しつつ、明治維新前後の動乱期を乗り越えて家業の発展に努めた。その跡を継いだ六代目大原孝四郎は、明治22年に倉敷紡績㈱が設立されると同時に頭取（社長）に就任して近代的事業家としての歩みを始める。

　やがて七代目として家督を継いだ大原孫三郎は、明治後期から太平洋戦争の開戦のころにかけて事業家として活躍する。彼は、父孝四郎から受け継いだ倉敷紡績㈱の経営改善を推し進め、倉敷レイヨン（のちのクラレ）を設立して化学繊維の事業に乗り出すほか、電力、新聞、金融等の分野に事業を拡大する。

　しかし、孫三郎の事業はこのような企業にとどまらなかった。上述の大原美術館や倉敷中央病院、倉敷民藝館、倉敷考古館、若竹の園保育園等の創設に加え、孫三郎は、社会事業の父とよばれているキリスト者石井十次から大きな影響を受け、その孤児院を徹底的に支援する中で種々薫陶を受ける。

　また、世の中の不正義や悲惨を解決する方途を探ろうと、当時の日本を代表する碩学を糾合して大原社会問題研究所、倉敷労働科学研究所を設立し、大原傘下にあった農業者のための大原農業研究所も設立した。これらの研究所は民間の研究機関として日本の学術研究とその実践の最先端を疾駆し、数々の貴重な業績を残している。

　こうして、明治以降設立された「大原関連事業」は、企業から文化事業、人

道貢献事業、研究開発事業と広範囲にわたっている。そして、これらの事業は、企業のみならず、公益事業や研究所まで含めて全て、21世紀を迎えた今も存続し活発に活動を続けている。

　大原美術館、倉敷民藝館、倉敷考古館等の文化事業や倉敷中央病院、若竹の園が今の倉敷でユニークな活動を続けていることはすでに述べた。石井十次の孤児院や福祉事業、医療事業は、九州や大阪で今なお健在である。また、社会問題研究所は法政大学の大原社研として、農業研究所は岡山大学の資源植物科学研究所として残り、また、労働科学研究所は独立した財団法人として活動を続けている。

　これらの研究機関は近年「オオハラ・ネットワーク」というグループを形成して連携を深めている。また、これらの事業群の理念と志をより深く追及するために設立整備された一般財団法人有隣会という組織も活動を活発化させている。

　もとより、倉敷で繰り広げられている文化・公益活動は多岐にわたる。いわゆる「大原関連事業群」は、その中の一部に過ぎない。しかし、こうして倉敷に生まれた関連事業群が、設立後時を経てなお現代的意義を持ち続けていることは注目すべきだろう。

2　今の倉敷を育て、未来につなぐ、地域のDNAを読み解く

2.1　倉敷の「この指とまれ方式」と倉敷モデルについて

　倉敷の個性を作り上げ、今も形作っている様々な活動の背後には、公共マインドを持つ町衆と、それをしっかり支える行政がある。この「公共マインドを持つ町衆」は、大原家だけでなく、広く市民のなかに数多く存在している。そして、彼らをバックアップする行政のなかにもそのような活動に共感し、自由かつ自主的に参画して来る人たちがいる。彼らが主役となり、今の倉敷を活発にしている種々の活動が繰り広げられている。

　このような活動の進め方は「倉敷モデル」とも呼べる自由闊達なものである。このモデルが働いた好例のひとつが、二日間で7～8万人近い観客を集める「倉敷屏風祭」の復活だった。

事の始まりは、あるオピニオンリーダーが、江戸時代に町をあげて屏風祭がおこなわれていたという記述を文献のなかに見つけたことだった。この祭りは、「倉敷総鎮守の社」と呼ばれていた阿智神社の秋の例大祭に合わせて町衆が取り仕切る町の祭りだった。このとき、倉敷の商人たちは自宅の広い格子を開き、表を開放して自慢の屏風や華やかなお宝を飾り、参拝者とともに楽しんだという。

　このことを読み知ったオピニオンリーダーは、これは面白い、これを復活させてみよう、と周辺の人たちに語りかけた。そりゃあ良い、ひとつやってみるか、と賛同する人たちが何人か集まった。

　こうなれば、後は勢いの赴くままである。昼の寄り合いで、また夜の酒場で、賛同者の輪は広がっていった。中には「めんどうじゃ」と腰の引けていた人もいたが、やがて二杯三杯と杯を重ねるうちに、それじゃあワシのとこも何か出すか、という風に変わって行き、30軒ばかりの家が参加して祭りが復活することになった。

　このような仕事の生まれ方を、私たちは、倉敷の「この指とまれ方式」と呼んでいる。

　こうしてプロジェクトが生まれ、これだけの家々が面白がって集まれば、屏風祭は何とか格好がつく。しかし、ただ参加者が集まればそれで事ができ上がる、というものではない。ここで、行政とプロフェッショナルの出番が来る。

　倉敷では、美術関係のプロフェッショナルは質量ともに充実している。そのなかで、屏風祭を磨きあげるために名乗りを上げたプロフェッショナルのトップには、東京大学名誉教授で世界の碩学として知られる高階秀爾大原美術館館長がいた。プロジェクトの「大目付」として参画された高階館長の指導のもとで、美術館の学芸スタッフも何かとアドバイスを惜しまなかった。

　それと同時に、行政の働きも特筆すべきだった。仕事自体が「この指とまれ方式」で生まれただけに、プロジェクトの推進には「イベント企画業者丸投げ」という方式は通用しない。行政自体が面白がって仕事に参画し、手作りで仕組みを作り上げて行かないと事は仕上がらない。そういう意味で、地元の行政は目覚ましい働きを見せてくれた。

　地方行政には、権力装置としての側面と、NPO的な側面がある。倉敷の屏

風祭においては、交通規制等については権力装置としての行政の協力もあったが、それ以上に、NPOマインドを持ったノリの良い行政の力が遺憾なく発揮されていた。

こうして、この町では、様々な仕事が「この指とまれ方式」で生まれ、公共マインドを持つ町衆とNPOマインドを持つ行政により育てられ、プロフェッショナルが参画することによって磨きあげられて、徐々に良い形に仕上がって行く。

「倉敷モデル」とは、このような、町衆と行政とプロフェッショナルによる、変幻自在な仕事の産みかた、育て方、磨き方をさすのである。

2.2 西国の「懐かしい公共」を考える

この「倉敷モデル」に見られるような、町衆による社会貢献活動に端を発する町の個性の形成プロセスが働いているのは、倉敷だけではない。日本各地でそのようなプロセスは見られる。そのなかでも、特に、近畿や瀬戸内、四国九州等の西国では、民間人の持つ公共マインドが今までの歴史のなかで大きな実績を残してきた。

最近の政策論議のなかでは、民間が公共を担う事業が「新しい公共」と位置付けられているようだ。しかし、これらの地域では、民間が公共を担って活動することは決して「新しい」ことではない。

たとえば、滋賀県で開かれた、民間の社会貢献活動をめぐるあるシンポジウムでは、主催者が「私たちにとっては、民間の社会貢献は、『新しい公共』というより、『懐かしい公共』という感じですね」と挨拶したことがあった。参加者たちは大きくうなずいていた。「民間が公共を担う」活動は、実は、古くから行われてきたなじみ深い活動だと多くの西国人が感じていることに、改めて気付かされた。

事実、西国では、「お上」とは一線を画する民間人が古くから公共のために働いてきた。古くは光明皇后が始められた福祉事業が知られているが、これも、皇后に即位される以前から私的立場ではじめておられたものだと伝えられている。また、「行基菩薩」とたたえられた僧行基や、諸国を行脚した弘法大師空海らが残した社会事業も顕著である。

江戸時代以降になると、京都の町づくりを推し進めた逞しい町衆の活躍や、明治から昭和にかけて御影、住吉、芦屋、西宮等で「阪神間モダニズム」と呼ばれる文化、芸術、福祉の大輪の花を咲かせた事業家や数寄者たちなど、公共のために尽力した民間人の事例には事欠かない。

もちろん、民間人が公共を担う活動は西国の専売特許ではない。山形県庄内には、民間人による社会貢献の日本最大の巨人ともいうべき本間家が控えている。道徳経済一致を唱えた財界の巨人渋沢栄一も東国人である。

しかし、倉敷モデルについていえば、このモデルを支える「倉敷DNA」は、西国の「懐かしい公共」の風土のなかで刻まれてきた倉敷の歴史の歩みのなかで形作られたものだと考えるのが自然だろう。

2.3 倉敷DNAの生まれ方

そのような「倉敷DNA」の淵源は、遠く古代の歴史にまでさかのぼることができるかもしれない。今もこの地に豊かに残されている古墳や遺跡から、そのころ、この地には、知恵と技能と才覚を備え、自主独立の気概にあふれた独立王国である古代吉備国が存在し、独自の文化を築いていたと推察されるからである。

しかし、いまの倉敷DNAの直接の源泉は、江戸時代に培われた天領の気質と文化だったと思われる。

天領は、強大な武力と権威を備えた世襲の領主でなく、この地に赴任を命じられた代官により治められていた地域である。その代官が政治を行った代官所は、堀と城壁と天守閣を備えた領主の城郭とは異なり、今でいえば町役場のような感じの事務所のようなものであったと伝えられている。

武力で抑えつけるのでなく、事務所のような代官所から地域を統治するためには、強い独裁制はふさわしくない。むしろ、注意深く民意に耳を傾けることで市民・村民を味方につけ、さらに一歩進んで、物事を民意によって決する仕組みを作って地域に不満が鬱積しないようにすることが、平穏な統治を続ける最善の方策だった。

そういう状況を背景に、様々な経緯があったのちに、倉敷でも住民自治の機運が高まり、元禄時代には、庄屋も含めた村役人を村民の選挙で選び、様々の

ことを民意を聞いて決めるという仕組みが確立していた。このように、江戸時代に今の民主主義に近い仕組みを作っていた地域は、倉敷だけではない。全国にいくつも例があるようだ。私たちは、これを、便宜的に「天領民主主義」と呼んでいる。

倉敷で「天領民主主義」が生まれ機能したのは、元来この地には、物資の集散基地に集う商人たちの自由闊達な気質と合理性を尊ぶ風土があったためだろう。そして、ひとたびこの仕組みが確立すると、この新しい社会制度が、商人たちの独立不羈の気概に一層拍車をかけただろうことは想像に難くない。これが、「倉敷DNA」の根っこにあるものである。

ここでは、「懐かしい公共」のひとつの例として、西国の風土のなかに育ち、天領民主主義のなかで形作られた倉敷DNAを取り上げた。これが、倉敷の今を創っている「公共マインドを持つ町衆」を次から次へと生みだす源泉となっている。

全国各地には、それぞれの地域の歴史と文化の伝統に形作られたDNAがある。それが、地域の個性を作り、地域の価値と風格を高めている。

観光を考える時も、また「地元学」を考えるときにも、このことには常に注意を払っておきたい。

3　地域文化と観光と「背筋の伸びたホスピタリティー」

3.1　地域文化を劣化させない「町衆の気概」と「文化の底力」

倉敷は、過去に何度か観光ブームに襲われた。そのなかでも、1972年に山陽新幹線が岡山まで開通した時には、当時「アンノン族」と呼ばれた若い女性たちの間に巻き起こった新しいタイプの旅行ブームのメッカのひとつとなり大きな賑わいを見せた。また、瀬戸大橋が開通した1988年にも大ブームを経験し、折からのバブル景気に後押しされて多くのお客様をこの地に迎えた。

ブームは地元に大きなビジネスチャンスをもたらす。しかし、一方で、ブームが去った後にむなしい廃墟だけが残るというケースも珍しくはない。ブームは地元に繁栄をもたらすが、同時に、劣化のリスクをもたらしてしまう場合も多いのである。

しかし、倉敷は、二度の大きな観光ブームに襲われながら、そのことによって地域文化が大きく劣化することは免れた。その要因は大きく見て２つあると思われる。そのひとつは町衆の気概であり、今ひとつは地元の文化の底力である。

　倉敷が、江戸時代以降、天領に特有の自治と独立の気質を持った町衆の町として栄えたことには既に触れた。これが、今、倉敷の町を支えている「公共マインドを持つ町衆」の母体となっている。彼らは自分たちの町の価値を守ることに強い意欲をもち続けて来た。

　これに加えて、他の地域から倉敷に移り住んだ人たちが、昔から住んでいる人たちに負けず劣らず「自分たちの町の価値を守る」ことに強い意欲を持っていることも倉敷の強みである。ここでは、古くからの市民も、新しい市民も、ともに「公共マインドを持つ町衆」となってこの町を守る気概を共有している。

　彼らがこの気概を持ち続けることができるのは、彼らがこの町の歴史と今の姿を愛し、そこに育ってきた文化的底力に強い誇りを抱いているからに他ならない。

　私が関わっている大原美術館も、そのような気概に応えるために「文化的底力」を蓄え強める努力を怠らないよう心掛けている。大原美術館以外にも、倉敷にある文化施設は皆、そういう姿勢であるに違いない。

　前述の倉敷屏風祭も、一見観光イベントに見えるかもしれないが、この祭りを推進する人たちは、この祭りが元来「阿智神社の秋の例大祭に伴うもの」であるという原点を常に大切にしている。町衆の様々な活動は、この町の歴史的、文化的背景を常に重視し、その文化的底力を意識しながら展開されているのである。

　前に触れたとおり、倉敷では、公共マインドを持つ町衆と、NPOマインドを持つ行政が協力し、プロフェッショナルが参画して様々なものを生んでいる。これらの活動のプレーヤーたちは、町衆も、行政も、プロフェッショナルたちもともに、高い誇りと気概を持ってこの町の歴史的・文化的原点を大事にし、町の文化的底力を守り育ててきた。それだからこそ、この町は、一時的な観光ブームに襲われても劣化することなく、街の価値と誇りを持続することができているのである。

3.2 「背筋の伸びたホスピタリティー」をとり戻そう

　このような倉敷の町を、様々な思いを抱いた人たちが訪れる。観光バスで乗り付けていくばくかの時間を過ごし、そのまま同じバスで次の観光地に向かうお客様もおられれば、この街に知的刺激を求めてしばし滞在するために来られるお客様、さらには、美術館や音楽イベントを目指して集う世界のオピニオンリーダーまで、幅広いお客様を私たちはお迎えしている。

　私たちにとって、お客様は何にもまして大切な方々であることはいうまでもない。どのようなお客様であっても、倉敷の町を楽しみにし、何かを求めて来られる方々である以上、その期待にこたえ、できる限りご満足いただけるよう、いつも工夫を続けて行きたいと思う。

　それと同時に、私たちは、私たち自身の志とアイデンティティーも同じくらい大切にしたいと思っている。この町の先人たちが日常の生活と歴史の試練のなかで磨きあげてきたものは貴重である。そのなかで打ち立てられてきた文化的原点をゆるがせにしないことこそが、町の価値を劣化させることなく持続させる要諦だと信じているからである。

　私たちは、あらゆる人にやさしく接するホスピタリティーを持ち続けたいと思う。同時に、自分自身のなかでは、きちんと背筋の伸びた心の姿勢を保ちたいと願っている。

　この、倉敷という美しく気高い町のなかで、そのような「背筋の伸びたホスピタリティー」をどうとり戻し、持続させて行くか、残された課題はまだまだ大きい。

中島智・元井雄大

資料 | ブックガイド
―観光文化と地元学を学ぶために

1　概論・入門書

白幡洋三郎（1996）:『旅行ノススメ』（中公新書）中央公論社
　　わが国の近代観光の歴史を概説している。「旅行」という文化を軸にしながら、庶民にとっての近代化とは何だったのかを考えさせてくれる、観光文化史入門の名著でもある。
神崎宣武（2004）:『江戸の旅文化』（岩波新書）岩波書店
　　民俗学者による旅の文化史。その中でも、庶民の旅に焦点を当てた労作である。「物見遊山」という生活文化に対する理解なしに、わが国の観光文化を語ることはできないだろう。
井口貢（2005）:『まちづくり・観光と地域文化の創造』学文社
　　「観光業学」ではなく、文化に対する深い洞察に基づく「観光学」が必要ではないか。地域文化政策の視点からの観光理論を、豊富な実践事例とあわせて提起した必読書である。
井口貢編著（2011）:『地域の自律的蘇生と文化政策の役割―教育から協育,「まちづくり」から「まちつむぎ」へ』学文社
　　「まちつむぎ」という言葉に、計画論の限界を見据え、それを超克していこうという著者の意思が表れている。市民一人ひとりが構想力をもちうる政策のあり方を展望する。
冨本真理子（2011）:『固有価値の地域観光論―京都の文化政策と市民による観光創造』水曜社
　　京都市における市民主体の新しい観光の発展プロセスを、文化経済学・文化政策学の理論や著者が参画するインバウンド・ツーリズム事業の現場を

踏まえて解明した労作である。
伊藤幹治（2011）：『柳田国男と梅棹忠夫―自前の学問を求めて』岩波書店
　いわゆる輸入学問に引導を渡し、海外の学術動向にも目を配りつつ、目の前の問題を自らの言葉で考える学問のあり方を示唆する。我が国の地域観光を考える上でも、これは大きな示唆となるに違いない。

2　中心と周縁

山口昌男（1975）：『文化と両義性』岩波書店
　「中心と周縁」理論が提起されている。ニューアカデミズム・ブーム前夜に出版された本書は、後の人文科学・文化研究に大きな影響を与えた。今日も再読すべき価値ある名著。
井上弘司（2004）：『ドングリの森小学校物語』講談社
　飯田型グリーン・ツーリズムの構築に携わった著者は、観光カリスマ（内閣府認定）であるが、その中心的関心事は人づくりにある。現場からの都市と農村の交流の実践報告。
内山節（2006）『「創造的である」ということ（上・下）』農山漁村文化協会
　農の営みや農山村の暮らしに立脚して近代的な思想と対峙し、新しい哲学の方向性を提起する。同じ著者による『共同体の基礎理論』（農山漁村文化協会）もぜひ併読したい。
しんきん南信州地域研究所編（2010）：『いいだ・南信州大好き』文理閣
　エピローグでは「中心と周縁」理論を援用し、まちづくりを論じている。地域文化圏という問題意識を持っている人にも一読を薦めたい充実した地域ガイドブック。
山形浩生　翻訳（2010）：『［新版］アメリカ大都市の死と生』鹿島出版会
　〔原書 Jacobs, J.（1961）：The death and life of great American cities. Vintage〕
　都市の活力の源泉は、その多様性にあることを指摘した都市論の古典。都市問題の実践的研究者という著者の姿勢からか、躍動感あふれる文体も魅

力的。原書にも挑戦したい。

3　古都

米山俊直（1989）:『小盆地宇宙と日本文化』岩波書店
　主にアフリカと日本をフィールドにした文化人類学者が、柳田國男の『遠野物語』（で描かれた遠野の地勢）から着想を得て、構築した地域文化理論。日本文化の多様性を論じている。

岡部伊都子（1965）:『美の巡礼　京都・奈良・倉敷』新潮社
　〔再録（1995）:（女性文庫）学陽書房〕
　随筆家である著者は、作品を通して「古都」を紹介してきた。そこには、反戦平和をはじめとする戦後日本の思想が投影されている。"古都イメージ"を把握する上で有益である。

奈良女子大学文学部なら学プロジェクト編（2009）:『大学的奈良ガイド―こだわりの歩き方』昭和堂
　大学発の地元学プロジェクトの成果。大学の社会貢献を仰々しく論じる前に、本書を読んでみよう。地域で地域を学ぶことの愉しみ、のびのびとした学問の醍醐味を示す好著。

本康宏史編（1998）:『イメージ・オブ・金沢―"伝統都市"像の形成と展開―』前田印刷出版部
　本書が編まれた母体の金沢学研究会は、多様な分野の学者から成る地域学グループであった。都市研究のひとつのあり方を示した本書はまた、研究方法論を学ぶ助けにもなろう。

4　風土と産業

柳宗悦（2003）:『手仕事の日本』（ワイド版岩波文庫）岩波書店
　各地に伝わる民衆的工藝品（民藝）に目を向けてみよう。民藝運動で知られる著者が、日本の多様な風土に裏打ちされた多彩な手仕事を紹介する。

大原謙一郎（2002）:『倉敷からはこう見える　世界と文化と地方について』

山陽新聞社
　財団法人大原美術館理事長である著者が文化をめぐる持論を展開。大都市に偏重した政策に対する批判を試みるとともに、地方都市に暮らす市民として気概を持つことを訴える

宮本常一（2006）：『日本の宿』八坂書房
　旅の民俗学者として知られる宮本常一は、観光文化をめぐる研究と実践に尽力した人でもある。原著は昭和40年にまとめられた宿の文化史であるが、現在も精彩を放ち続けている。

西尾典祐（2003）：『東区橦木町界隈』健友館
　モノづくりの伝統を活かした産業観光が活発な名古屋を舞台にした本書は、人物と建造物を軸にした近代日本史であるが、都市観光の魅力を考え感じる上でも、格好の書である。

田村善次郎・宮本千春監修（2010～）：『（あるくみるきく双書）宮本常一と歩いた昭和の日本』（全25巻）農山漁村文化協会
　宮本常一が初代所長を務めた日本観光文化研究所が発刊した月刊雑誌『あるくみるきく』を再編集したもの。フィールドワークの具体的な方法を学ぶことができる。

5　音楽文化

M. モラスキー（2010）：『ジャズ喫茶論　戦後の日本文化を歩く』筑摩書房
　米国出身の日本文化研究者であり、ジャズピアニストでもある著者が、ジャズ喫茶を取材し、戦後の日本文化を浮かび上がらせた本書は、他の類書に見られぬ異彩を放っている。

増淵敏之（2010）：『物語を旅するひとびと―コンテンツ・ツーリズムとは何か』彩流社
　コンテンツ・ツーリズムを考察した水準の高い学術的著作である。音楽文化とまちづくり観光をどう結びつけるのか、という問題に対してひとつのヒントを与えてくれるだろう。

執筆者紹介（五十音順）

安藤　隆一　あんどう　りゅういち
1948年鳥取県生まれ。
関西学院大学経済学部卒業、鳥取県職員を経て、京都橘大学大学院文化政策学研究科博士前期課程修了、同志社大学大学院総合政策科学研究科博士後期課程在籍中。
しんきん南信州地域研究所（主席研究員）勤務。
専攻・関心分野：地域活性化論、政策学、観光文化論
編著に『21世紀を拓く　地域づくり読本』（文理閣　2002年）
　　　『いいだ・南信州大好き』（しんきん南信州地域研究所・文理閣　2010年）
共著に『入門・文化政策』（ミネルヴァ書房　2008年）
論文に「内発的発展論を中心とした地域活性化政策におけるネットワーク、パートナーシップの重要性」（しんきん南信州経済研究所研究紀要第1巻第1号　2009年）

井口　貢　いぐち　みつぐ
編者紹介に別記

井上　弘司　いのうえ　ひろし
1952年長野県飯田市生まれ。
県立飯田長姫高等学校卒業、上郷町役場、飯田市を経て2008年4月地域再生診療所設立。
しんきん南信州地域研究所設立主席研究員、観光カリスマ百選、地域中小企業サポーター、地域活性化伝道師、地域力創造アドバイザー、地域観光フォーラムアドバイザー、子ども農山漁村交流プロジェクト・アドバイザー、都市農山漁村交流活性化機構評議員。
著書に『ドングリの森小学校物語』（講談社）
　　　『食農教育で農都両棲の地域づくり』（農文協）
論文に　「地域づくりとほんもの体験」自然と人間を結ぶ173（農文協）
　　　「むらづくりと地域農業の組織革新」自然と人間を結ぶ175（農文協）
　　　「現代農業増刊号　大人の食育」（農文協）
　　　「食育のススメ」（川辺書林）
　　　「農業2007．5月号」（大日本農会）
　　　「三澤勝衛著作集4　暮らしと景観」（農文協）
　　　「児童心理」2009.7増刊号

今井　真貴子　いまい　まきこ
岡山県倉敷市生まれ。
京都外国語大学卒業、在学中に北京大学第二外国語学院短期留学。1979年シルクロードのおける比較文化研究と写真撮影活動中に、中華人民共和国内モンゴル自治区視察団に参加、文革後、初の民間日本人として、人、街、自然を撮影。帰国後報告写真展を京都等で開催。卒業後、京都の老舗柊家旅館で修行後、家業の旅館を継ぐ。その間京都西陣の路地の風情を取材し撮影し、各地で個展を開催。既成の概念にとらわれない自由でこだわりすぎないエコロジーな宿屋づくりを目指し、地元・海外を問わずアーティストのコンサート等催事の開催

も250回を数える。
同志社大学大学院総合政策科学研究科博士課程前期在籍。社団法人岡山経済同友会国際委員会副委員長、岡山後楽園魅力づくり実行委員会委員、岡山県環境審議委員等を兼務。
専攻・関心分野：比較文化、音楽・絵画・映画・演劇等の文化論

大島　康平　おおしま　こうへい
1986年広島県生まれ。
同志社大学文学部文化史学科卒業、同志社大学大学院総合政策科学研究科博士前期課程公共政策コース在籍中。
専攻・関心分野：文化政策

大原　謙一郎　おおはら　けんいちろう
1940年神戸市生まれ。
東京大学経済学部卒業、エール大学大学院経済学部博士課程修了。1968年倉敷レイヨン入社、1982年株式会社クラレ副社長。1990年株式会社中国銀行、98年まで中国銀行副頭取。公益財団法人大原美術館理事長。倉敷芸術科学大学客員教授。財団法人倉敷中央病院理事長、社団法人岡山県文化連盟会長等を兼務。
著書に『倉敷からはこう見える―世界と文化と地方について―』（山陽新聞社 2002）

片山　明久　かたやま　あきひさ
1959年京都府生まれ。
京都府立大学文学部文化史学科卒業、旅行会社を経て、同志社大学大学院政策学研究科博士前期課程修了、現在博士後期課程在籍中。
成美大学経営情報学部　准教授
専攻・関心分野：観光ビジネス論、観光文化論、観光社会学
論文に「奈良町における生活観光の形成」日本観光研究学会 2009
　　　「もうひとつの平城遷都1300年記念事業」日本観光研究学会 2010
　　　「環境としての歴史」『地域創造49』奈良まちづくりセンター 2011

鳥羽　都子　とば　みやこ
1970年福岡県生まれ。
京都橘女子大学文学部卒業、出版社勤務を経て、京都橘女子大学大学院文化政策学研究科博士前期課程修了。
京都橘大学非常勤講師を経て、財団法人かすがい市民文化財団勤務。
専攻・関心分野：地域文化振興、観光文化論、文化施設運営
共著に『まちづくりと共感、協育としての観光―地域に学ぶ文化政策』（水曜社 2007）
　　　『入門　文化政策―地域の文化を創るということ』（ミネルヴァ書房 2008）
論文に「まちづくりに関わる―主体としての文化施設に関する研究」（文化経済学会〈日本〉・文化経済学　第5巻第4号 2007）

冨本　真理子　とみもと　まりこ
1959 年生まれ。
京都橘大学大学院文化政策学研究科博士後期家庭修了、博士（文化政策学）。
三重大学国際交流センターコーディネーター、岐阜女子大学非常勤講師
専攻：文化政策学（観光・まちづくり）
著書に『固有価値の地域観光論』（水曜社　2011 年）

中島　智　なかじま　とも
1981 年滋賀県生まれ。
京都橘大学大学院文化政策学研究科博士前期課程修了。
同志社大学大学院総合政策科学研究科博士課程後期在籍。
専攻・関心分野：文化経済学、観光倫理学、観光思想史
共著に『観光学への扉』（学芸出版社　2008 年）
　　　『観光ビジネス論』（ミネルヴァ書房　2010 年）

本康　宏史　もとやす　ひろし
1957 年東京都生まれ。
金沢大学法文学部史学科卒業、金沢大学大学院社会環境研究科学位取得。博士（文学）。
石川県立歴史博物館勤務、学芸課長（近代史担当）を経て、金沢星稜大学経済学部教授。
専攻・関心分野：日本近代史、技術文化史
編著に『軍都の慰霊空間―国民統合と戦死者たち―』（吉川弘文館、2002 年）
　　　『からくり師　大野弁吉の時代―技術文化と地域社会―』（岩田書院、2007 年）
　　　『金沢学⑧イメージ・オブ・金沢―"伝統都市"像の形成と展開―』（前田印刷出版部、1998 年）
論文に「茶屋町と観光文化―イメージでたどる金沢の『遊郭』―」（井口貢編『観光文化の振興と地域社会』ミネルヴァ書房、2002 年）
　　　「北陸のタカラヅカ」（津金澤聰廣『宝塚と近代日本の音楽文化』世界文化思想社、2006 年）

元井　雄大　もとい　たけひろ
1984 年東京都生まれ。
高校時代を中国・インドネシアにて過ごす。立命館大学政策科学部卒業。同志社大学大学院総合政策科学研究科公共政策コース修士課程在籍。
専攻・関心分野：都市計画・景観政策・エコミュゼ・文化財行政。
京都を中心に各地で数々のまちづくり系ワークショップを経験。京都市水尾アクションプラン、京丹波町総合計画の一部執筆担当。

編者紹介

井口　貢　いぐち　みつぐ

1956年滋賀県米原町生まれ（現：米原市）
岡崎女子短期大学経営実務科、岐阜女子大学文学部、京都橘女子大学文化政策学部教授などを経て現職
現職：同志社大学政策学部・大学院総合政策科学研究科教授
専攻・関心分野：文化政策学、観光文化論、観光倫理学
著書
『文化経済学の視座と地域再創造の諸相』学文社　1998年
『まちづくり・観光と地域文化の創造』学文社　2005年
『文化現象としての経済』（編著）学術図書出版社　1995年
『観光文化の振興と地域社会』（編著）ミネルヴァ書房　2002年
『まちづくりと共感、協育としての観光』（編著）水曜社　2007年
『入門　文化政策』（編著）ミネルヴァ書房　2008年
『観光学への扉』（編著）学芸出版社　2008年
『地域の自律的蘇生と文化政策の役割』（編著）学文社　2011年
『ポプラール金沢』（共著）前田印刷出版部　1996年
『柳田國男・ことばと郷土』（共著）岩田書院　1999年　他

書　名	観光文化と地元学
コード	ISBN978-4-7722-3138-1　C1036
発行日	2011（平成23）年8月20日　初版第1刷発行
	2013（平成25）年11月20日　第2刷発行
編　者	井口　貢
	Copyright ©2011 IGUCHI Mitsugu
発行者	株式会社古今書院　橋本寿資
印刷所	三美印刷株式会社
発行所	古今書院
	〒101-0062　東京都千代田区神田駿河台2-10
電　話	03-3291-2757
FAX	03-3233-0303
振　替	00100-8-35340
WEB	http://www.kokon.co.jp/

検印省略・Printed in Japan

古今書院の関連図書　ご案内

文化観光論　―理論と事例研究―上巻

M.K.スミス・M.ロビンソン編　阿曽村邦昭・阿曽村智子訳

A5判
224頁
定価3780円
2009年発行

★観光学科のある大学43校で、学びたい講義内容
　創られたイメージが発信されて観光客を呼び寄せた結果、観光客の抱くイメージや期待が現地の人々の意識や文化に影響を与える…文化のさまざまな局面で、観光がどのような機能を果たしているか、事例研究と理論で明らかにする。原題 Cultural Tourism in a Changing World－Politics Participation and Representation－。
[主な内容] 1 政治、権力、遊び　2 文化政策、文化観光　3 遺産観光とアイルランドの政治問題　4 ノルウェー貴族的生活の復活　5 ポーランド文化観光　6 文化観光・地域社会の参加、能力開発　7 アフリカ地域社会　8 黒人町を観光する　9 地域社会の能力開発　10 ラップ人地域社会
ISBN978-4-7722-7105-9　C3036

文化観光論　―理論と事例研究―下巻

M.K.スミス・M.ロビンソン編　阿曽村邦昭・阿曽村智子訳

A5判
180頁
定価3780円
2009年発行

★土産品、観光美術、博物館、遺産…文化観光の問題は
　伝統・民俗習慣・食事のステレオタイプ化した観光用イメージ、本物かどうか、土産品をつくる側の論理など、具体事例研究は興味深い。文化観光研究を欧州で中心に活動している拠点は英国のリーズ・メトロポリタン大学の観光と文化変容センターであり、そこの叢書の7番目が本書だ。下巻には後半9章と訳者による解題を収める。
[主な内容] 11 真正性と商品化の諸相　12 土産品に品質証明が付される過程　13 Pataxo族の観光美術と文化的真正性　14 バリ舞踊の真正性と商品化　15 文化観光における解説　16 ブダペストの「恐怖の館」における解説　17 英国の博物館政策と解説　18 ベルギーの洞窟　19 遺産都市の解放
ISBN978-4-7722-7106-6　C3036

古今書院の関連図書　ご案内

国際観光論 ―平和構築のためのグローバル戦略―

高寺奎一郎著

★欧米の旅行業界の再編と格安航空会社の構図がすごい

　国際ツーリスト到着数は、一位フランス、二位スペイン、三位米国、四位中国、五位イタリア。最新データは興味深いが、国際観光統計をどう読むか、そもそも国際ツーリズム産業は平和な国際コミュニティの形成に役立つし、国際公共財としても価値が高いし、地域の振興にもなるし、経済のグローバル化にはもちろんだし、よく理解できればとても大事なことがわかる。国際観光についてよく知りたいそんな人々への、役立つ入門書。

　前著『貧困克服のためのツーリズム』と同様に著者の意図は、グローバリゼーション研究です。「国境を越える」このことが観光でも、国内と国際では大きな違いを生みます。
ISBN978-4-7722-3056-8　C3033

A5判
234頁
定価2730円
2006年発行

観光学 ―基本と実践―

溝尾良隆著　帝京大学教授

★示唆に富んだ地理学を実践する観光学テキスト

　観光学の基本と実践を地域振興から述べる。著者は地理学を学んで（株）日本交通公社へ、（財）日本交通公社に移籍し地域調査および観光基本計画の策定に取組み、立教大学社会学部観光学科へ。観光学部の設置に関わり現在、観光学部長を務めめつつ、大学における観光学の発展を願う。

[主な内容]　1「観光」の基本を理解し、マーケティング力を高める　2 観光産業の特性をいかし、地域の経済・社会効果を大きくする　3 国内観光の課題を把握し、観光の動向を読む　4 四タイプ観光地の課題の解決を図る　5 長期休暇時代における観光地の望ましい整備方向　6 観光政策と観光研究を高め、強化する
ISBN978-4-7722-3032-2　C3036

A5判
160頁
定価2730円
2003年発行

古今書院の関連図書　ご案内

観光学と景観

溝尾良隆著　帝京大学教授

A5判
238頁
定価3360円
2011年発行

★観光学体系化の課題は観光景観論の確立だ
　今世紀最大の産業＝観光だといわれる。国連は貧困削減に有効な役割に期待し、日本は観光立国を宣言し、観光基本法を改正し、観光庁を設置した。訪日外国人を増加させるインバウンド観光推進策のため、美しい町を創造しようと景観法を制定した。本書は観光学の体系化と観光景観論を説く。
［主な内容］第1部観光景観論序説　観光学的景観とは　観光資源とは　風景観に対する主観と五感の問題　観光資源評価その客観化への試み　ヨーロッパや中国や日本の自然観と山岳観　日本人の自然に対する情感　日本の風景の特徴　美しい風景の保全と創造による魅力あるまち・観光地の形成　第2部景観に配慮した観光地の創造
ISBN978-4-7722-3137-4　C1036

都市の景観地理 —日本編2—

阿部和俊編

B5判
100頁
定価2310円
2007年発行

★身近な都市の景観と歴史を住民の目線で追う
中小都市をテーマにすれば、身近な景観問題、観光による地域振興、また日本の文化地理的な視点もある。景観に焦点をあてて都市の地理学を語ることは、地域の本質をさぐり、魅力を引き出す。
［主な内容］都市の文化的景観とまちづくり観光、小京都の景観とイメージ、東京vs大阪、都市のなかの農の景観、都市郊外としての琵琶湖岸の景観変化、郊外ニュータウンの景観、羽島市の景観変容、田川は高度成長を知らない近代都市、名瀬の歴史と景観、鹿児島の歴史と景観　執筆陣は阿部和俊、井口貢、内田順文、日比野光敏、宮地忠幸、稲垣稜、由井義通、大西宏治、松田孝典、原眞一、深見聡。
ISBN978-4-7722-5206-5　C3025
この都市の景観地理シリーズは、ほかに、日本編1、韓国編、中国編、大陸ヨーロッパ編、イギリス・北アメリカ・オーストラリア編がある。